クワガタ
風船《ふうせん》いっぱいの夏《なつ》
カブトムシ
バルーンおやじ・リオ
スイカ
クジラのぼうし
クラゲ
やきとうもろこし
カニ
クマノミ
イルカのぼうし
きんぎょ
ヤドカリ
ヒトデ
フナムシ
ウニ
DVD

もくじ

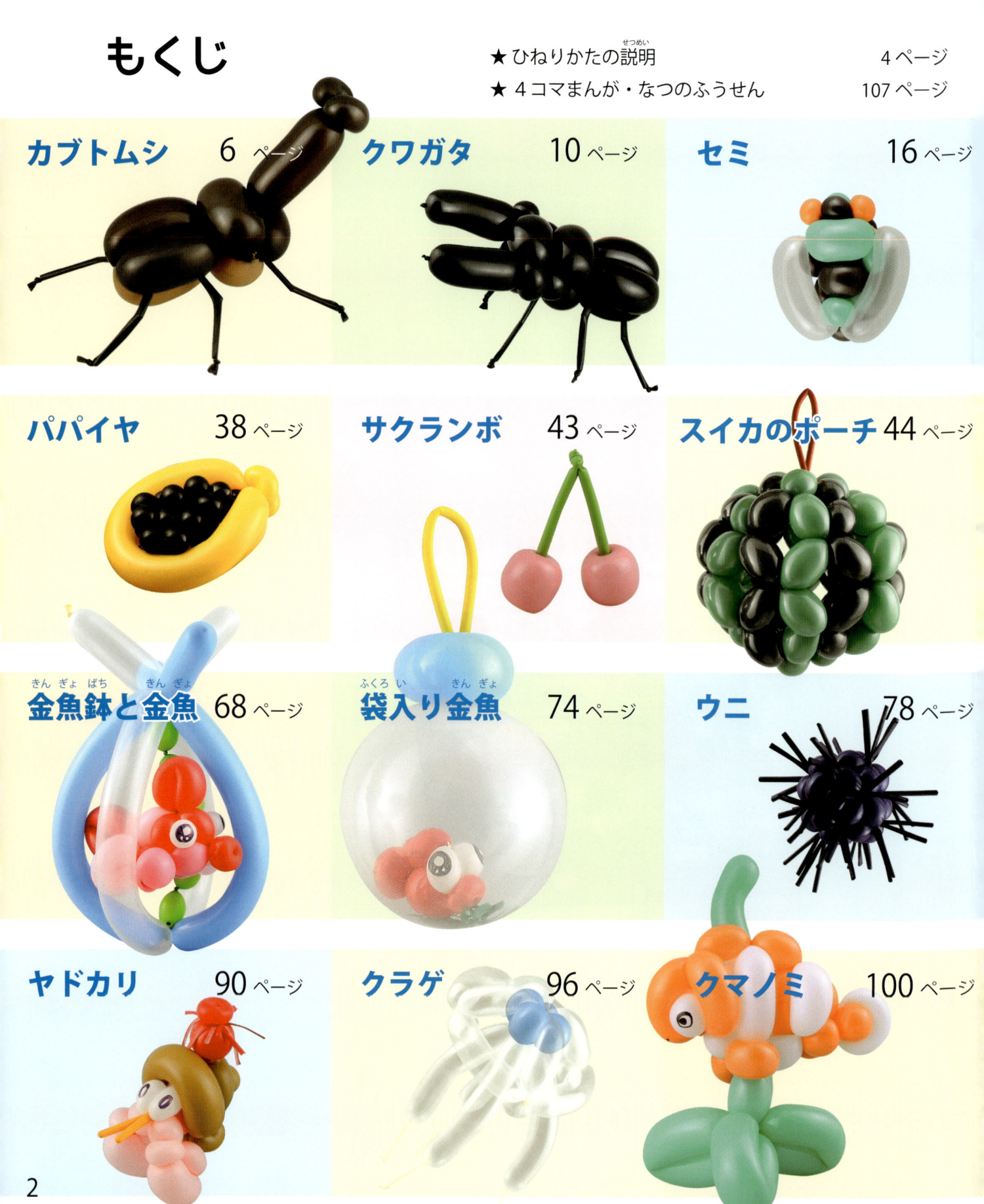

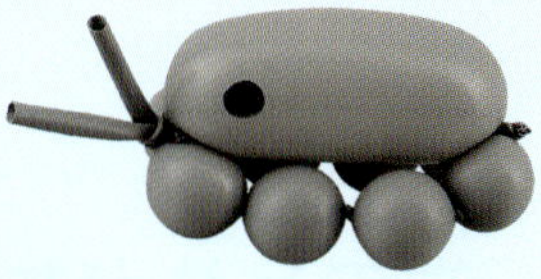

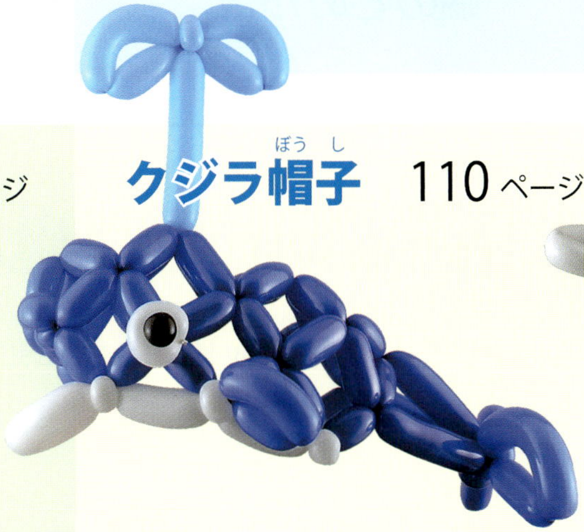

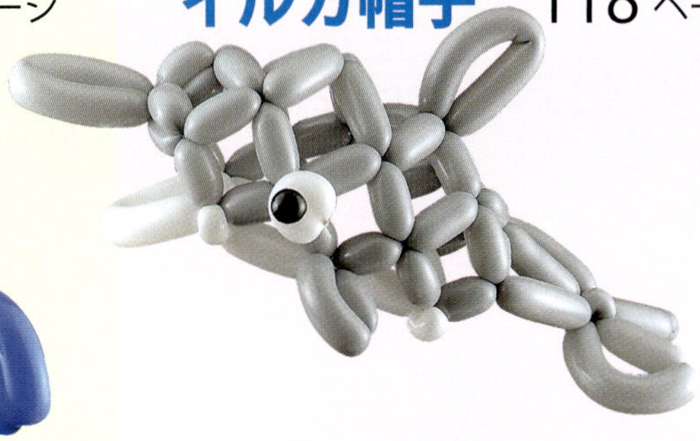

ひねりかたの説明《せつめい》

ピンチツイスト

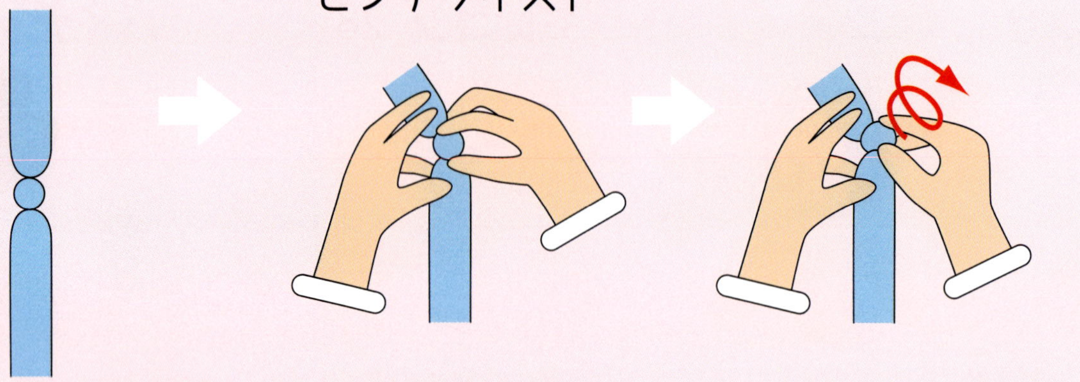

片手《かたて》でつぶしながら、やわらかいボールをひねります。ひねる回数《かいすう》は４回《かい》から５回《かい》ぐらい、しっかりひねりましょう。

ボールの所《ところ》で折《お》り曲《ま》げて指《ゆび》をかけやすくします。ひねり目《め》の片方《かたほう》には親《おや》指《ゆび》、もう片方《かたほう》には人差《ひとさ》し指《ゆび》と中指《なかゆび》を置《お》き、指先《ゆびさき》に力《ちから》を入《い》れてつまみます。

ボールを引《ひ》き上《あ》げながら２回《かい》～３回《かい》回転《かいてん》させます。するとソラマメのような形《かたち》のピンチツイストができます。

輪《わ》ひねり

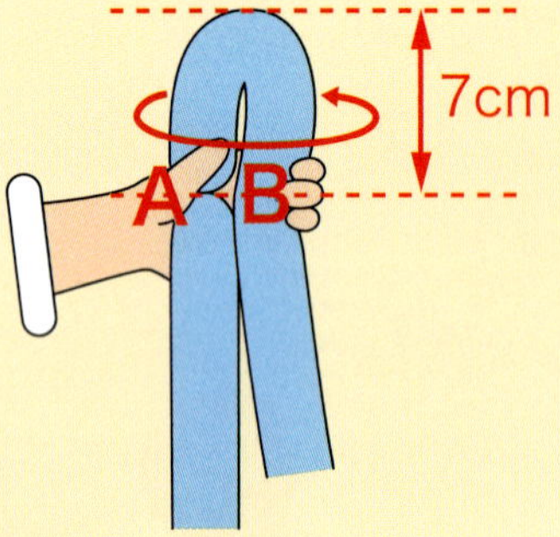

この本《ほん》では、輪《わ》ひねりの大《おお》きさを折《お》り曲《ま》げた長《なが》さで表《あらわ》しています。たとえば左《ひだり》の図《ず》のように、Ａのひねり目《め》から７cmの所《ところ》で折《お》り曲《ま》げ、折《お》り返《かえ》したＢとひねり目《め》(A)を一緒《いっしょ》にひねり合《あ》わせると「７cmの輪《わ》ひねり」ができます。

端《はし》のとめかた

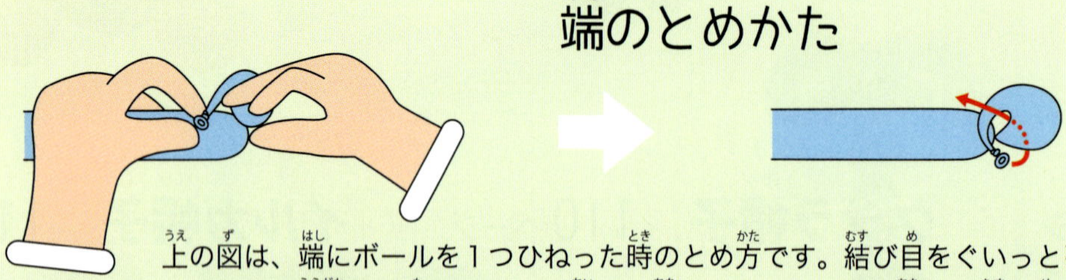

上《うえ》の図《ず》は、端《はし》にボールを１つひねった時《とき》のとめ方《かた》です。結《むす》び目《め》をぐいっと引《ひ》っ張《ぱ》りながらひねり目《め》にからめ、裏側《うらがわ》まで持《も》っていくと小《ちい》さな穴《あな》ができます。その穴《あな》から結《むす》び目《め》を手前《てまえ》に引《ひ》き出《だ》します。結《むす》び目《め》が穴《あな》に引《ひ》っかかる形《かたち》でとまります。

ボール２つをまとめてひねった時《とき》は、ボールとボールの間《あいだ》から結《むす》び目《め》を引《ひ》き出《だ》してとめます。

ひねりかたの説明《せつめい》

細《ほそ》くして寄《よ》せる

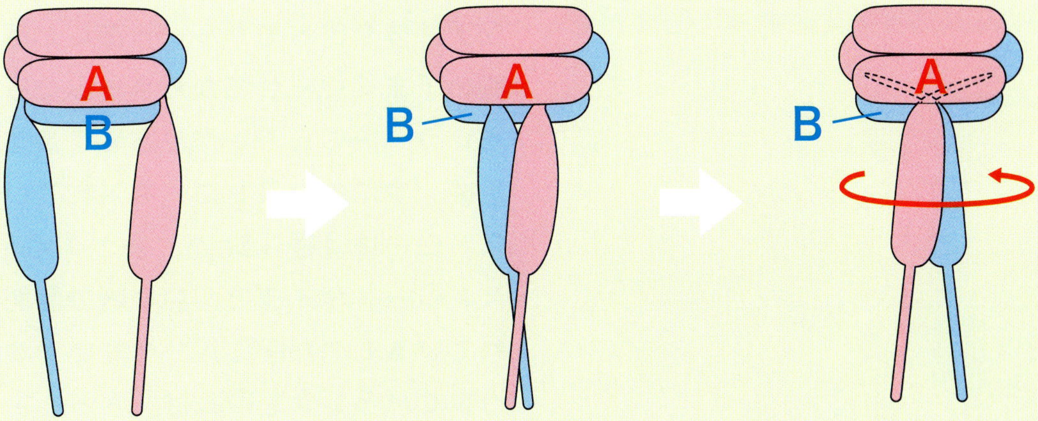

A・Bの両端《りょうたん》に残《のこ》っている風船《ふうせん》を、真《ま》ん中《なか》に寄《よ》せてひねる方法《ほうほう》です。ひねり目《め》のそばから細《ほそ》くつぶして、

Aと Bのすき間《ま》に埋《う》め込《こ》みながら寄《よ》せていきます。

寄《よ》せた2本《ほん》を一緒《いっしょ》にひねり合《あ》わせます。この方法《ほうほう》はカブトムシやクワガタの羽《はね》、セミの頭《あたま》などを作《つく》る時《とき》に使《つか》っています。

細《ほそ》くして埋《う》め込《こ》む

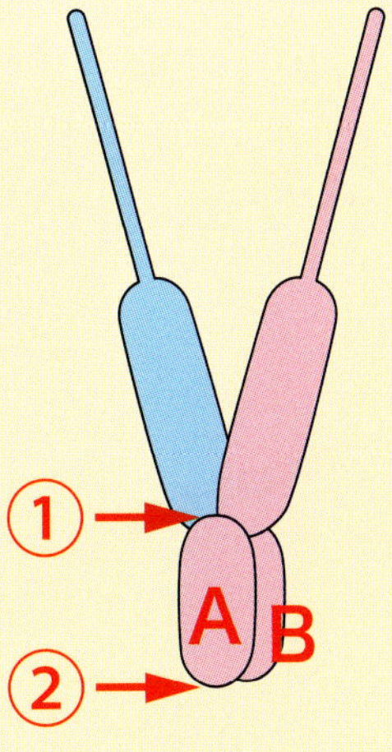

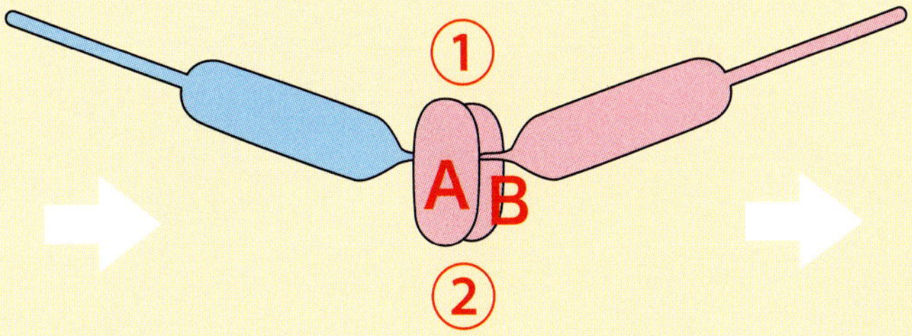

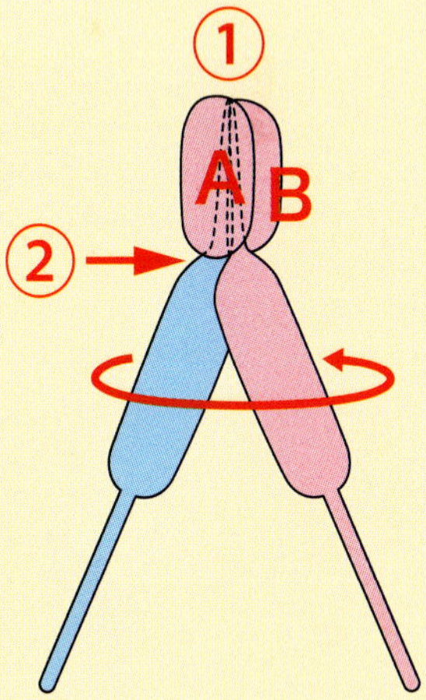

青《あお》とピンクを結《むす》び合《あ》わせます。ピンクで同《おな》じ長《なが》さの2つ (A･B) をひねり、2つ一緒《いっしょ》にひねり合《あ》わせます。この時《とき》にピンクの残《のこ》りと青《あお》は①の場所《ばしょ》にあります。

Aと Bのすき間《ま》に、ピンクの残《のこ》りと青《あお》をつぶして両側《りょうがわ》から埋《う》め込《こ》んでいきます。

②の場所《ばしょ》まで埋《う》め込《こ》んだら、ピンクと青《あお》を一緒《いっしょ》にひねり合《あ》わせます。この方法《ほうほう》を多用《たよう》しているのがトウモロコシです。

カブトムシ

22cm

ツノは体《からだ》を作《つく》ってからいったんしぼませ、胸《むね》の下《した》をくぐらせてからまたふくらませるという、おもしろい作《つく》り方《かた》をします。
足《あし》は、中《なか》に細《ほそ》いストローを入《い》れています。
ストローは直径《ちょっけい》 4.5mm、長《なが》さ 180mm。
ストレートタイプで、白《しろ》い紙《かみ》で個別《こべつ》包装《ほうそう》されているものが手《て》に入《はい》りやすいです。
うまくバランスを取《と》れば、かっこよく自立《じりつ》します。

カブトムシとクワガタの足《あし》は、
前脚（ぜんきゃく）
中脚（ちゅうきゃく）
後脚（こうきゃく）
という名前《なまえ》が付《つ》いているそうです。解説《かいせつ》では簡単《かんたん》に「足《あし》」の漢字《かんじ》に置《お》き換《か》えています。

カブトムシ

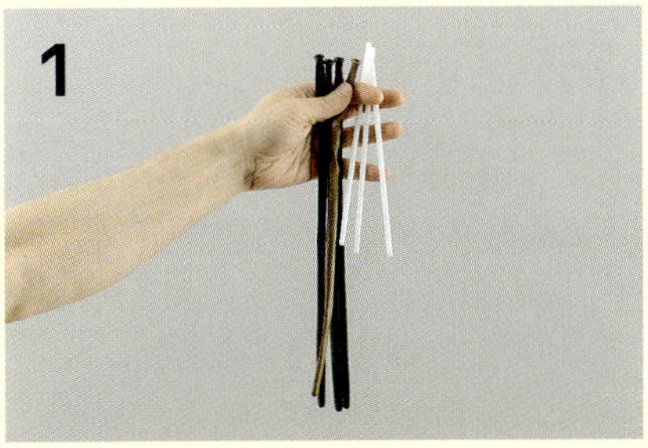

材料《ざいりょう》・260 ツイストバルーン
濃茶《こいちゃ》　3本《ぼん》　・　薄茶《うすちゃ》　1本《ぼん》

直径《ちょっけい》 4.5mm、長《なが》さ 180mm の
ストロー　3本《ぼん》

薄茶《うすちゃ》と濃茶《こいちゃ》を 18cm 残《のこ》してふくらませ、結《むす》びます。2本《ほん》を結《むす》び合《あ》わせます。

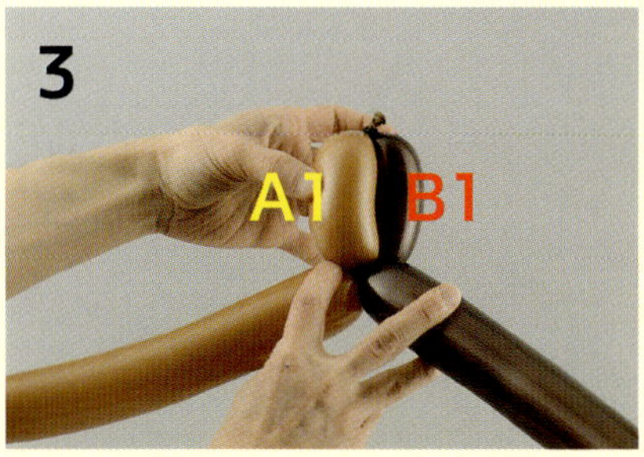

それぞれ 8 cm ひねり (A1・B1)、2本《ほん》を一緒《いっしょ》にひねり合《あ》わせます。

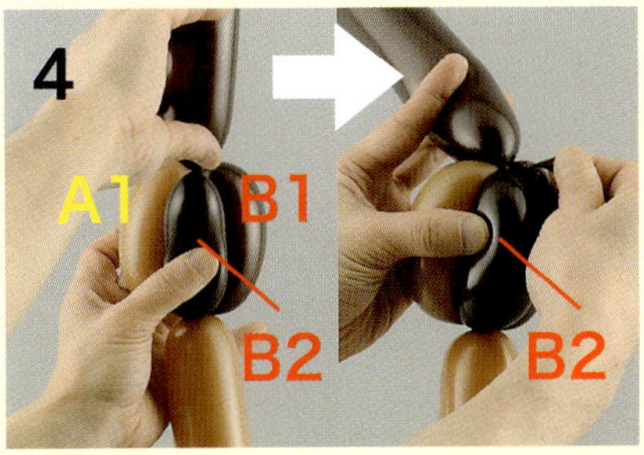

濃茶《こいちゃ》をつぶして細《ほそ》くしながら 8cm ひねり (B2)、2本《ほん》 (A1・B1) に重《かさ》ねます。2本《ほん》の端《はし》から口巻《くちま》きを引《ひ》き出《だ》し、B2 のひねり目《め》に巻《ま》き付《つ》けてとめます。これで3本《ぼん》がまとまりました。

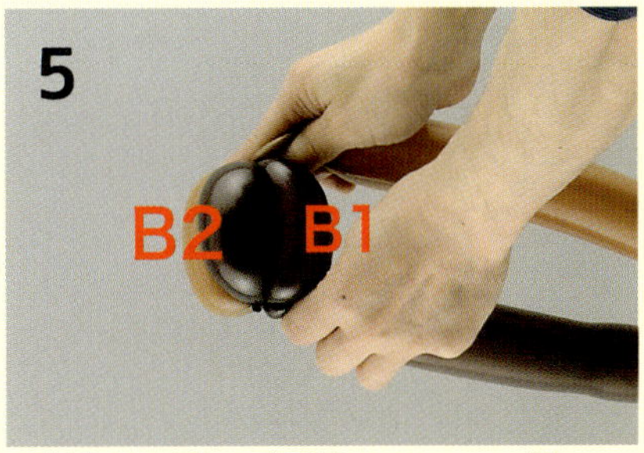

薄茶《うすちゃ》と濃茶《こいちゃ》、両方《りょうほう》をつぶして細《ほそ》くしながら引《ひ》き寄《よ》せ、

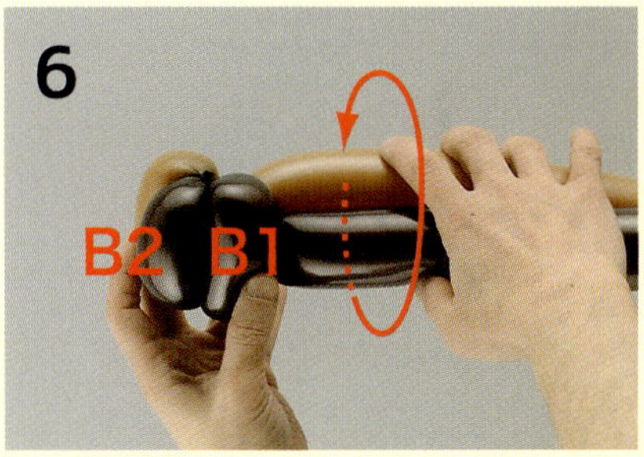

2本《ほん》一緒《いっしょ》にひねり合《あ》わせます。

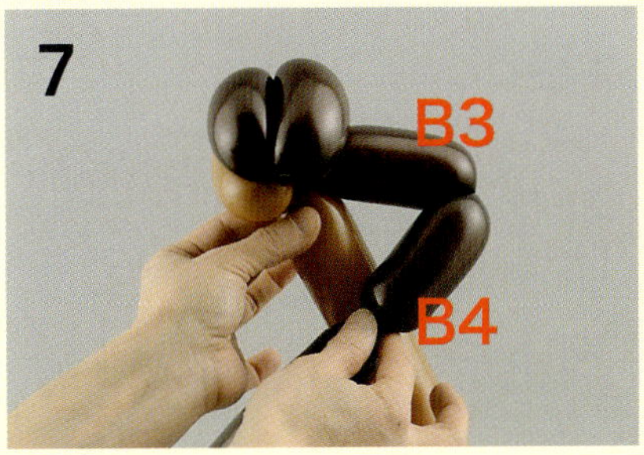

濃茶《こいちゃ》を 9 cm(B3)・9 cm(B4) とひねり、2つをまとめてひねります。ここは羽《はね》の部分《ぶぶん》になります。

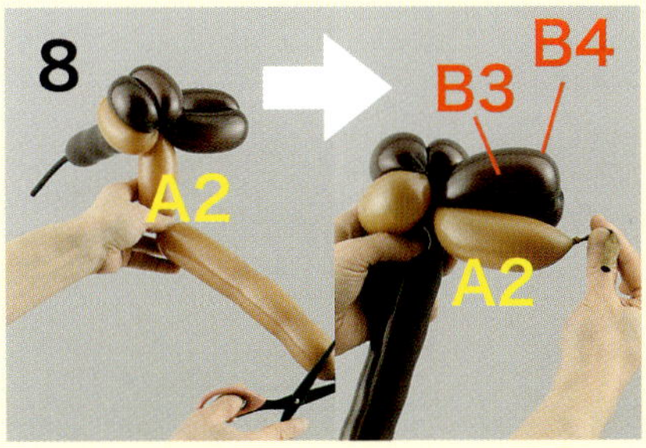

薄茶《うすちゃ》を 9 cm ひねり (A2)、ひねり目《め》を押《お》さえてしぼませ結《むす》びます。少《すこ》し長《なが》さを残《のこ》して切《き》り取《と》り、結《むす》び目《め》を B3 と B4 のひねり目《め》にからめます。からめた残《のこ》りは濃茶《こいちゃ》のすき間《ま》に埋《う》め込《こ》んで隠《かく》します。

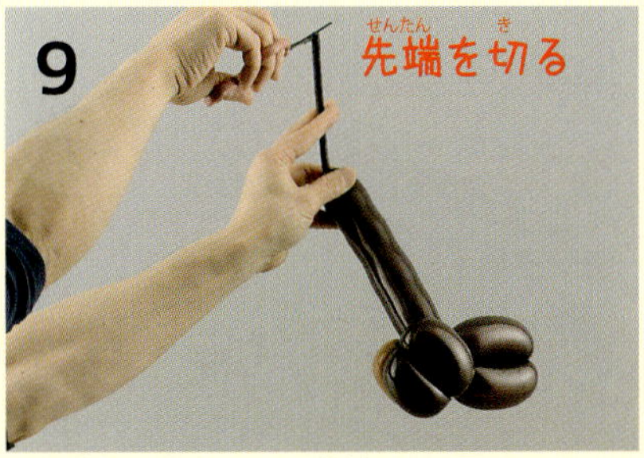

濃茶《こいちゃ》の残《のこ》りは、先端《せんたん》にハサミを入《い》れてゆっくりしぼませ、

カブトムシ

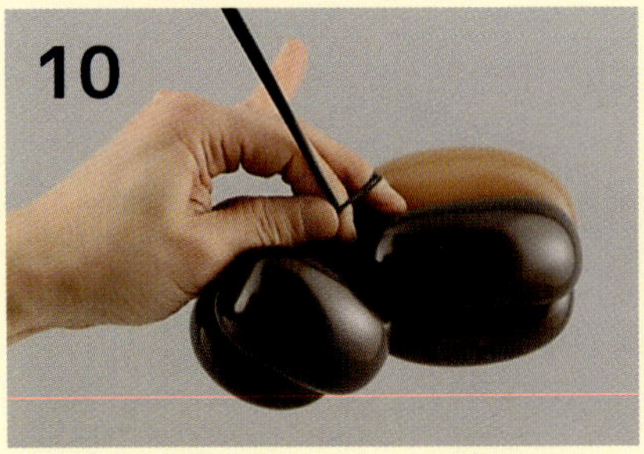

空気《くうき》が抜《ぬ》けないように、羽《はね》のひねり目《め》ギリギリに結《むす》び目《め》を作《つく》ります。

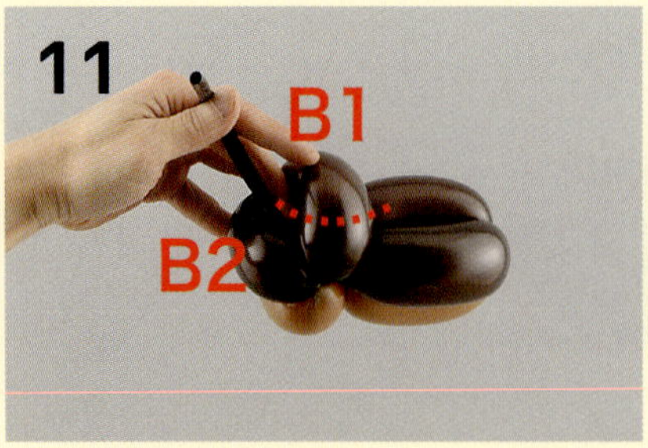

B1 の下《した》をくぐらせ、B1 と B2 の間《あいだ》から引《ひ》き出《だ》します。ツノを作《つく》る準《じゅん》備《び》ができました。

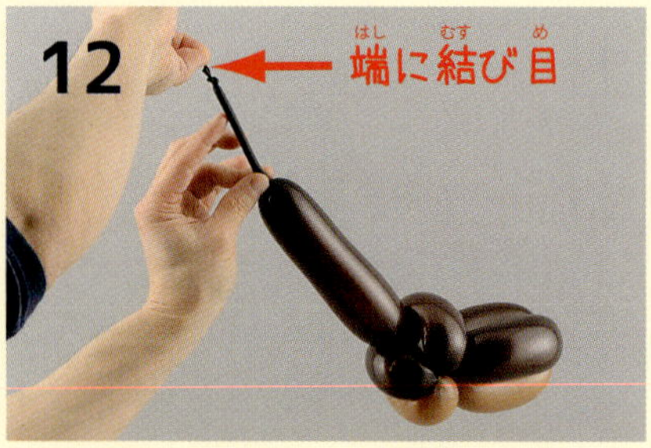

よく引《ひ》き伸《の》ばして、たるみが無《な》いようにしてから 20cm の長《なが》さにふくらませます。端《はし》に結《むす》び目《め》を作《つく》ります。

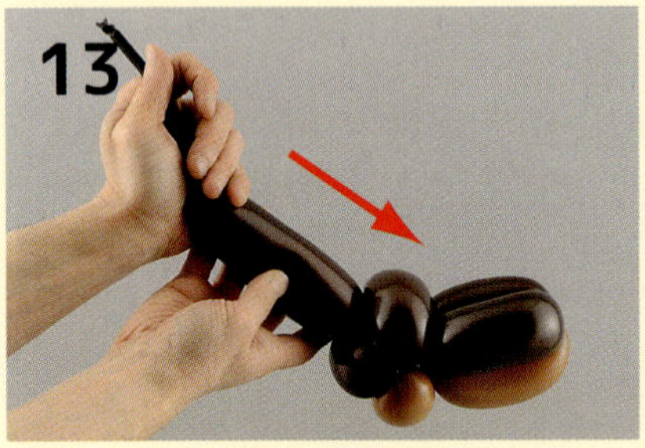

くぐらせた部分《ぶぶん》が細《ほそ》くてぐらぐらになっていることがあります。空気《くうき》を軽《かる》く体側《からだがわ》に戻《もど》しておきます。

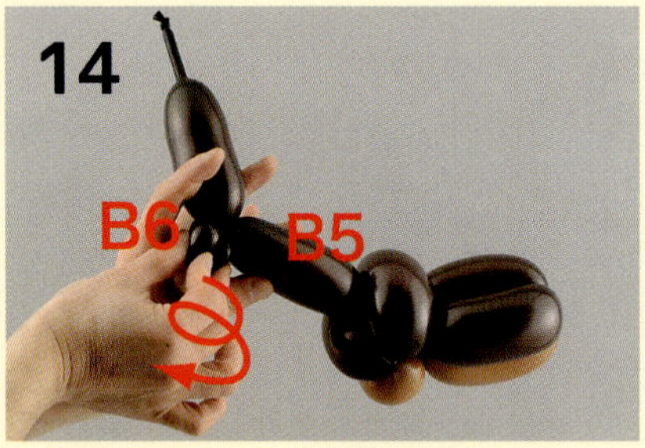

体《からだ》から 10cm の所《ところ》 (B5) でひねり、次《つぎ》に 3 cm のボール (B6) をひねります。そのボールをピンチツイストにします。

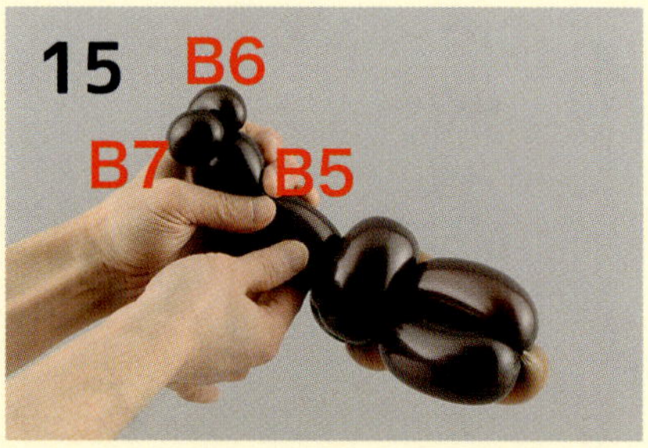

もう 1 つ同《おな》じ大《おお》きさでボールを作《つく》り (B7)、そのボールをピンチツイストにします。残《のこ》りはしぼませて結《むす》び、余分《よぶん》は切《き》り取《と》ります。B5 をぎゅっとつぶしながら反《そ》らせて形《かたち》を整《ととの》えます。

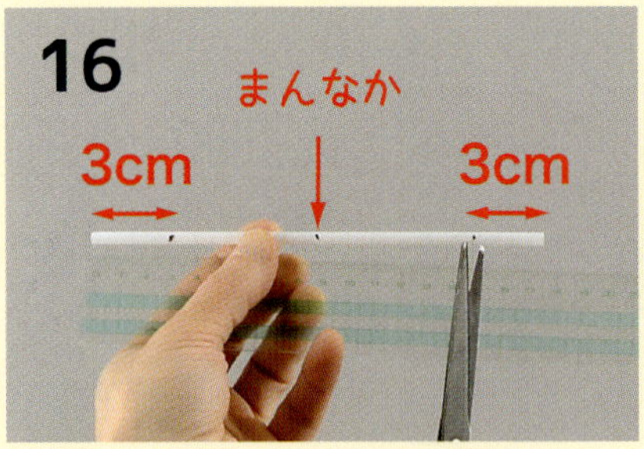

中足《なかあし》・後足《うしろあし》を作ります。長《なが》さ 18cm のストローを用意《ようい》します。真《ま》ん中《なか》に 1 ヶ所《しょ》、両端《りょうたん》からそれぞれ 3 cm の所《ところ》に 1 ヶ所《しょ》ずつ、全部《ぜんぶ》で 3 ヶ所《しょ》に切《き》り込《こ》みを入《い》れます。

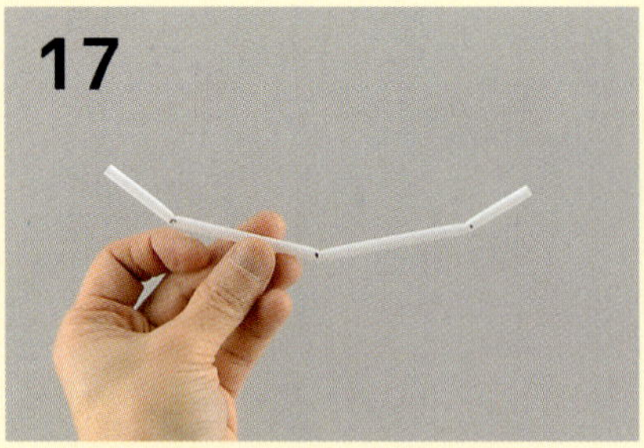

切《き》り込《こ》みの所《ところ》を少《すこ》し折《お》り曲《ま》げておきます。同《おな》じ物《もの》をもう 1 つ作《つく》ります。写真《しゃしん》はわかりやすいようにストローに印《しるし》を付《つ》けていますが、定規《じょうぎ》に当《あ》てながら切《き》る時《とき》は 必要《ひつよう》ありません。

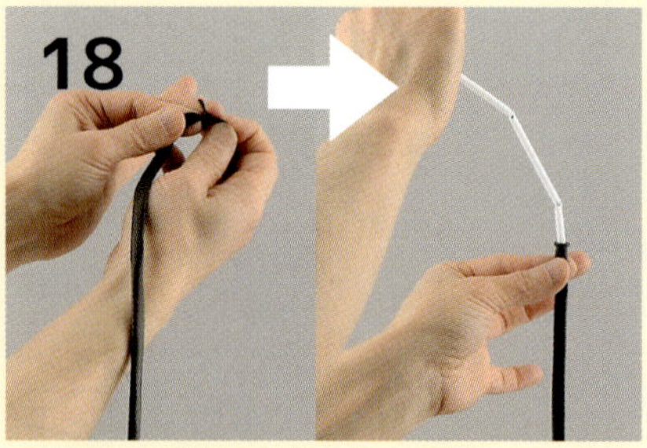

濃茶《こいちゃ》の先端《せんたん》に結《むす》び目《め》を作《つく》ります。ストローを中《なか》に入《い》れて、先端《せんたん》まで移動《いどう》させます。

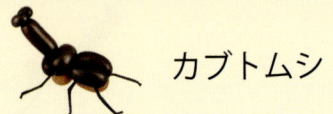

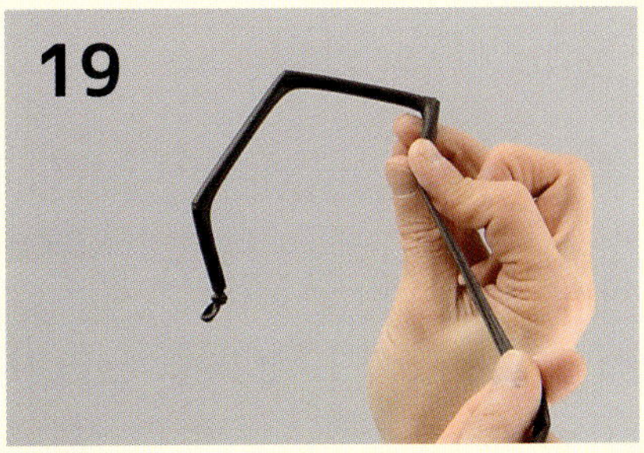

中《なか》のストローの切《き》り込《こ》みを入《い》れた所《ところ》が、カクカク曲《ま》がるぐらいまで濃茶《こいちゃ》を引《ひ》っ張《ぱ》ります。ストローのすぐ横《よこ》に結《むす》び目《め》を作《つく》ります。

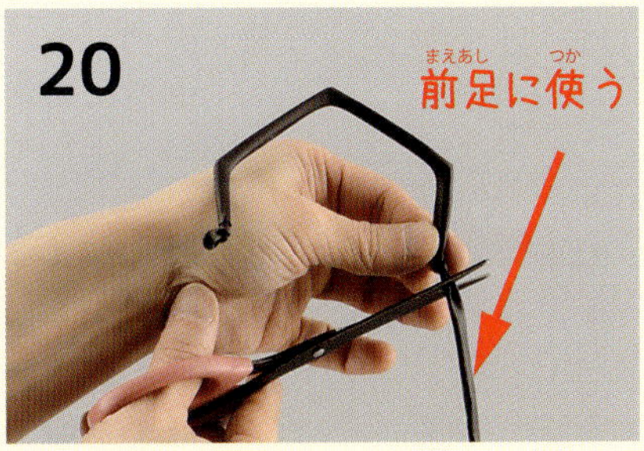

結《むす》び目《め》から5mm ほど離《はな》した所《ところ》を切《き》り取《と》ります。切《き》った残《のこ》りは、後《あと》で前足《まえあし》を作《つく》るのに使《つか》います。この形《かたち》だけでも、がに股《また》の足《あし》に見《み》えちゃいますね。同《おな》じ物《もの》をもう1つ作《つく》ります。

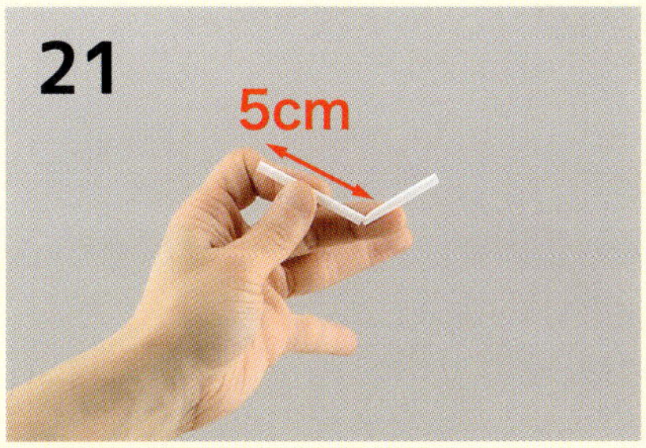

前足《まえあし》を作《つく》ります。18cm のストローを半分《はんぶん》(9cm) に切《き》ります。端《はし》から5cm の所《ところ》に切《き》り込《こ》みを入《い》れます。残《のこ》り半分《はんぶん》で同《おな》じ物《もの》をもう1つ作《つく》ります。

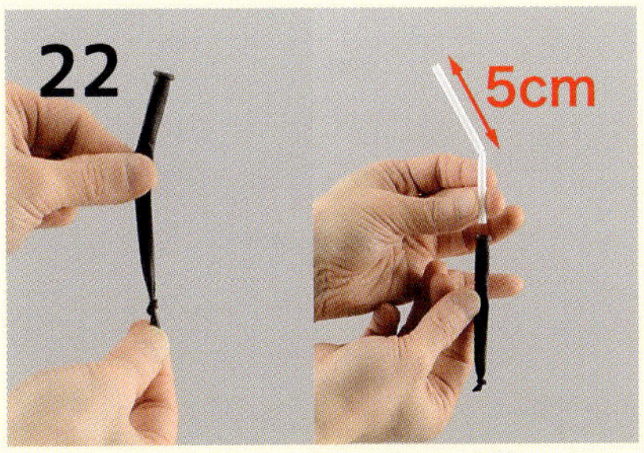

切《き》り取《と》った残《のこ》りの、切《き》り口側《くちがわ》を結《むす》びます。結《むす》んだ所《ところ》が足先《あしさき》になります。口巻《くちま》きの方《ほう》からストローを中《なか》にいれます。

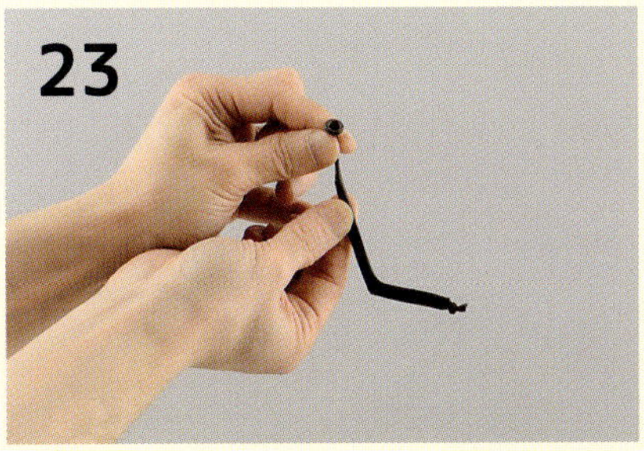

中《なか》のストローが「へ」の字《じ》の形《かたち》になるぐらいまで濃茶《こいちゃ》を引《ひ》っ張《ぱ》り、ストローのすぐ横《よこ》に結《むす》び目《め》を作《つく》ります。口巻《くちま》きや余分《よぶん》は切《き》り取《と》らずに残《のこ》しておきます。体《からだ》に差《さ》し込《こ》んだ時《とき》、口巻《くちま》きがあった方《ほう》が抜《ぬ》けにくいからです。

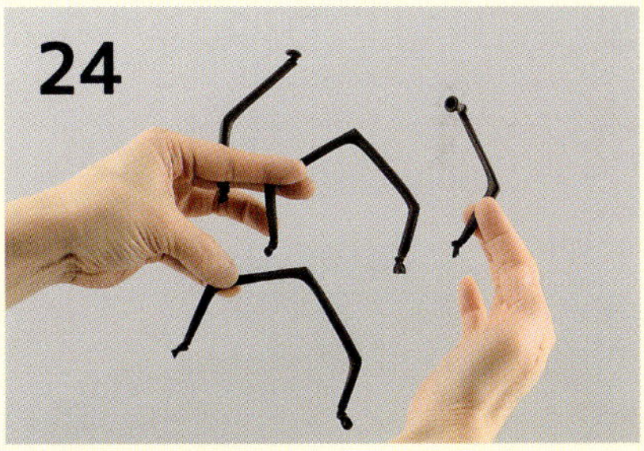

前足《まえあし》は、同《おな》じ物《もの》をもう1つ作《つく》ります。これで後足《うしろあし》と中足《なかあし》、前足《まえあし》2つができました。

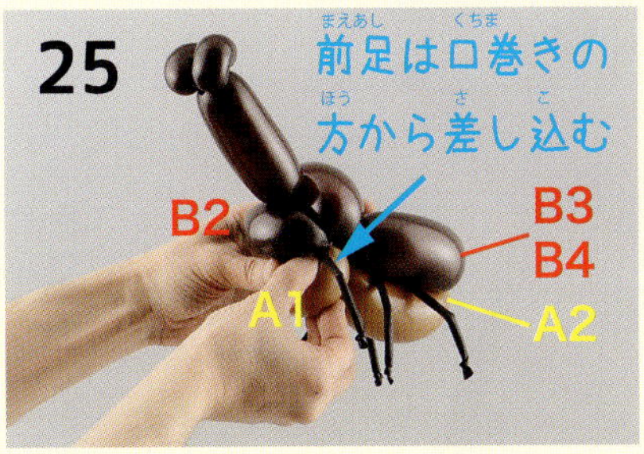

足《あし》を体《からだ》に取《と》り付《つ》けます。後足《うしろあし》・中足《なかあし》はB3・B4とA2の間《あいだ》に差《さ》し込《こ》んでいき、A2の両側《りょうがわ》から出《で》るようにします。前足《まえあし》はB2とA1のひねり目《め》に近《ちか》い所《ところ》に、1本《ぽん》ずつ差《さ》し込《こ》みます。

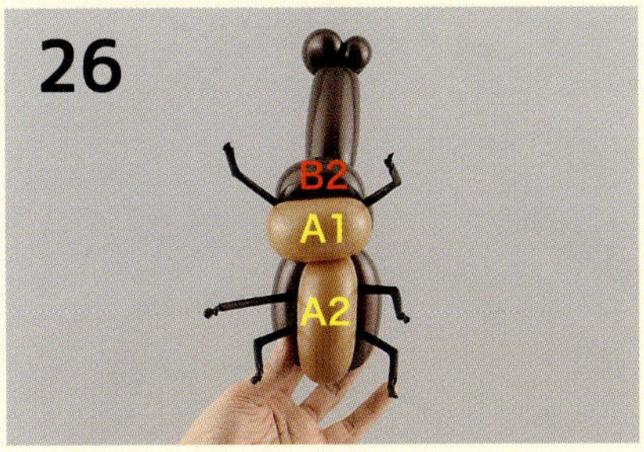

足《あし》の位置《いち》を整《ととの》えます。足《あし》を付《つ》けた状《じょう》態《たい》を、腹側《はらがわ》から見《み》た所《ところ》です。前足《まえあし》はツノの方《ほう》に倒《たお》し、後足《うしろあし》はお尻側《しりがわ》に倒《たお》すとかっこよくなります。

うまくバランスを取《と》ると自立《じりつ》します。完成《かんせい》です。

クワガタ

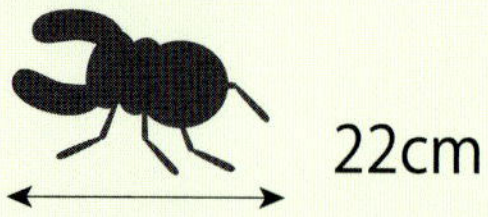

カブトムシと同《おな》じサイズのクワガタです。一緒《いっしょ》に作《つく》って飾《かざ》ったり、プレゼントしたりと活用《かつよう》してください。
ツノは少《すこ》しやわらかく作《つく》って、最後《さいご》に曲《ま》げぐせをつけます。

足《あし》は、中《なか》にストローを入《い》れて作《つく》ります。
カブトムシの足《あし》と同《おな》じです。

クワガタ

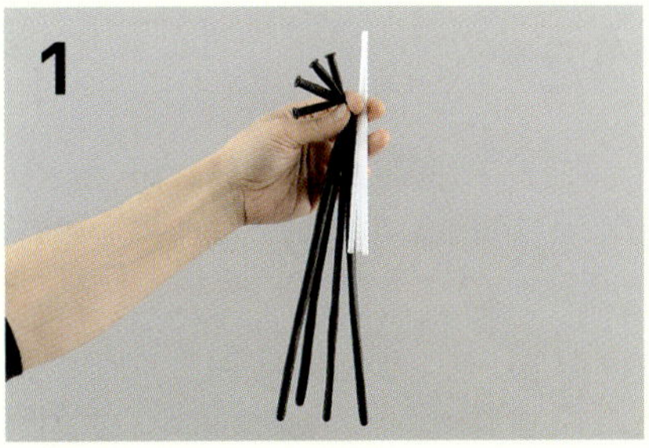

材料《ざいりょう》・260 ツイストバルーン
黒《くろ》　4本《ほん》

直径《ちょっけい》 4.5mm、長《なが》さ 180mm の
ストロー　3本《ぼん》

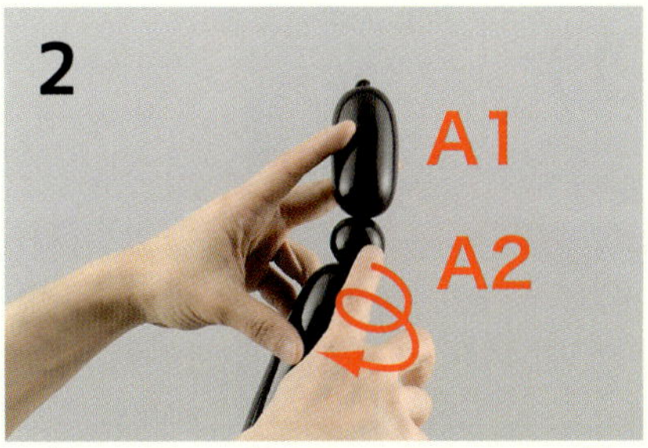

黒《くろ》を 18cm 残《のこ》してふくらませ、結《むす》びます。8cm(A1)・3cm(A2) とひねり、3cm(A2) をピンチツイストにします。

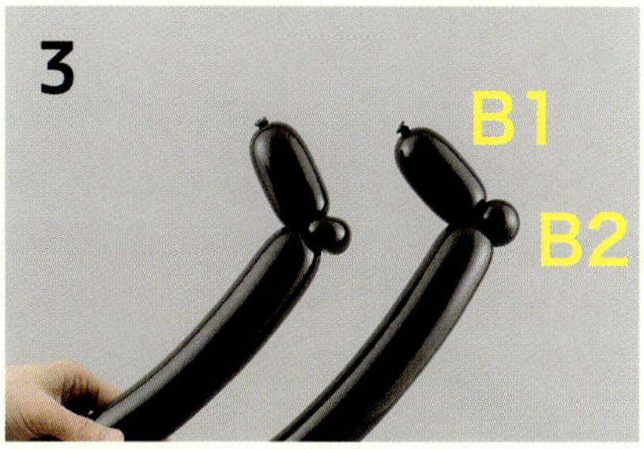

同《おな》じ物《もの》(B1・B2) をもう 1 つ作《つく》ります。

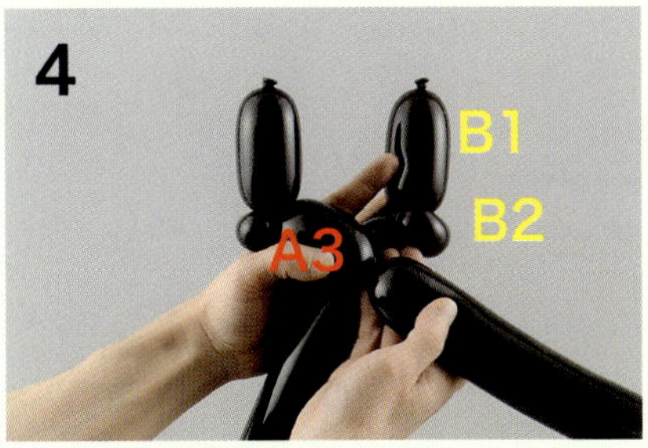

A を 6cm(A3) ひねって、B2 のピンチツイストにからめます。

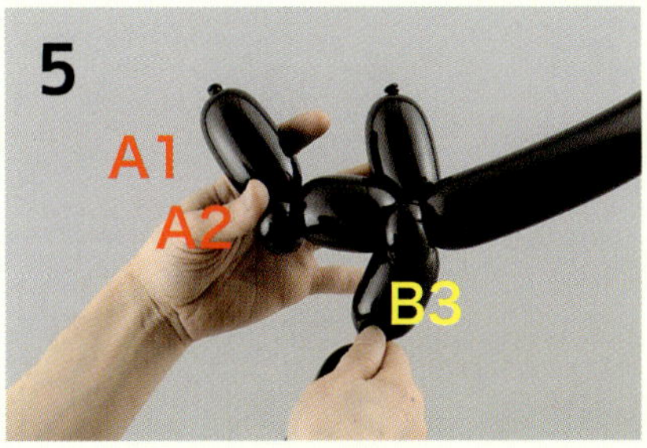

B を 6cm(B3) ひねって、A2 のピンチツイストにからめます。

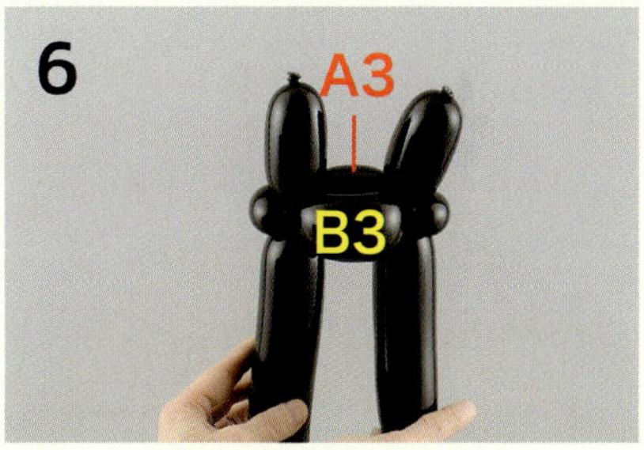

ツノと頭《あたま》の部《ぶ》分《ぶん》ができました。
※黒《くろ》一色《いっしょく》で作《つく》るため、この先《さき》はどちらが A か B かわからなくなるかもしれません。記《き》号《ごう》は説明用《せつめいよう》で、A B どちらでも問題《もんだい》ありません。長《なが》く残《のこ》っている方《ほう》をひねってください。

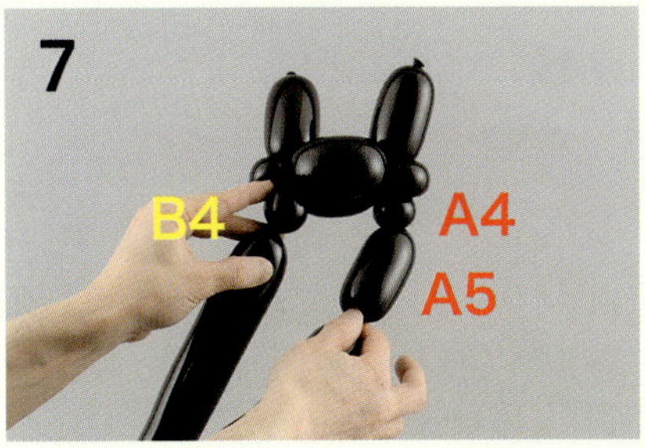

片方《かたほう》に 3cm(A4)・7cm(A5) をひねり、もう片方《かたほう》に 3cm(B4) をひねり、

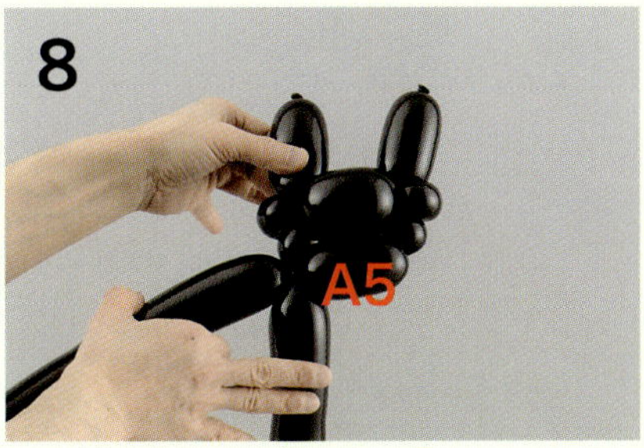

2 本《ほん》をひねり合《あ》わせます。

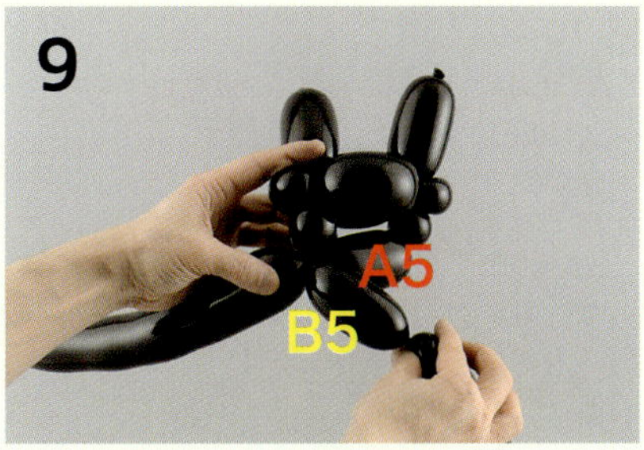

7cm(B5) ひねり、A5 と重《かさ》ねます。

クワガタ

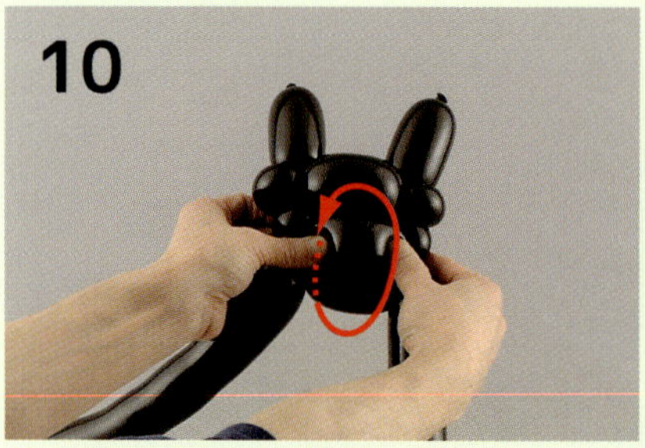

２本《ほん》をぐるぐる回転《かいてん》させます。

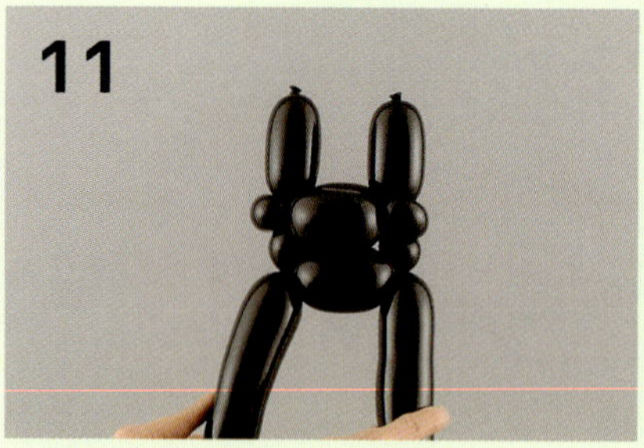

胸《むね》の部分《ぶぶん》までできました。

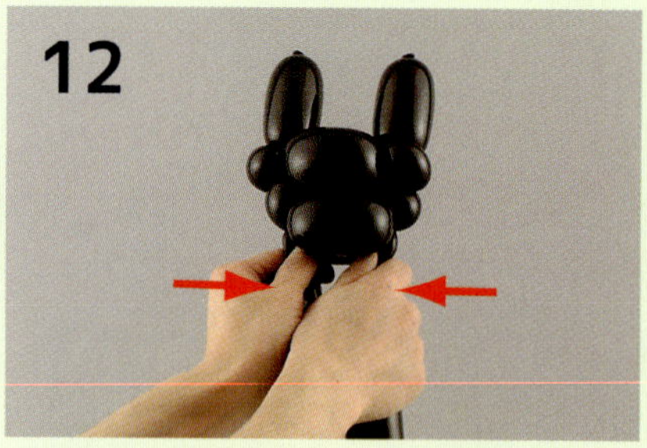

残《のこ》りはぎゅっとつかんで細《ほそ》くしながら、真《ま》ん中《なか》に寄《よ》せます。

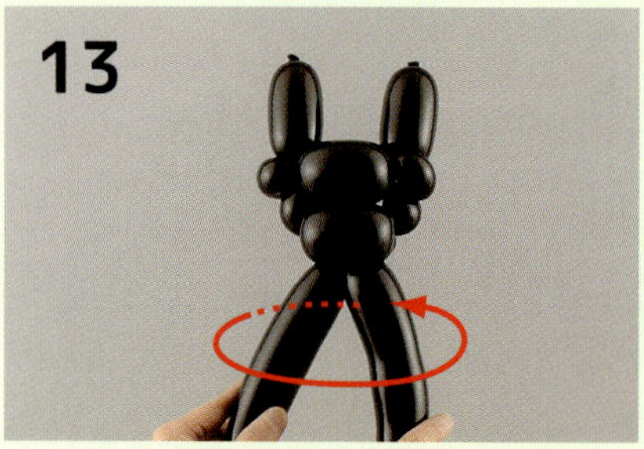

２本《ほん》を一緒《いっしょ》にひねり合《あ》わせます。

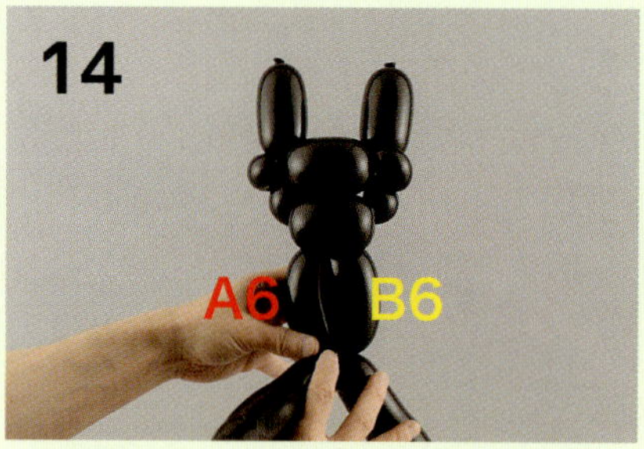

それぞれ７cm ひねり (A6・B6)、２本《ほん》を一緒《いっしょ》にひねり合《あ》わせます。ここは羽《はね》になります。

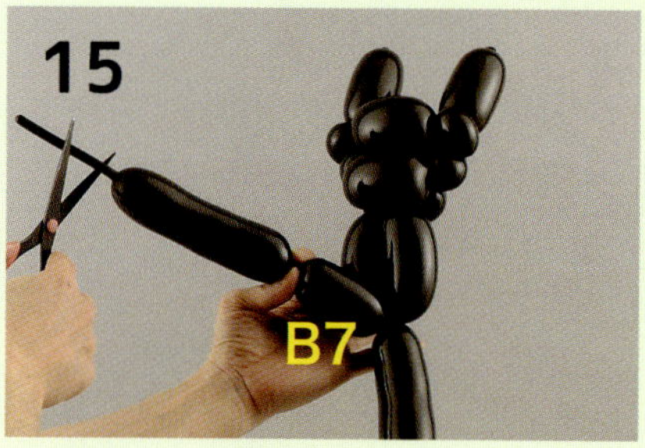

どちらか１本《ぼん》を７cm ひねり (B7)、ひねり目《め》を押《お》さえてしぼませます。押《お》さえたすぐそばを結《むす》び、余分《よぶん》は少《すこ》し長《なが》さを残《のこ》して切《き》り取《と》ります。

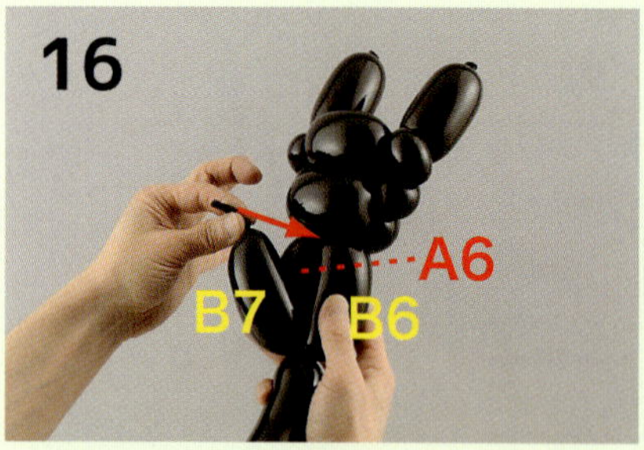

羽《はね》(A6・B6) に重《かさ》ね、結《むす》び目《め》を羽《はね》の付《つ》け根《ね》にからめて取《と》り付《つ》けます。B7 は腹《はら》になります。これで羽《はね》と腹《はら》がまとまり、体《からだ》ができました。

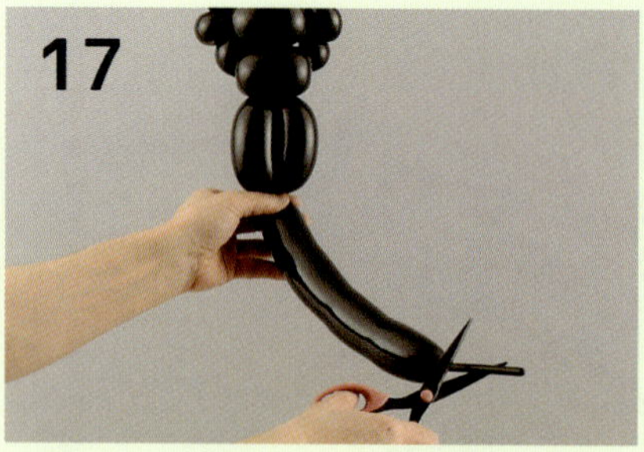

残《のこ》った１本《ぼん》はひねり目《め》を押《お》さえてしぼませ、押《お》さえたすぐそばを結《むす》びます。余分《よぶん》は少《すこ》し長《なが》さを残《のこ》して切《き》り取《と》ります。

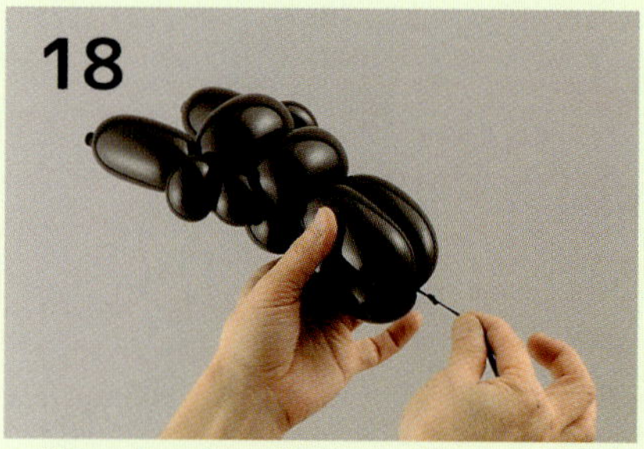

結《むす》び目《め》を引《ひ》っ張《ぱ》り、お尻《しり》のひねり目《め》にからめます。

結《むす》び目《め》や余分《よぶん》は、すき間《ま》に埋《う》め込《こ》んで隠《かく》します。

ツノに曲《ま》げぐせを付《つ》けます。片手《かたて》で口巻《くちま》きを引《ひ》っ張《ぱ》り、もう片方《かたほう》の手《て》でつぶしながらぐにっと曲《ま》げます。
もう片方《かたほう》のツノも同様《どうよう》にくせを付《つ》けます。

曲《ま》げた後《あと》、口巻《くちま》きを切《き》り取《と》ります。

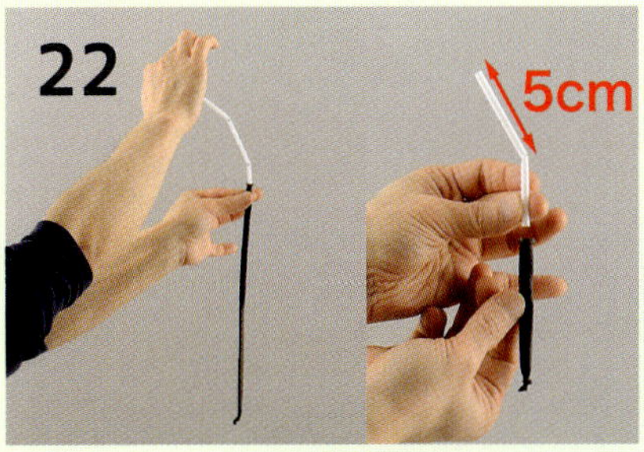

足《あし》を作《つく》ります。作《つく》り方《かた》はカブトムシと同《おな》じです。直径《ちょっけい》4.5mm のストローに切《き》り込《こ》みを入《い》れ、黒《くろ》の中《なか》に入《い》れて曲《ま》げます。詳《くわ》しい説明《せつめい》はカブトムシの解説《かいせつ》16 から 24 を見《み》てください。

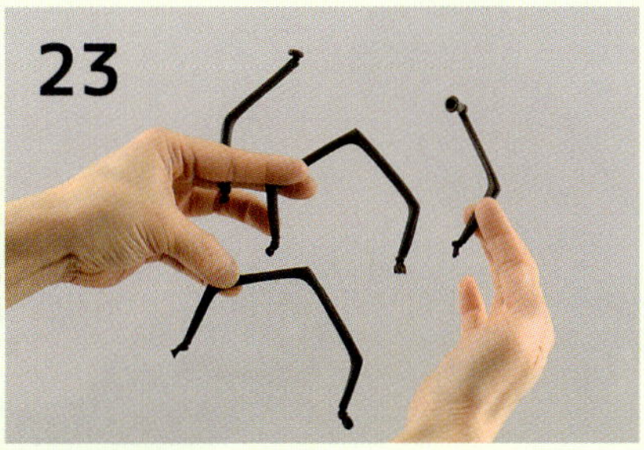

後足《うしろあし》と中足《なかあし》、前足《まえあし》2 つができたら体《からだ》にはめ込《こ》んでいきます。

後足《うしろあし》と中足《なかあし》は、羽《はね》と腹《はら》の間《あいだ》のすき間《ま》に差《さ》し込《こ》んで取《と》り付《つ》けます。これは腹側《はらがわ》から見《み》た所《ところ》です。

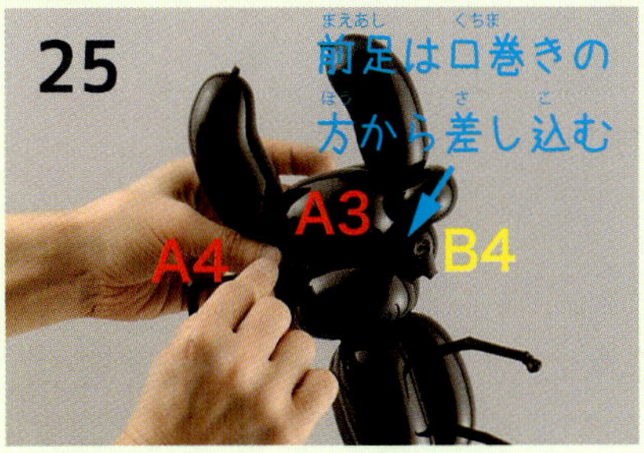

前足《まえあし》は、A3 と A4 のすき間《ま》、A3 と B4 のすき間《ま》に 1 本《ぽん》ずつ差《さ》し込《こ》みます。

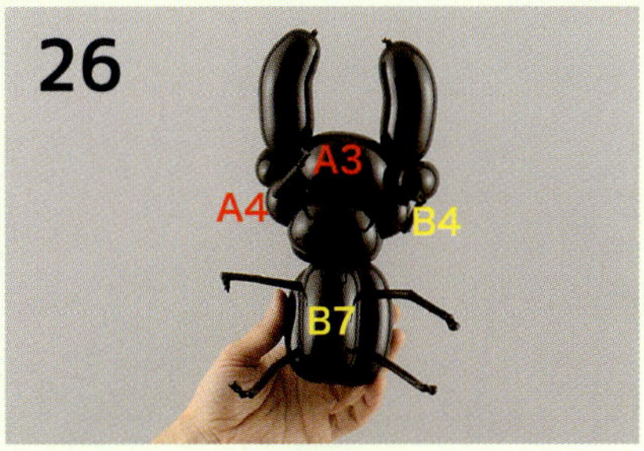

全体《ぜんたい》を見《み》ながら足《あし》の位置《いち》を整《ととの》えます。これは腹側《はらがわ》から見《み》た所《ところ》です。前足《まえあし》はツノの方《ほう》に倒《たお》し、後足《うしろあし》はお尻側《しりがわ》に倒《たお》すとかっこよくなります。

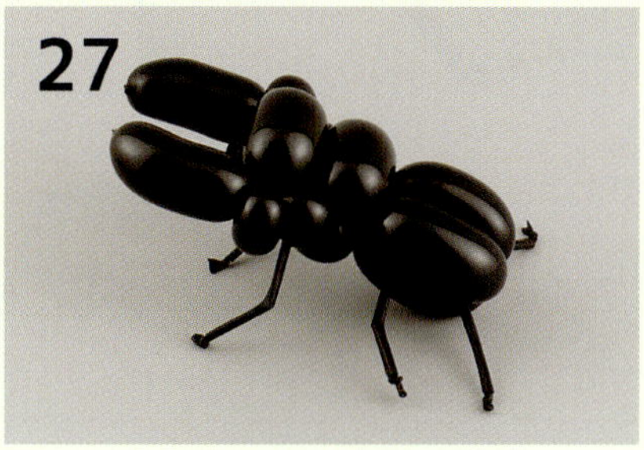

バランスを取《と》って自立《じりつ》させましょう。完成《かんせい》です。

おまけページ　めだまをつけよう

目玉《めだま》を作《つく》って付《つ》けてみると作品《さくひん》の印象《いんしょう》が変《か》わります。
図鑑《ずかん》の写真《しゃしん》に近《ちか》いような雰囲気《ふんいき》だったものが、アニメのかわいいキャラクターみたいな感《かん》じになったり、ヘンな人《ひと》(物《もの》?) になっちゃったり。
ここではカブトムシやクワガタに目玉《めだま》を付《つ》ける手順《てじゅん》をくわしく紹介《しょうかい》しました。

このページを参考《さんこう》に、他《ほか》の作品《さくひん》にも目鼻《めはな》や口《くち》などを付《つ》けて、おもしろく変《か》えてみてください。本《ほん》の通《とお》りに作《つく》るのも楽《たの》しいですが、応用《おうよう》するのも、とっても楽《たの》しいです。

白《しろ》を 2.5cm ふくらませて結《むす》びます。※多《おお》めに空気《くうき》を入《い》れ、押《お》さえている指先《ゆびさき》をゆるめながら少《すこ》しずつ空気《くうき》を抜《ぬ》きます。かなり小《ちい》さいボールになったのを確認《かくにん》してから結《むす》びます。

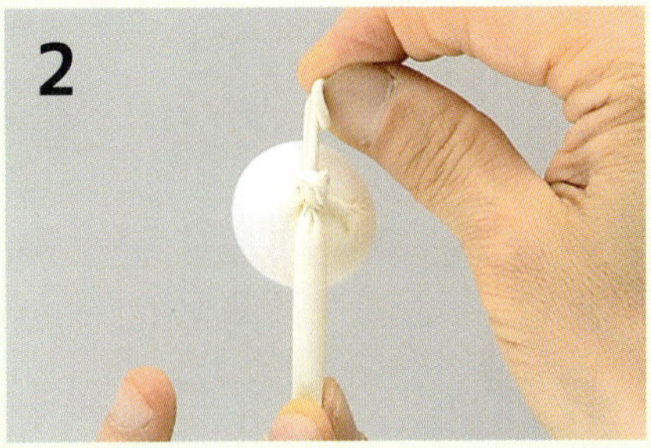

ふくらませたボールの両端《りょうたん》、結《むす》び目《め》側《がわ》とふくらんでいない側《がわ》をぐいっと引《ひ》き寄《よ》せて、かた結《むす》び (本結《ほんむす》び) します。

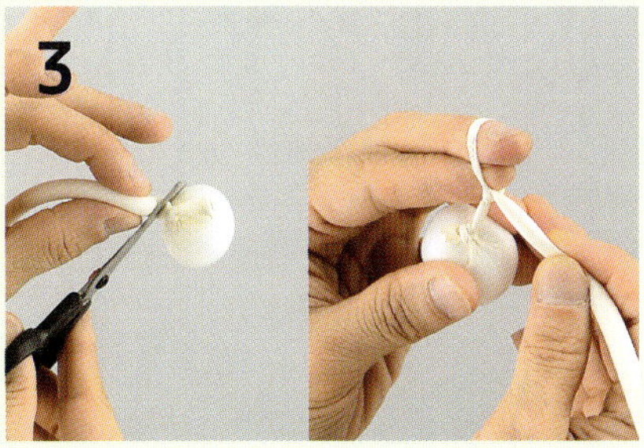

最初《さいしょ》に作《つく》るボールには口巻《くちま》きが付《つ》いています。口巻《くちま》きではない方《ほう》をカットします。残《のこ》りで同《おな》じ物《もの》を作《つく》りますが、今度《こんど》は口巻《くちま》きがありません。少《すこ》し離《はな》れた所《ところ》に結《むす》び目《め》を作《つく》り、口巻《くちま》きの代《か》わりにひっかかる場所《ばしょ》にします。

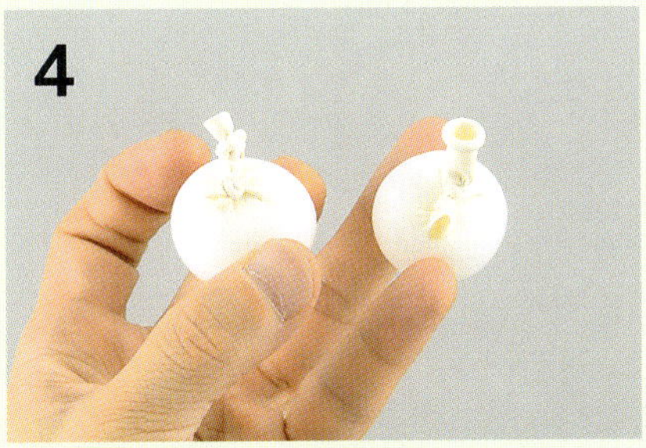

余分《よぶん》はカットして目玉《めだま》ができました。大《おお》きさをそろえて作《つく》りましょう。この本《ほん》のカバーの裏《うら》には風船定規《ふうせんじょうぎ》が付《つ》いています。定規《じょうぎ》を使《つか》って測《はか》りながら作《つく》ると大《おお》きさがそろいます。

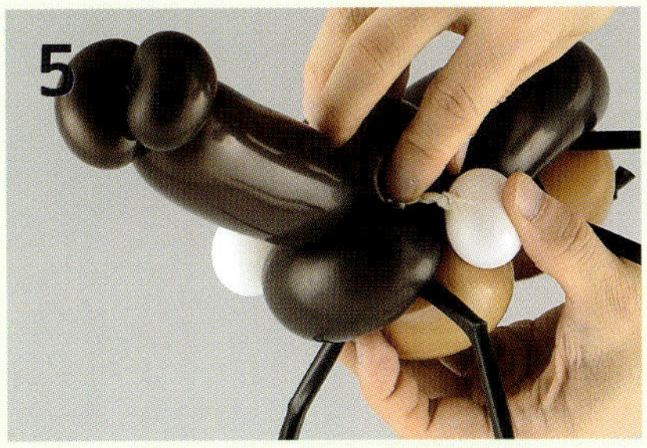

カブトムシなら、ツノの横《よこ》のすき間《ま》へ口巻《くちま》きや結《むす》び目《め》を押《お》し込《こ》みます。風船《ふうせん》同士《どうし》がくっ付《つ》くぐらいに狭《せま》い所《ところ》だと、はさまれて固定《こてい》されます。

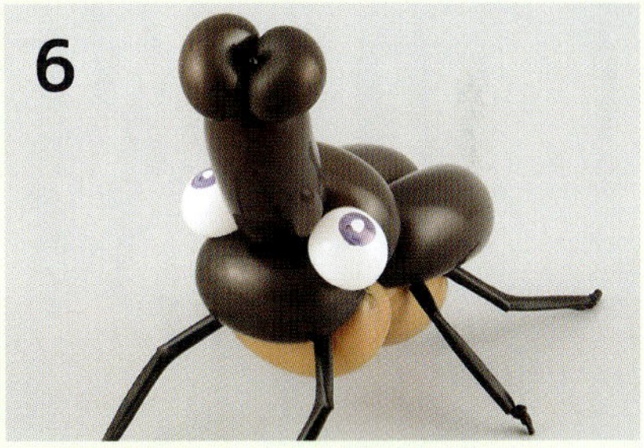

油性《ゆせい》のマーカーで黒目《くろめ》を描《か》いてあげます。上目遣《うわめづか》いでかわいいカブトムシになりました。

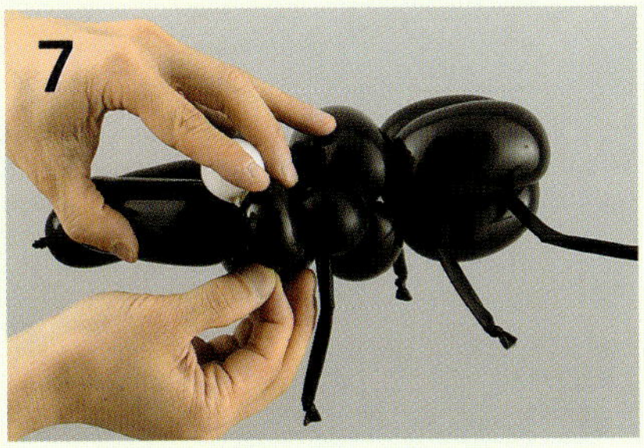

クワガタは頭《あたま》の横《よこ》にピンチツイストがあります。そのひねり目《め》にからめる方法《ほうほう》で固定《こてい》します。

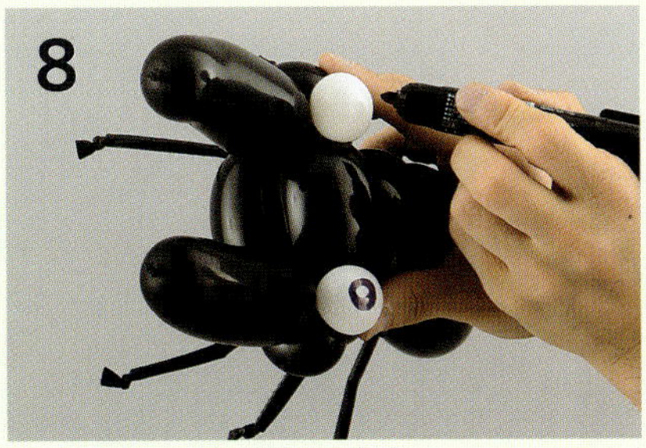

ピンチツイストの上側《うえがわ》、ツノのひねり目《め》に乗《の》るぐらいの場所《ばしょ》に、目玉《めだま》の位置《いち》を動《うご》かします。作例《さくれい》にこだわらず、全体的《ぜんたいてき》にバランスの取《と》れる所《ところ》を探《さが》してみると応用力《おうようりょく》が付《つ》いてきます。黒目《くろめ》を描《か》いて完成《かんせい》です。

他《ほか》の作品《さくひん》にも付《つ》けてみました。目鼻《めはな》を付《つ》ける方法《ほうほう》はいろいろです。ひねり目《め》にからめる、狭《せま》い所《ところ》やすき間《ま》に押《お》し込《こ》む、セロテープや両面《りょうめん》テープで付《つ》ける。作品《さくひん》ごとに工夫《くふう》してみましょう。

セミ

16cm

見《み》た目《め》は小《ちい》さくて簡単《かんたん》な形《かたち》ですが、意外《いがい》にテクニックが必要《ひつよう》な作品《さくひん》です。横縞《よこじま》模様《もよう》が背《せ》中《なか》側《がわ》とお腹側《なかがわ》で違《ちが》っていたり、頭《あたま》や口吻《こうふん》の作《つく》り方《かた》も凝《こ》っています。
写真《しゃしん》をふんだんに使《つか》って、細《こま》かくていねいに解説《かいせつ》してあります。ゆっくり確認《かくにん》しながら作《つく》ってみてください。

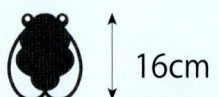

セミ

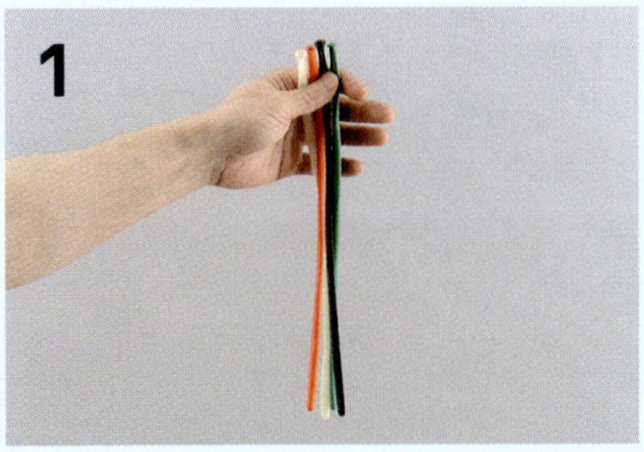

材料《ざいりょう》・260 ツイストバルーン
濃茶《こいちゃ》　1本《ぽん》　・　薄緑《うすみどり》　1本《ぽん》
透明《とうめい》　1本《ぽん》　・　オレンジ　1本《ぽん》

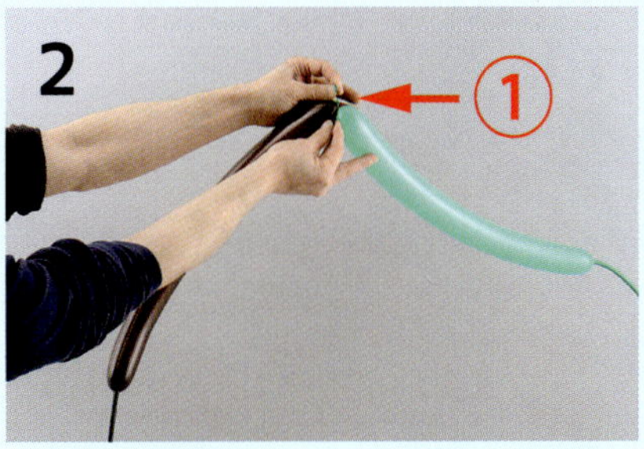

セミの体《からだ》を作《つく》ります。濃茶《こいちゃ》と薄緑《うすみどり》を、16cm 残《のこ》してふくらませ結《むす》びます。2本《ほん》を結《むす》び合《あ》わせます。この場所《ばしょ》を①とします。
※これ以降《いこう》の説明《せつめい》では色《いろ》を茶色《ちゃいろ》・緑《みどり》とします。

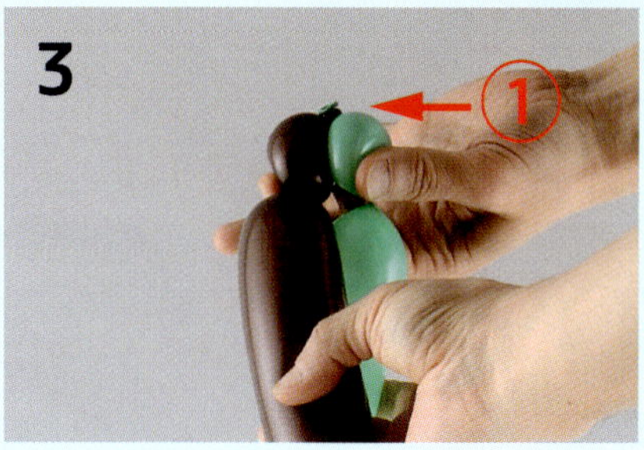

それぞれに 2.5cm のボールをひねり、

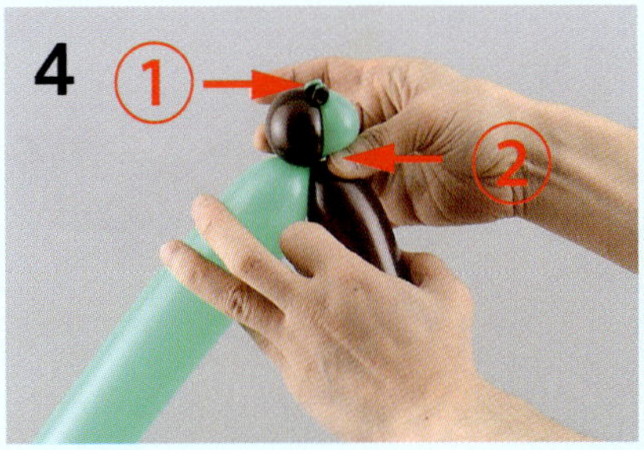

2本《ほん》をひねり合《あ》わせます。ひねり合《あ》わせた場所《ばしょ》を②とします。①にある口巻《くちま》きは、後《あと》で羽《はね》を作《つく》る時《とき》、体《からだ》に固《こ》定《てい》するのに使《つか》います。

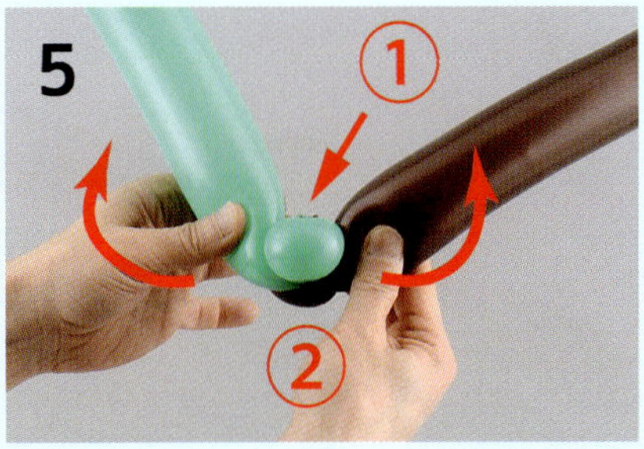

ひねりあわせた残《のこ》りをそれぞれ細《ほそ》くつぶし、茶色《ちゃいろ》のボールと緑《みどり》のボールのすき間《ま》に埋《う》め込みながら持《も》ち上《あ》げて、

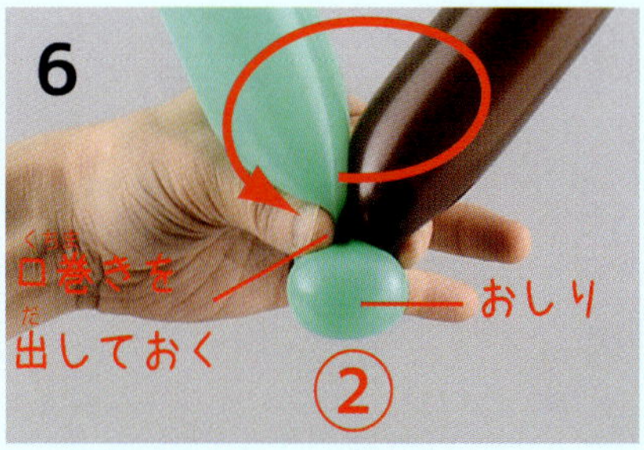

2本一緒《ほんいっしょ》にひねり合《あ》わせます。セミのお尻《しり》の部分《ぶぶん》ができました。ここで口巻《くちま》きが隠《かく》れてしまったら、どちらの色《いろ》でもいいので引《ひ》き出《だ》して、後《あと》でわかるようにしておいてください。

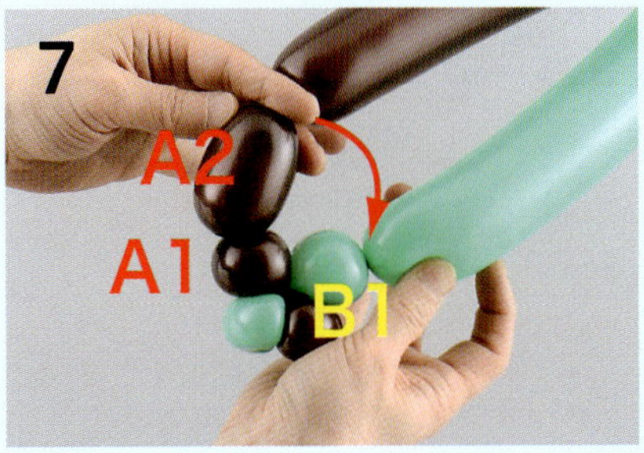

茶色《ちゃいろ》を 3cm(A1)・5cm(A2) ひねり、緑《みどり》を 3cm(B1) ひねり、

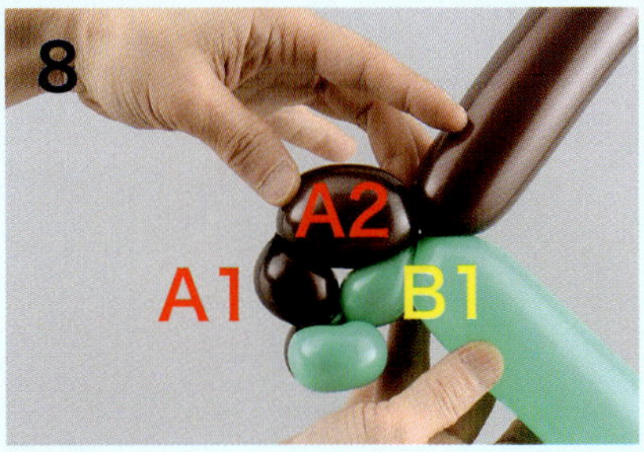

2本《ほん》をひねり合《あ》わせます。

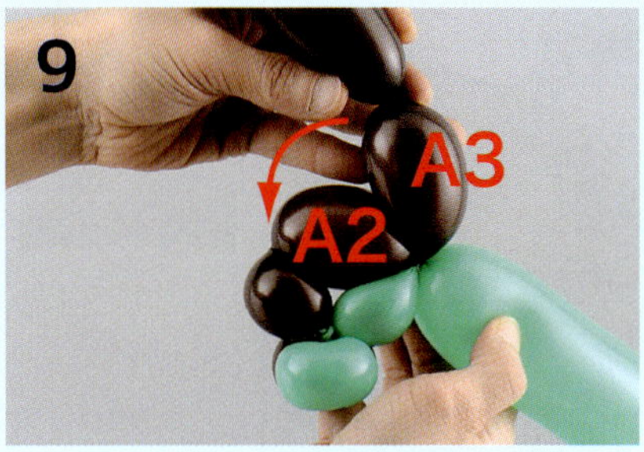

茶色《ちゃいろ》で 5cm(A3) をひねり、先《さき》にひねってある A2 と重《かさ》ねます。

セミ

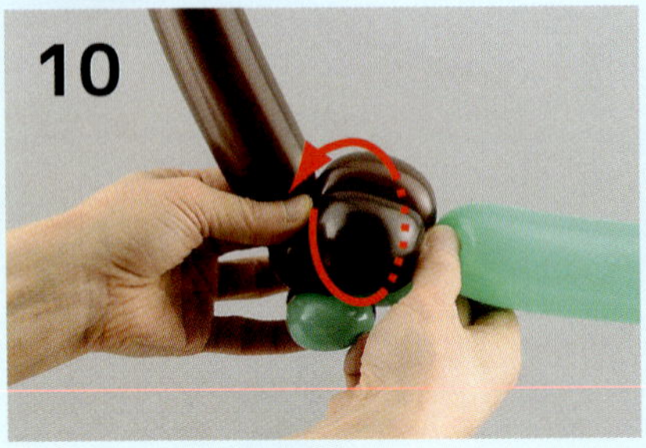

A2とA3を回転《かいてん》させて、

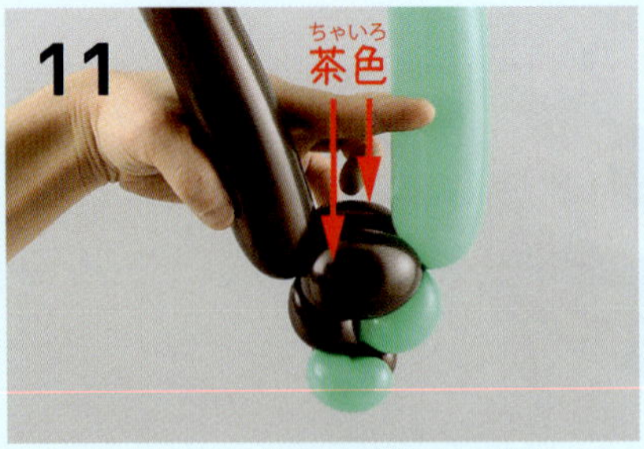

2つをまとめます。体《からだ》の1段目《だんめ》ができました。1段目《だんめ》は、手前《てまえ》も奥《おく》も茶《ちゃ》色《いろ》です。

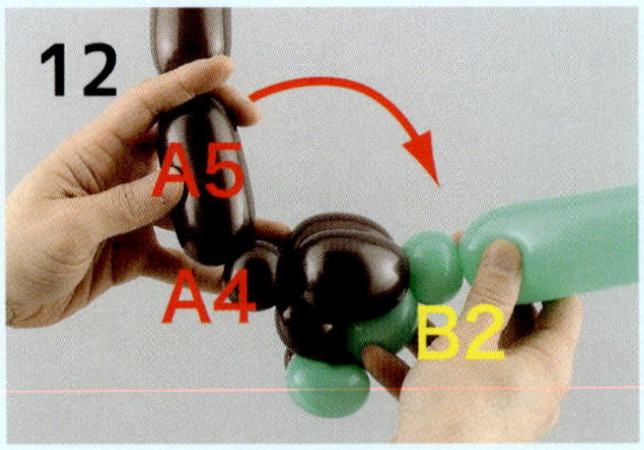

茶色《ちゃいろ》を3cm(A4)・7cm(A5) ひねり、緑《みどり》を3cm(B2) ひねり、

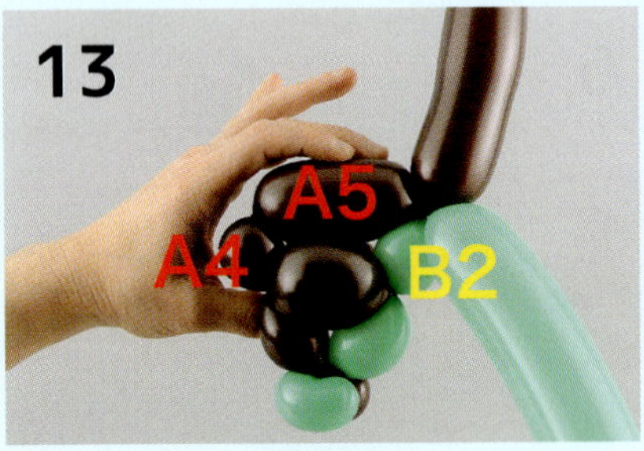

2本《ほん》をひねり合《あ》わせます。

緑《みどり》を7cm(B3) ひねり、A5と重《かさ》ねます。

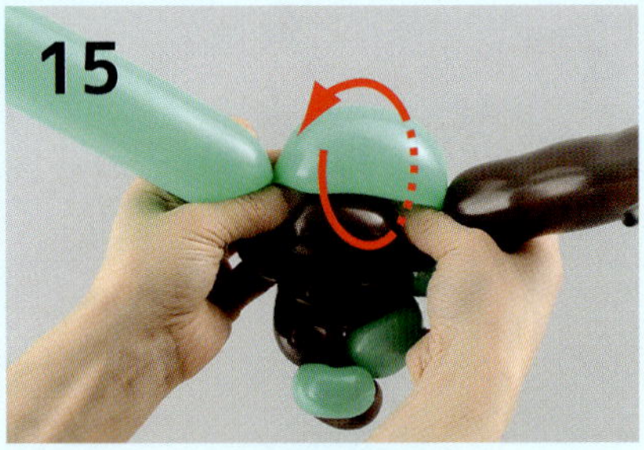

A5とB3を回転《かいてん》させて2つをまとめます。

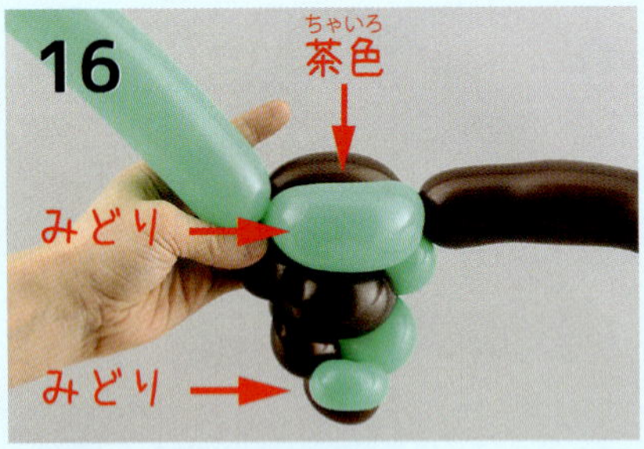

体《からだ》の2段目《だんめ》ができました。こちらはセミの背中側《せなかがわ》から見《み》た所《ところ》です。2段《だん》目《め》は手前《てまえ》が緑《みどり》、奥《おく》が茶色《ちゃいろ》です。最初《さいしょ》に作《つく》ったお尻《しり》も、手前側《てまえがわ》を緑《みどり》にします。

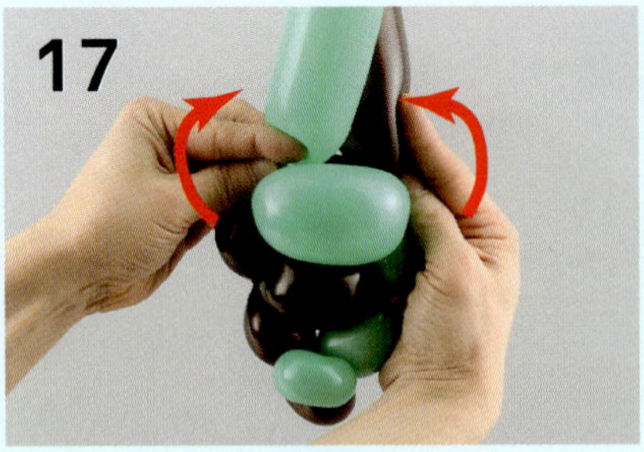

残《のこ》りはそれぞれ細《ほそ》くつぶしながら真《ま》ん中《なか》に寄《よ》せて、

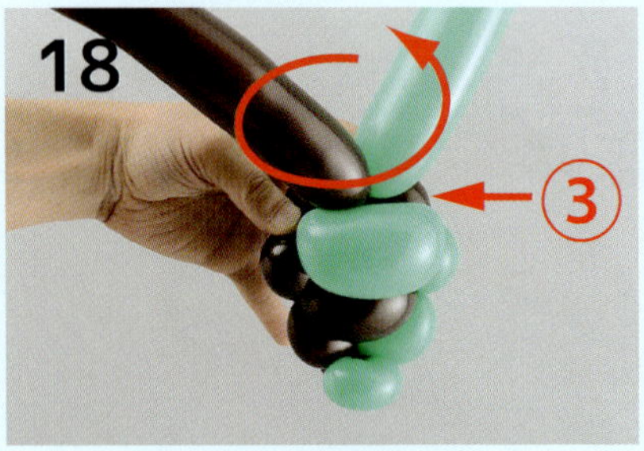

2本《ほん》一緒《いっしょ》にひねり合《あ》わせます。このひねり合《あ》わせた場所《ばしょ》を③とします。

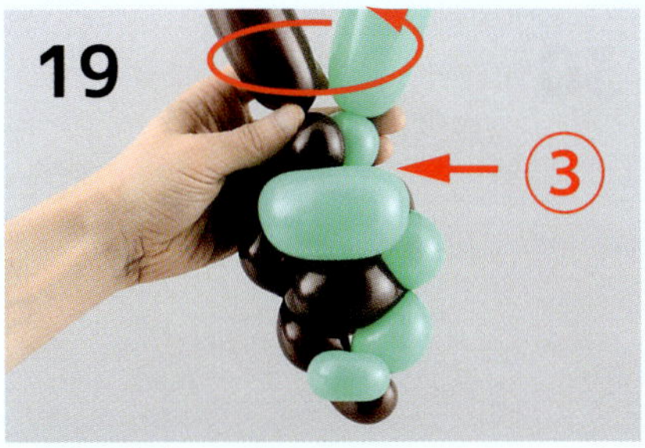

頭《あたま》の部分《ぶぶん》を作《つく》ります。それぞれに2.5cmのやわらかいボールをひねり、2つをひねり合《あ》わせます。

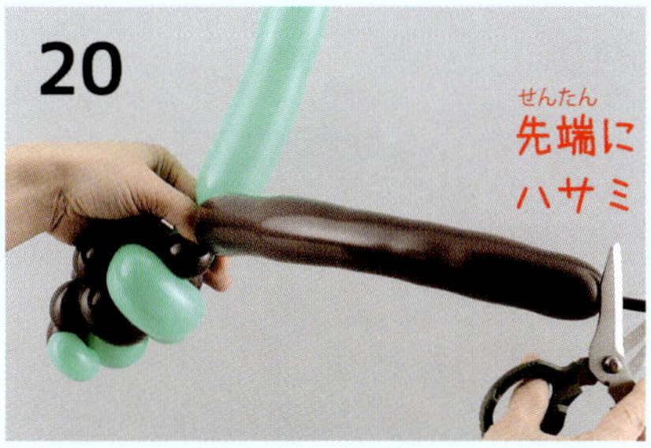

残《のこ》りは2本《ほん》とも、先端《せんたん》にハサミを入《い》れてしぼませ、

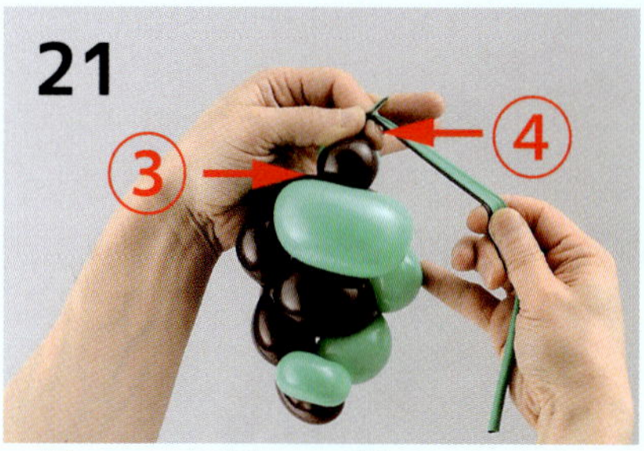

結《むす》びます。結《むす》んだ場所《ばしょ》を④とします。

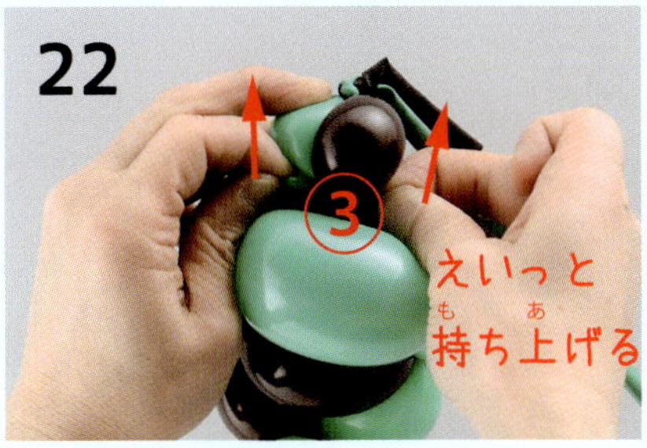

上下《じょうげ》を入《い》れ替《か》えます。
まず、③の両側《りょうがわ》にあるヒモ状《じょう》の風船《ふうせん》に指《ゆび》をかけて浮《う》かせ、

ヒモを浮《う》かせた状態《じょうたい》で、ボール2つをくるんと横回転《よこかいてん》させます。

すると、ヒモに押《お》さえられるような形《かたち》で、2つのボールがつぶれて固定《こてい》されます。これは上《うえ》から見《み》た所《ところ》です。

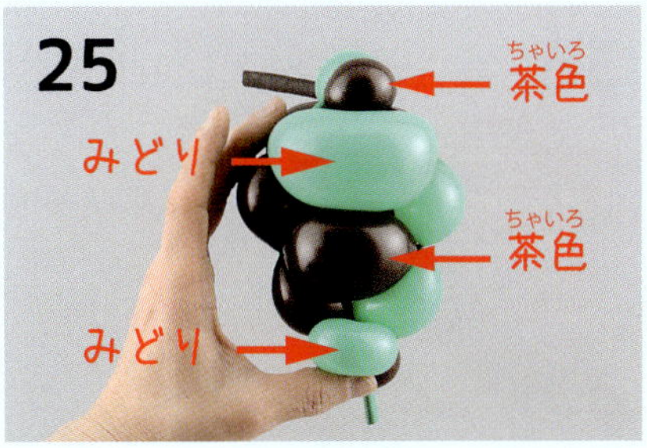

こちらはセミの背中側《せなかがわ》から見《み》た所《ところ》。色《いろ》が交互《こうご》になっています。

こちらは腹側《はらがわ》です。頭《あたま》だけ緑《みどり》で、他《ほか》の3ヶ所《しょ》は茶色《ちゃいろ》になっています。

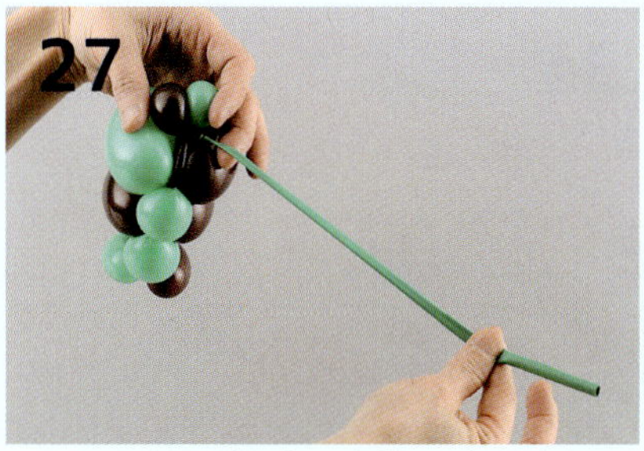

しぼませた茶色《ちゃいろ》の余分《よぶん》は切《き》り取《と》ります。緑《みどり》は、ぐいっと引《ひ》っ張《ぱ》って真《ま》っ直《す》ぐにしてから、

セミ

4cm ぐらいの長《なが》さで切《き》ります。ここはセミの口吻《こうふん》になります。

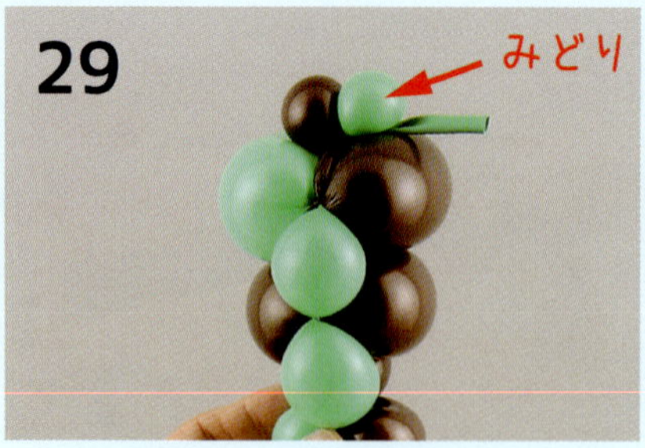

セミの体《からだ》ができました。写真《しゃしん》は横《よこ》から見《み》た所《ところ》です。緑《みどり》の頭《あたま》の下《した》から、腹《はら》側《がわ》に口吻《こうふん》が出《で》ています。

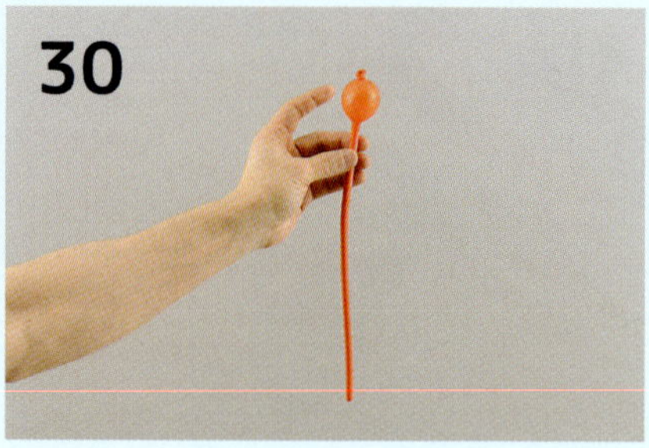

目《め》を作《つく》ります。オレンジを3cmふくらませて結《むす》びます。

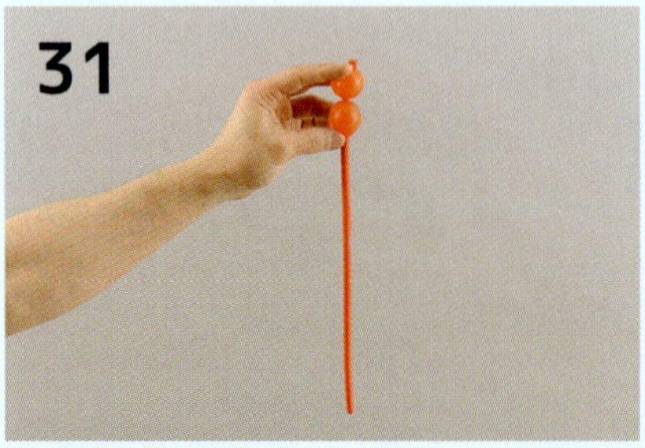

真《ま》ん中《なか》でひねって、小《ちい》さいボール2つにします。

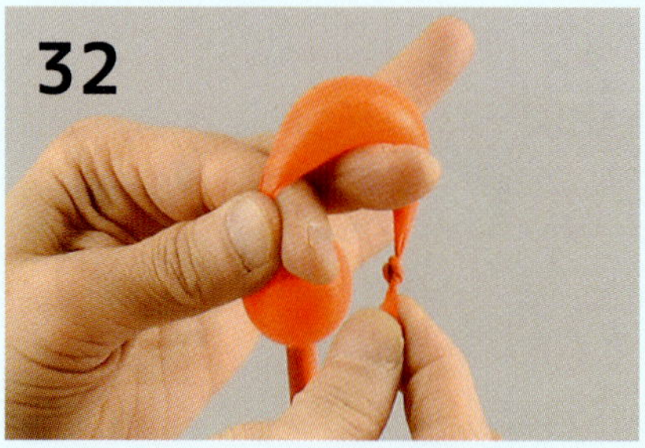

ボールとボールのすき間《ま》を広《ひろ》げ、1つ目《め》のボールの両端《りょうたん》を引《ひ》き寄《よ》せて結《むす》び合《あ》わせます。

もう1つのボールは、3cmほど空《くう》気《き》を移動《いどう》させてから、

両端《りょうたん》を結《むす》び合《あ》わせます。ダンベルのような形《かたち》ができます。2つのボールはなるべく大《おお》きさを揃《そろ》えましょう。余《よ》分《ぶん》は切《き》り取《と》ります。

この目《め》を、セミの頭部《とうぶ》の

すき間《ま》から、

押《お》し込《こ》んで、頭《あたま》の両側《りょうがわ》にはめ込《こ》みます。

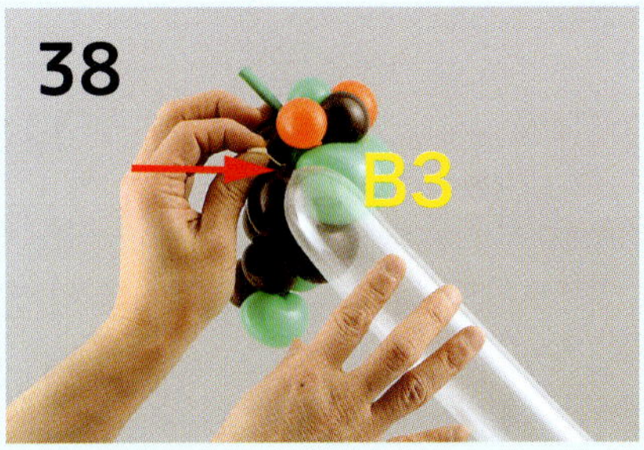

羽《はね》を作《つく》ります。透明《とうめい》を 30cm ふくらませて結《むす》びます。結《むす》び目《め》を引《ひ》っ張《ぱ》り、緑《みどり》 B3 のひねり目《め》にからめて取《と》り付《つ》けます。

よくつぶしてやわらかくしながら、セミの体《からだ》に沿《そ》わせます。

お尻《しり》の所《ところ》で長《なが》さを決《き》めてひねります。解説《かいせつ》6で出《だ》しておいた口巻《くちま》きを引《ひ》っ張《ぱ》って、透明《とうめい》のひねり目《め》にからめ、お尻《しり》のひねり目《め》に戻《もど》して固定《こてい》します。

つぶしながら反対側《はんたいがわ》に持《も》って来《き》ます。同《おな》じ長《なが》さでひねり、残《のこ》りはしぼませて結《むす》びます。

透明《とうめい》の結《むす》び目《め》を引《ひ》っ張《ぱ》り、緑《みどり》 B3 の反対側《はんたいがわ》のひねり目《め》にからめて取《と》り付《つ》けます。余分《よぶん》は切《き》り取《と》ります。

黒目《くろめ》を描《か》かずにこのままだと、より昆虫《こんちゅう》っぽい仕上《しあ》がりになり、

油性《ゆせい》マーカーで黒目《くろめ》を描《か》くと、キャラクターっぽい仕上《しあ》がりになります。黒目《くろめ》を描《か》くか描《か》かないかは、お好《この》みでどうぞ。

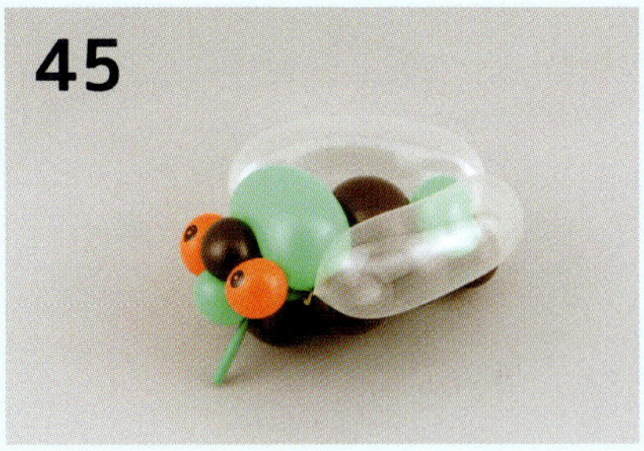

完成《かんせい》です。

ヒマワリ

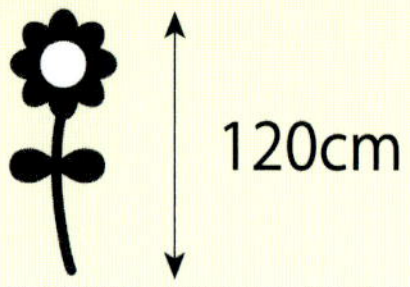

高《たか》さ 120cm、大《おお》きくてボリュームたっぷりのヒマワリです。ヒマワリは小《ちい》さなお花《はな》の集《あつ》まりです。黄《き》色《いろ》い花《はな》びらは「舌状花《ぜつじょうか》」、中心《ちゅうしん》のツブツブの部《ぶ》分《ぶん》も実《じつ》はお花《はな》で「筒状《つつじょう》花《か》」または「管状花《かんじょうか》」といいます。

茎《くき》は、飾《かざ》る場所《ばしょ》に合《あ》わせて長《なが》さを調節《ちょうせつ》してください。

ヒマワリ

材料《ざいりょう》・260 ツイストバルーン
黄《き》色《いろ》　3本《ぼん》　・　濃茶《こいちゃ》　1本《ぼん》
薄茶《うすちゃ》　1本《ぼん》　・　オレンジ1本《ぼん》
黄《き》緑《みどり》　1本《ぼん》　・　濃緑《こいみどり》　2本《ほん》
赤《あか》　　1本《ぼん》　・　薄紫《うすむらさき》1本《ぼん》
黒《くろ》　　1本《ぼん》　・白《しろ》ビニールテープ

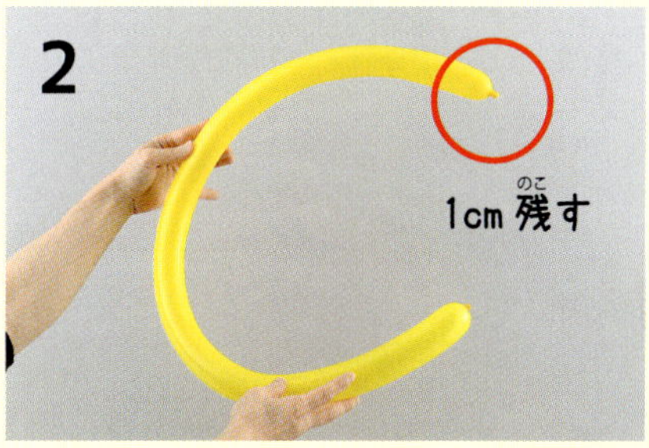

花《はな》びら(舌状花《ぜつじょうか》)を作《つく》ります。黄色《きいろ》を、先端《せんたん》が1cm 残《のこ》るぐらいまでふくらませ、少《すこ》し空気《くうき》を抜《ぬ》いてから結《むす》びます。

アルファベットの「Z」の形《かたち》にしてから、両手《りょうて》で全体《ぜんたい》をぎゅーっと握《にぎ》ります。これで先端《せんたん》まで空気《くうき》が送《おく》られて、均一《きんいつ》にやわらかくなります。

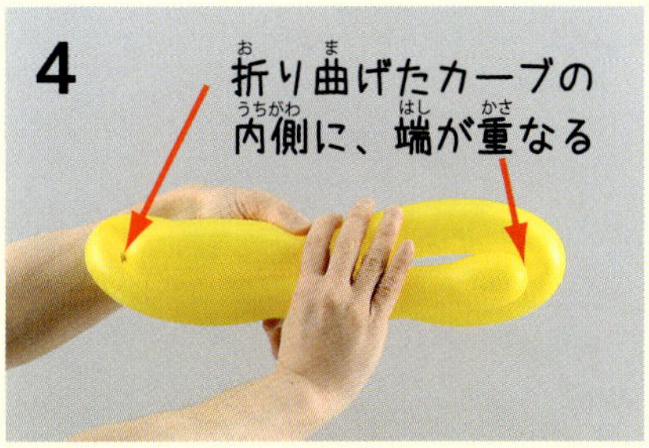

「Z」のカーブの内側《うちがわ》に、それぞれの端《はし》が重《かさ》なるようにして持《も》ちます。真《ま》ん中《なか》をひねります。

リボンのような形《かたち》ができます。

同《おな》じ物《もの》を、全部《ぜんぶ》で3つ作《つく》ります。

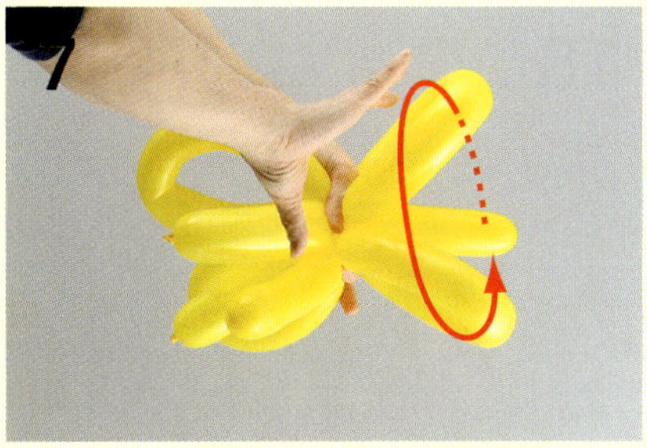

最初《さいしょ》に2つを合体《がったい》させます。ひねり目同士《めどうし》をしっかり押《お》しつけ、手《て》で大《おお》きくつかんで回転《かいてん》させるようにします。

次《つぎ》にもう1つを合《あ》わせてひねります。たくさんの本数《ほんすう》を1つに合《あ》わせるのは力《ちから》が必要《ひつよう》ですが、思《おも》い切《き》ってひねりましょう。

輪《わ》とソーセージが交互《こうご》になるように形《かたち》を整《ととの》えていきます。

わかりやすいように色《いろ》を付《つ》けました。輪《わ》(赤《あか》)の間《あいだ》に、ソーセージ(青《あお》)をはめ込《こ》んで並《なら》べ、形《かたち》を整《ととの》えます。きれいな放射状《ほうしゃじょう》になります。

先端《せんたん》に口巻《くちま》きが付《つ》いている所《ところ》は切《き》り取《と》ってすっきりさせましょう。舌状《ぜつじょう》花《か》ができました。

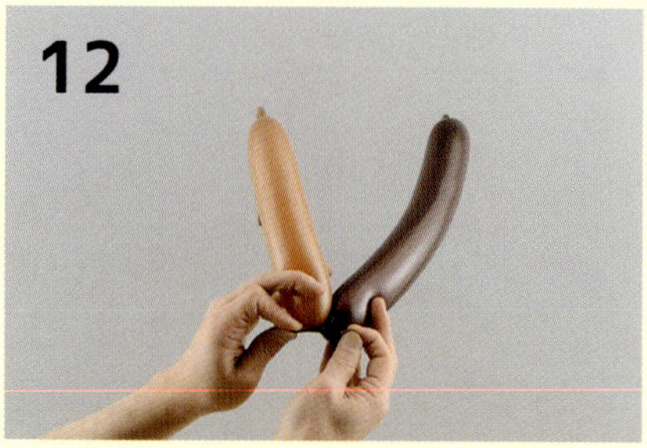

筒状花《つつじょうか》を作《つく》ります。濃茶《こいちゃ》を 30cm、薄茶《うすちゃ》を 20cm ふくらませて結《むす》びます。2本《ほん》を結《むす》び合《あ》わせます。

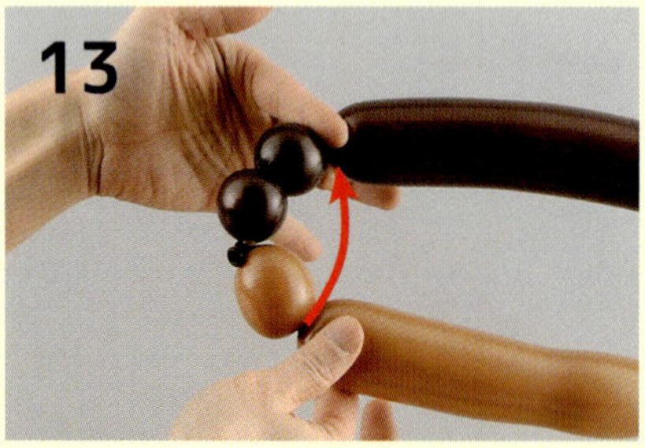

濃茶《こいちゃ》は3cm を2つ、薄茶《うすちゃ》は3.5cm を1つひねり、

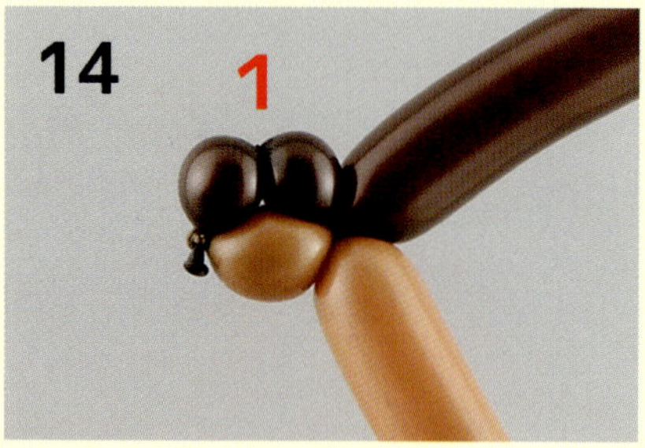

合《あ》わせてひねります。
これを1セットとします。

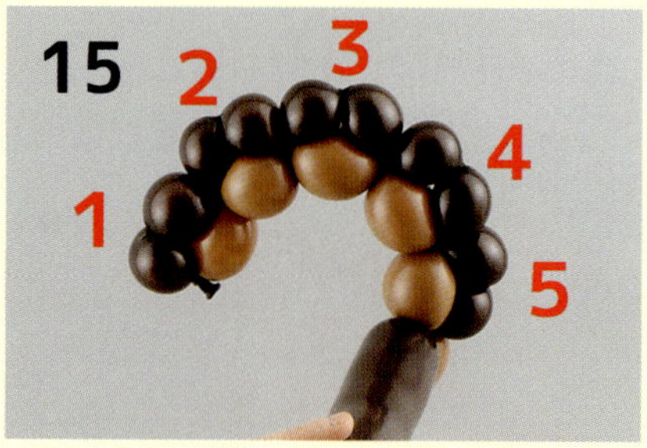

同《おな》じ物《もの》を全部《ぜんぶ》で5セット作《つく》ったら、

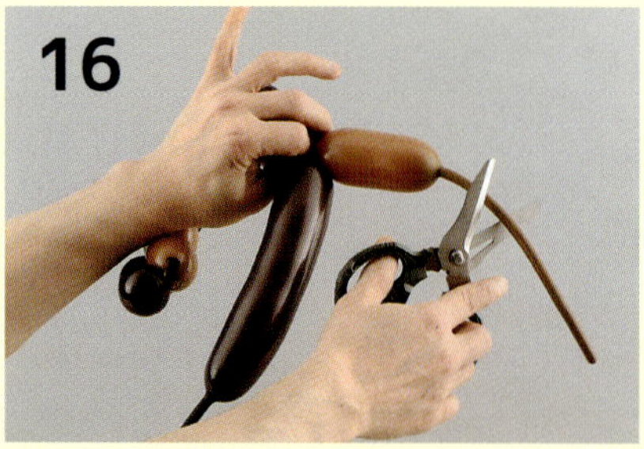

ひねり目《め》を押《お》さえてしぼませます。

最初《さいしょ》と最後《さいご》をしっかり結《むす》び合《あ》わせ、輪《わ》にします。長《なが》い余《よ》分《ぶん》は切《き》り取《と》ります。

結《むす》び目《め》は裏側《うらがわ》に来《く》るようにして隠《かく》します。

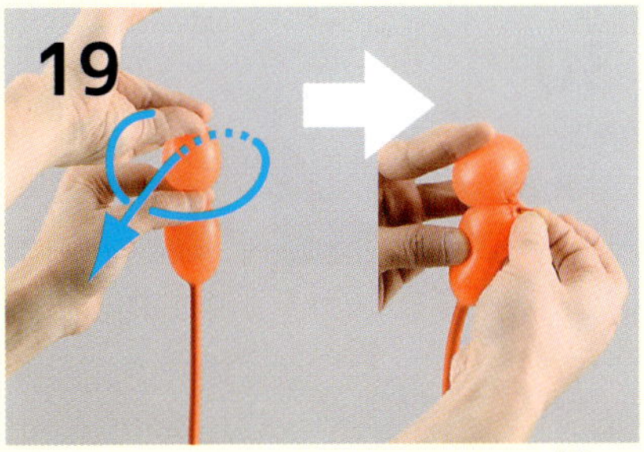

オレンジを7cm ふくらませて結《むす》びます。4cm のボールを1つ作《つく》り、結《むす》び目《め》をぐるっとからめて引《ひ》き出《だ》し、丸《まる》い玉《たま》を作《つく》ります。

オレンジの玉《たま》を、薄茶《うすちゃ》の穴《あな》から表側《おもてがわ》に向《む》かって押《お》し込《こ》みます。

表側《おもてがわ》の中心《ちゅうしん》にオレンジの玉《たま》がはめ込《こ》まれました。裏側《うらがわ》にはオレンジの軸《じく》が出《で》ていて、横《よこ》から見《み》ると、キノコのような形《かたち》になっています。

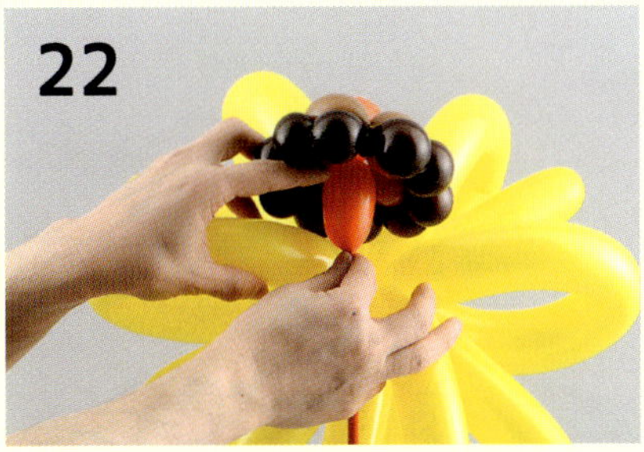

オレンジのふくらんでいない所《ところ》を持《も》ち、引《ひ》っ張《ぱ》りながらぐいっと花《はな》びらの中心《ちゅうしん》にはめ込《こ》みます。

オレンジの軸《じく》があるので、花《はな》びらから少《すこ》し浮《う》いたような感《かん》じではめ込《こ》まれます。形《かたち》が崩《くず》れないように工夫《くふう》されています。

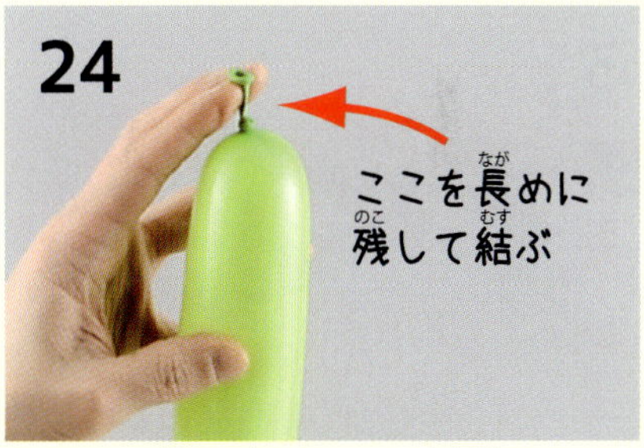

ガクと茎《くき》を作《つく》ります。黄緑《きみどり》をポンプに深《ふか》く差《さ》し込《こ》み、5cm 残《のこ》してふくらませます。結《むす》び目《め》から口巻《くちま》きまでの部分《ぶぶん》が、少《すこ》し長《なが》めになるように結《むす》びます。

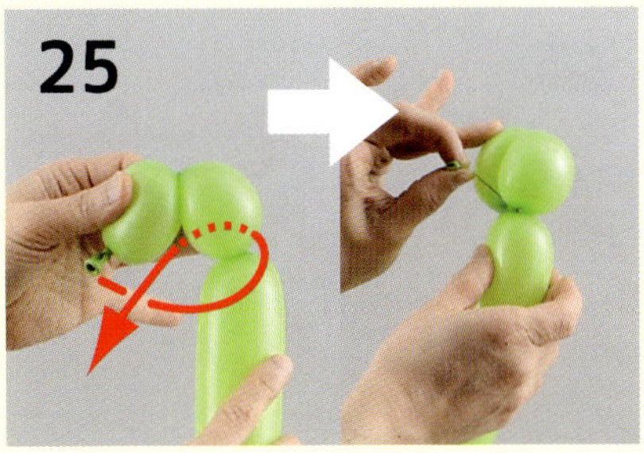

4cm を2つひねって折《お》り曲《ま》げます。結《むす》び目《め》をぐるっとからめ、2つの間《あいだ》から引《ひ》き出《だ》して固定《こてい》します。この結《むす》び目《め》をこのまま持《も》って、

裏側《うらがわ》のオレンジと結《むす》び合《あ》わせます。ぐらぐらしないように、両方《りょうほう》ともよく引《ひ》っ張《ぱ》りながらしっかり結《むす》びましょう。オレンジの余分《よぶん》は切《き》り取《と》ります。

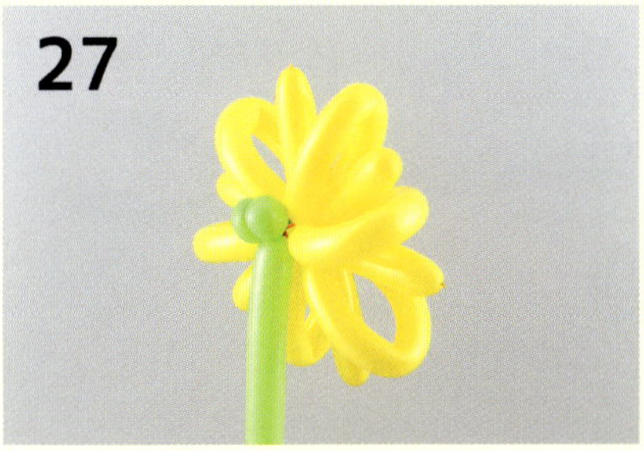

ガクと茎《くき》ができました。

ヒマワリ

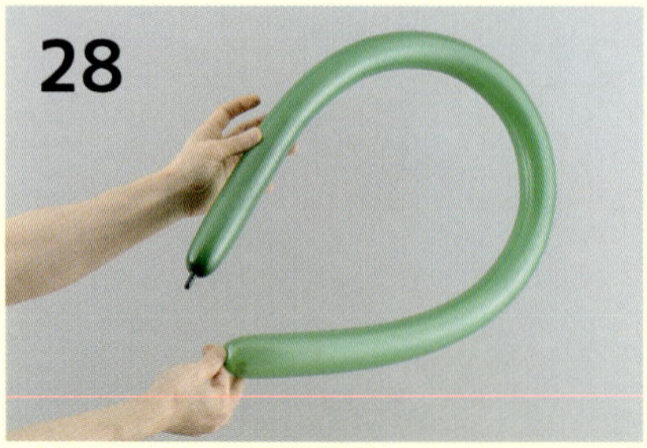

葉《は》を作《つく》ります。濃緑《こいみどり》を2cm残《のこ》してふくらませ、結《むす》びます。

輪《わ》にして結《むす》び合《あ》わせます。同《おな》じ物《もの》を全部《ぜんぶ》で2つ作《つく》ります。
2つとも全体《ぜんたい》をぎゅっと握《にぎ》って、均《きん》一《いつ》に柔《やわ》らかくしておきます。

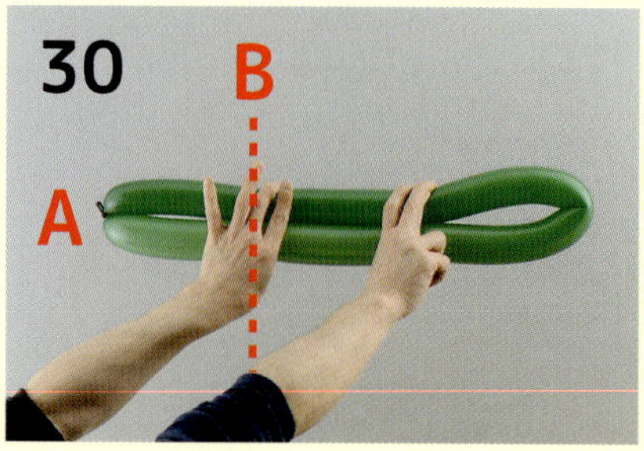

1つめの輪《わ》を、ぺたっとつぶして持《も》ちます。結《むす》び目《め》(A)から1/3の所《ところ》(B)をひねり、

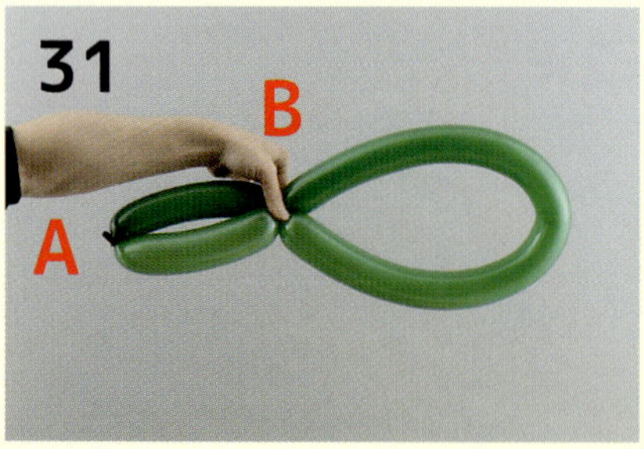

片方《かたほう》の葉《は》を作ります。ひねり目《め》は戻《もど》らないように押《お》さえておきます。

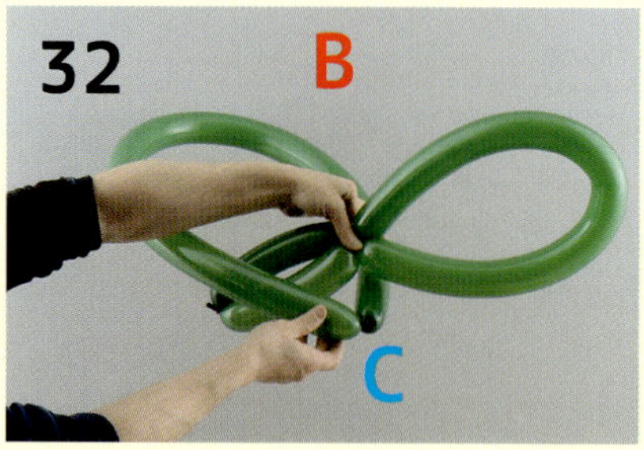

Bのひねり目《め》に、もう1つの輪《わ》の結《むす》び目《め》(C)を、かちっとはめ込《こ》みます。

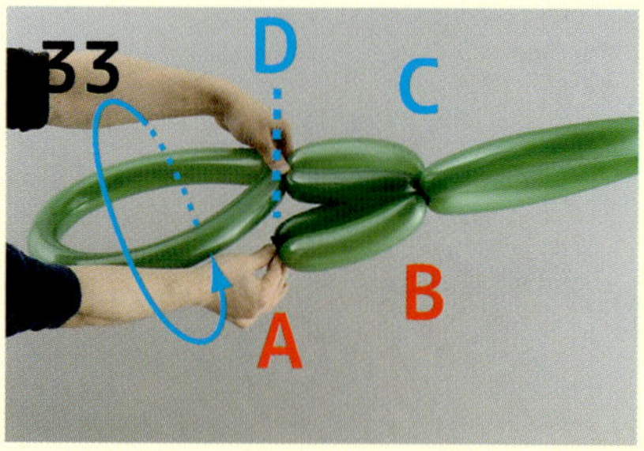

もう1つの輪《わ》も、ABと長《なが》さを合《あ》わせた所《ところ》(D)でひねります。Aの結《むす》び目《め》から口巻《くちま》きを引《ひ》き出《だ》し、

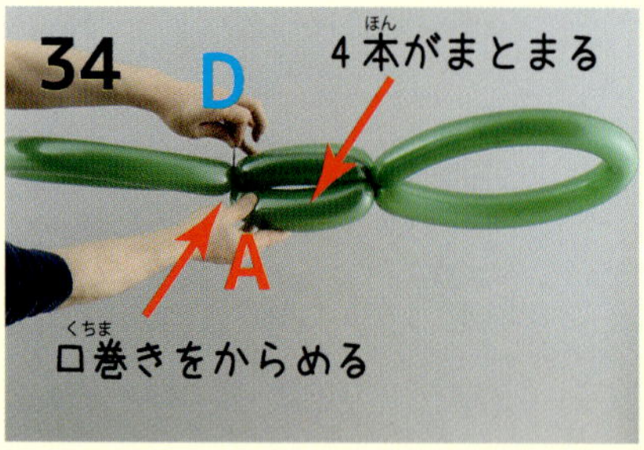

Dのひねり目《め》にからめて合体《がったい》させます。これで中央《ちゅうおう》のソーセージ4本《ほん》がまとまり、2枚《まい》の葉《は》ができました。

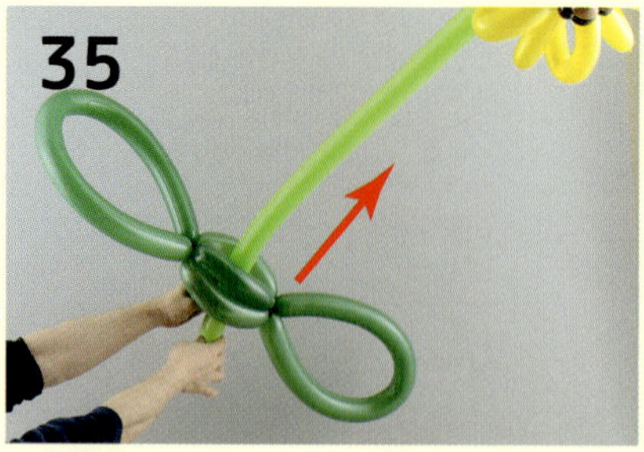

中央《ちゅうおう》のソーセージ4本《ほん》を2本《ほん》ずつに分《わ》けて広《ひろ》げ、そのすき間《ま》に茎《くき》を通《とお》します。全体《ぜんたい》のバランスを見《み》て、適《てき》当《とう》な高《たか》さまで葉《は》を移動《いどう》させます。花《はな》と葉《は》の向《む》きを合《あ》わせます。

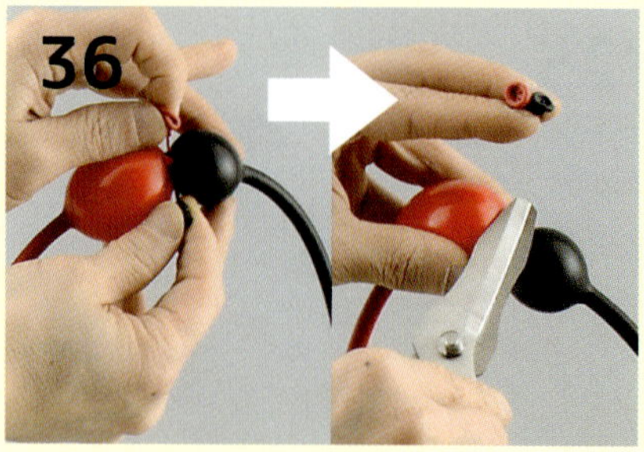

てんとう虫《むし》を作《つく》ります。赤《あか》を4cm、黒《くろ》を2.5cmふくらませ、2本《ほん》を結《むす》び合《あ》わせます。口巻《くちま》きは切《き》り取《と》ってすっきりさせます。

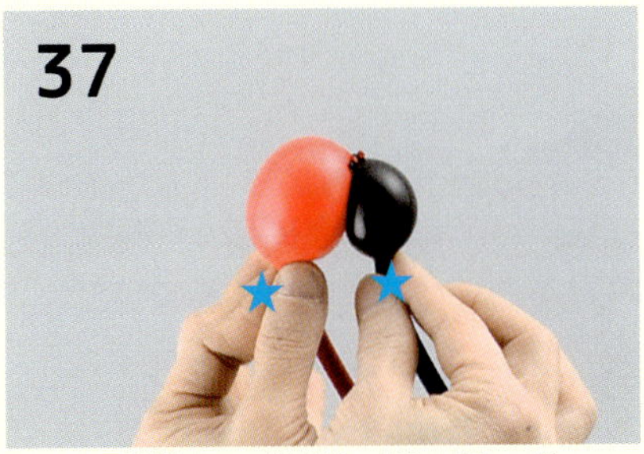

もう片側《かたがわ》の、星印《ほしじるし》の所《ところ》も結《むす》び合《あ》わせます。余分《よぶん》は切《き》り取《と》ります。

てんとう虫《むし》の頭《あたま》と羽《はね》ができました。

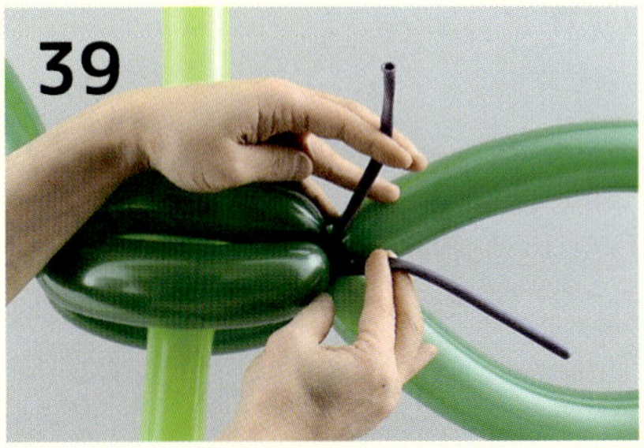

てんとう虫《むし》の触角《しょっかく》を作《つく》ります。ふくらませていない薄紫《うすむらさき》を、葉《は》っぱのひねり目《め》に引《ひ》っかけて引《ひ》き上《あ》げます。

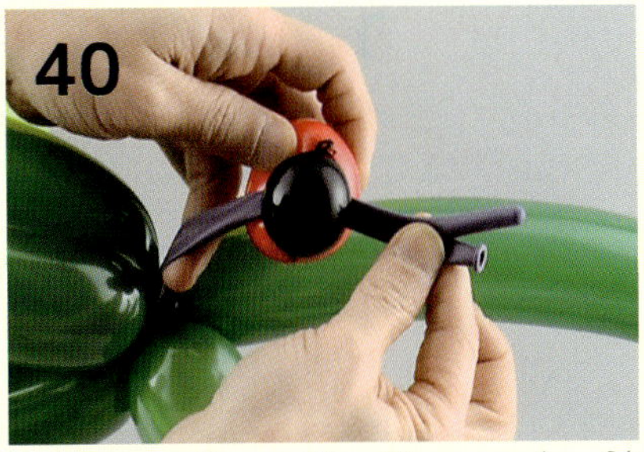

てんとう虫《むし》の、赤《あか》と黒《くろ》のすき間《ま》に薄《うす》紫《むらさき》2本《ほん》を通《とお》して引《ひ》っ張《ぱ》り、

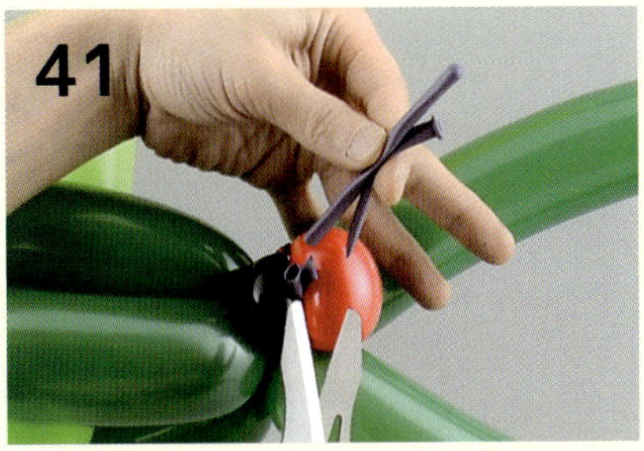

葉《は》っぱにぴったりくっ付《つ》くまでスライドさせます。薄紫《うすむらさき》の触角《しょっかく》は2.5cm の長《なが》さで切《き》ります。ただ触《しょっ》角《かく》を通《とお》しているだけですが、摩擦《まさつ》があるので外《はず》れにくいです。

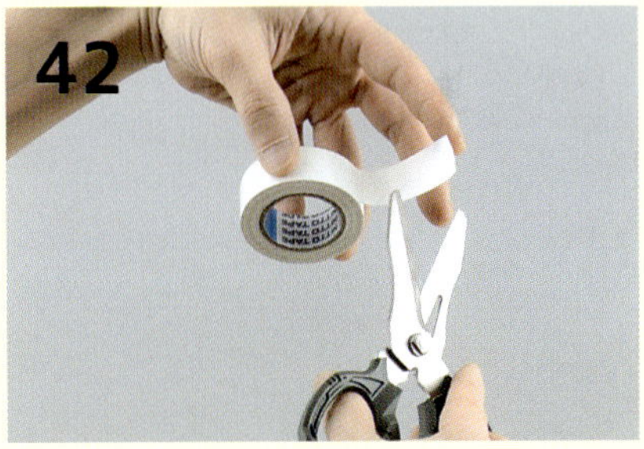

てんとう虫《むし》の目《め》を付《つ》けます。白《しろ》のビニールテープを、

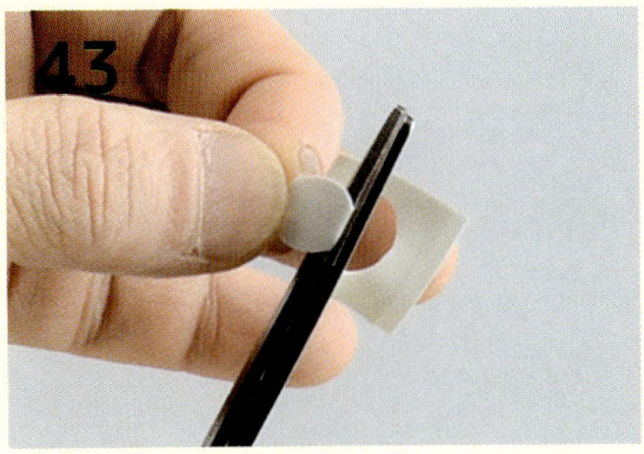

丸《まる》く切《き》って黒《くろ》の頭《あたま》に貼《は》り付《つ》けます。丸《まる》く切《き》るのが苦手《にがて》だったり、ビニールテープが無《な》い時《とき》は、直径《ちょっけい》10mm 前後《ぜんご》の丸《まる》いシールでも代用《だいよう》できます。

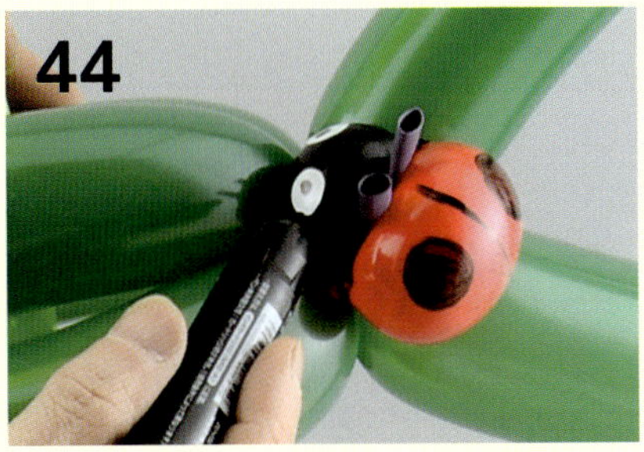

油性《ゆせい》マーカーで黒目《くろめ》や羽《はね》の模様《もよう》を描《か》いてあげましょう。

完成《かんせい》です。1 本《ぽん》でも迫力《はくりょく》のある大《おお》きさです。たくさん作《つく》って群生《ぐんせい》させるのもいいですね。

トウモロコシ

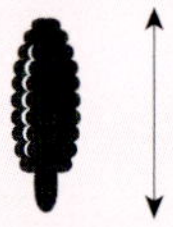
40cm

おいしそうなトウモロコシ。実《み》を作《つく》るのに繰《く》り返《かえ》しの作業《さぎょう》が多《おお》いのですが、出来上《できあ》がって焼《や》き色《いろ》まで付《つ》けると、笑《わら》っちゃうぐらいの出来映《できば》えになります。

こちらは撮影用《さつえいよう》の小物《こもの》として作《つく》った皮《かわ》です。これも一緒《いっしょ》に作《つく》りたい時《とき》は、黄緑《きみどり》3本《ぼん》と透《とう》明《めい》を20本《ぼん》用意《ようい》します。黄緑《きみどり》は1cmほど残《のこ》しふくらませて結《むす》び、全体《ぜんたい》をつぶしてやわらかくします。3本《ぼん》真《ま》ん中《なか》でひねって曲《ま》げ、6本《ぼん》の束《たば》にします。端《はし》から10cmの所《ところ》で6本《ぼん》をひねり合《あ》わせ、ひねり目《め》にふくらませていない透明《とうめい》をはさんで出来上《できあ》がりです。

材料《ざいりょう》・260 ツイストバルーン
黄色《きいろ》　6本《ぽん》　・　象牙《ぞうげ》色《いろ》　1本《ぽん》
輪《わ》ゴム　3つ

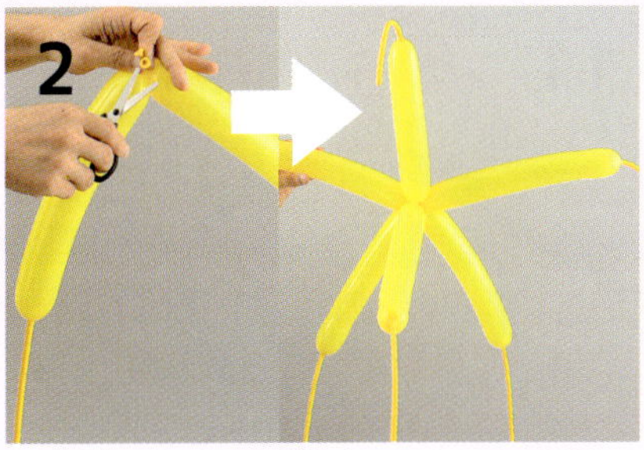

黄色《きいろ》を 20cm 残《のこ》してふくらませ、結《むす》びます。同《おな》じ長《なが》さで6本《ぽん》用意《ようい》します。2本《ほん》を結《むす》び目《め》同士《どうし》で結《むす》び合《あ》わせてから、口巻《くちま》きを切《き》り取《と》ります。全部《ぜんぶ》で3ペア作《つく》り、結《むす》び目《め》の所《ところ》でひねり合《あ》わせます。

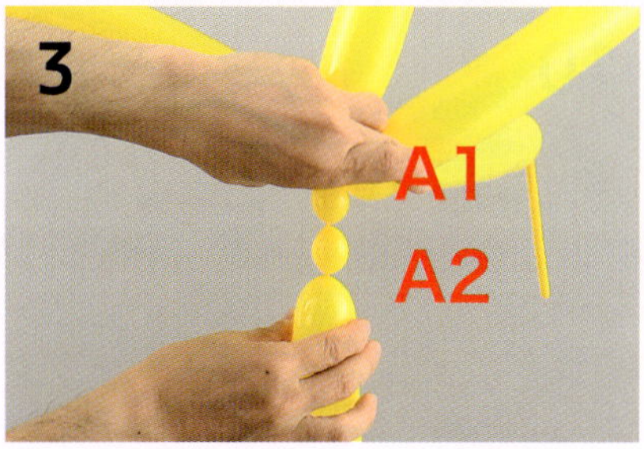

トウモロコシのツブツブを作《つく》ります。どれか1本《ぽん》に2cm のボールを2つ (A1・A2) ひねります。直径《ちょっけい》2cm というのはすごく小《ちい》さいです。「ちっちゃくちっちゃく」と意識《いしき》してひねりましょう。

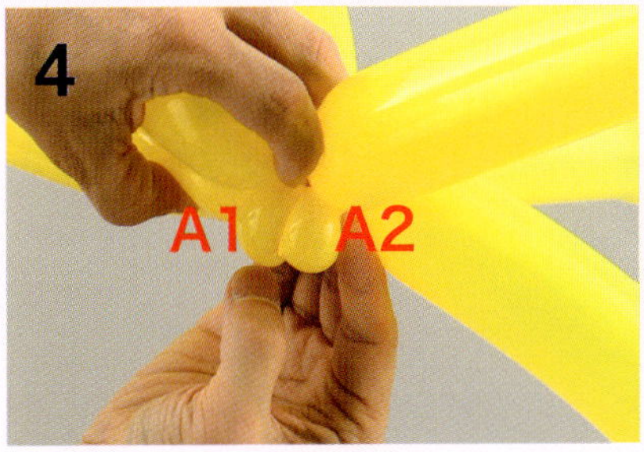

2つ (A1・A2) をまとめてひねります。

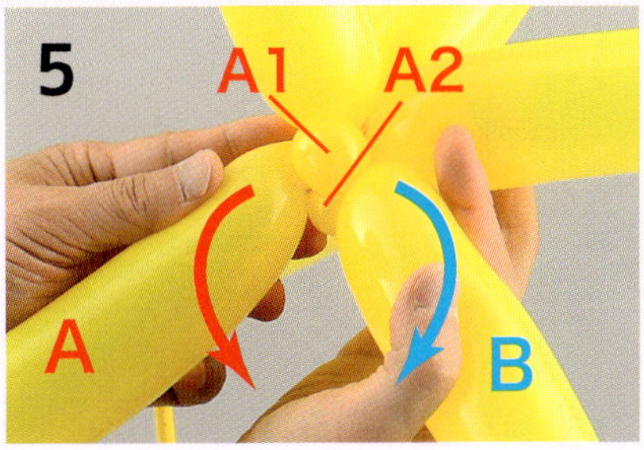

ひねった残《のこ》りの A と、隣《となり》の B を引《ひ》き寄《よ》せ、両側《りょうがわ》から A1 と A2 のすき間《ま》に埋《う》め込《こ》んでいきます。

A も B も、細《ほそ》くつぶしながら埋《う》め込《こ》むようにしましょう。

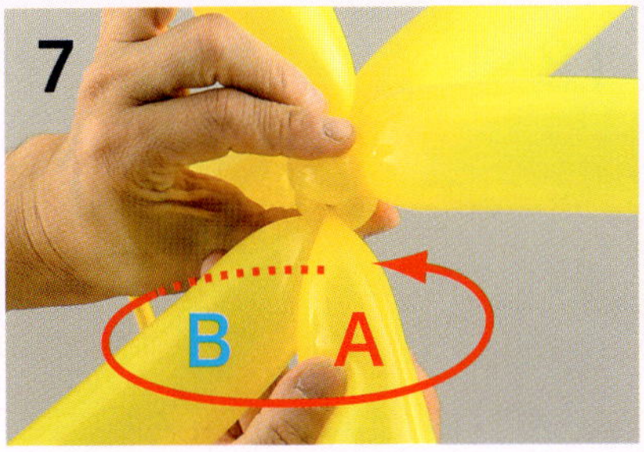

2本《ほん》をひねり合《あ》わせます。1段目《だんめ》ができました。

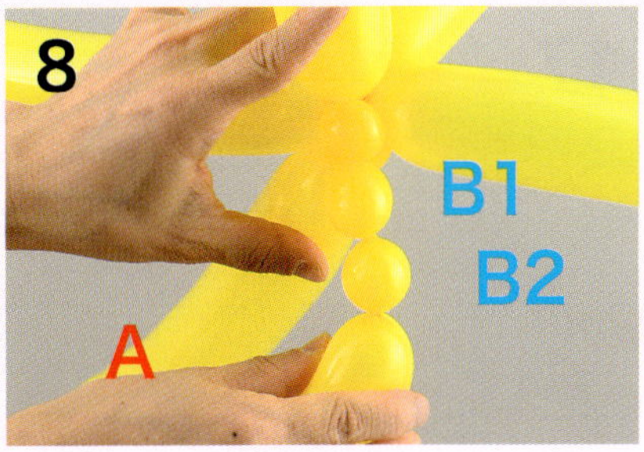

今度《こんど》は B の方《ほう》で 2.5cm のボールを2つ (B1・B2) ひねり、

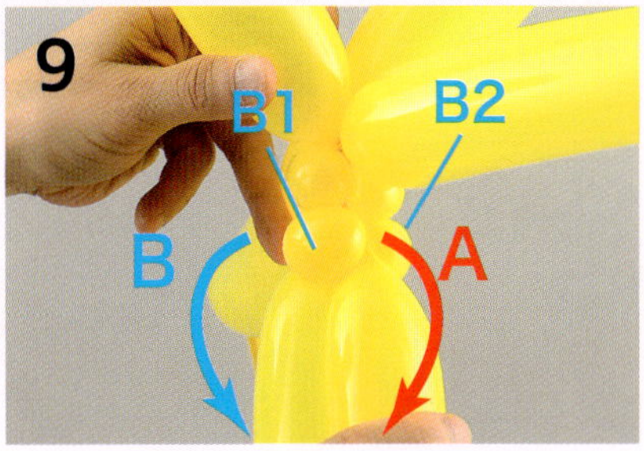

2つ (B1・B2) をまとめてひねります。ひねった残《のこ》りの B と、A をつぶしながら、B1 と B2 のすき間《ま》に埋《う》め込《こ》みます。2本《ほん》をひねり合《あ》わせます。2段目《だんめ》ができました。

トウモロコシ

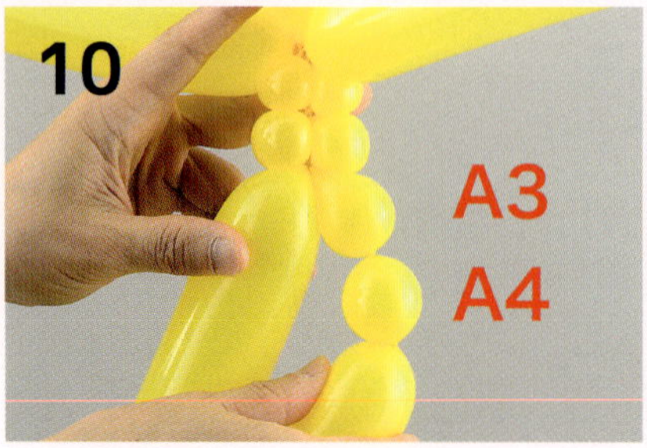

3cm のボールを2つ (A3・A4) ひねり、

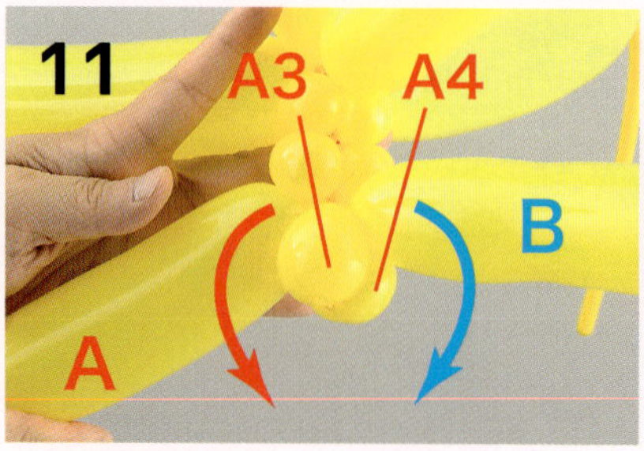

2つをまとめてひねります。ひねった残《のこ》りの A と、隣《となり》の B を細《ほそ》くつぶしながら、A3 と A4 のすき間《ま》に埋《う》め込《こ》んでいきます。2本《ほん》をひねり合《あ》わせます。3段目《だんめ》ができました。

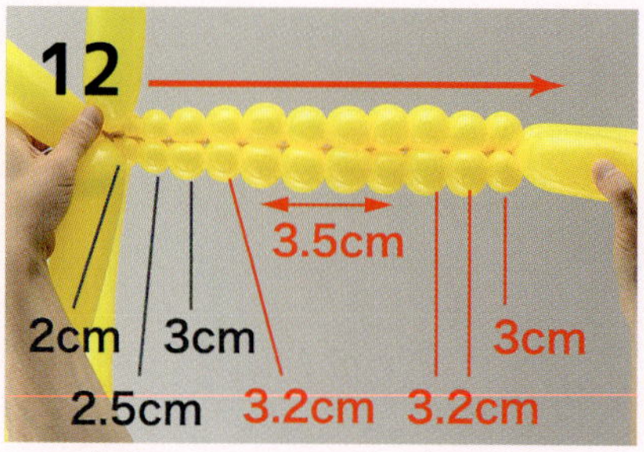

4段目《だんめ》は 3.2cm、太《ふと》い所《ところ》は 3.5cm を数段《すうだん》続《つづ》け、最後《さいご》の3段《だん》は小《ちい》さくします。この数字《すうじ》にこだわらず「少《すこ》し大《おお》きくする」「少《すこ》し小《ちい》さくする」ぐらいの感覚《かんかく》でひねってください。

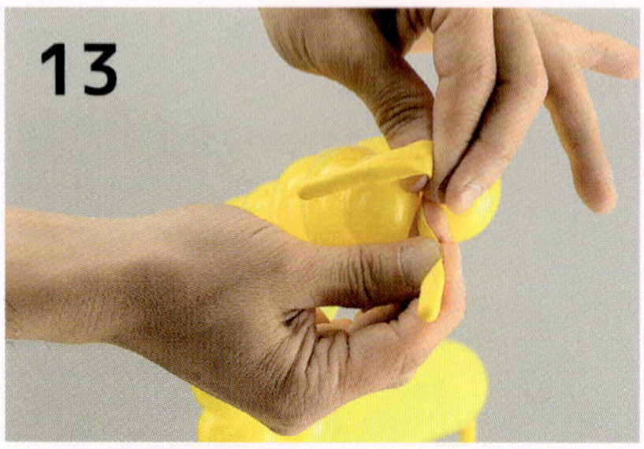

10 段《だん》から 11 段《だん》ぐらい作《つく》ったら、残《のこ》りはしぼませて結《むす》び、余分《よぶん》は切《き》り取《と》ります。

最初《さいしょ》に作《つく》った大《おお》きさや段数《だんすう》にそろえて、残《のこ》りの2組《くみ》も作《つく》ります。ミリ単《たん》位《い》で同《おな》じものは作《つく》れませんので「そこそこ同《おな》じくらい」の、ゆるいそろえ方を目指《めざ》しましょう。

トウモロコシの形《かたち》にしていきます。粒《つぶ》が筒状《つつじょう》にまとまるように片手《かたて》で持《も》ち、

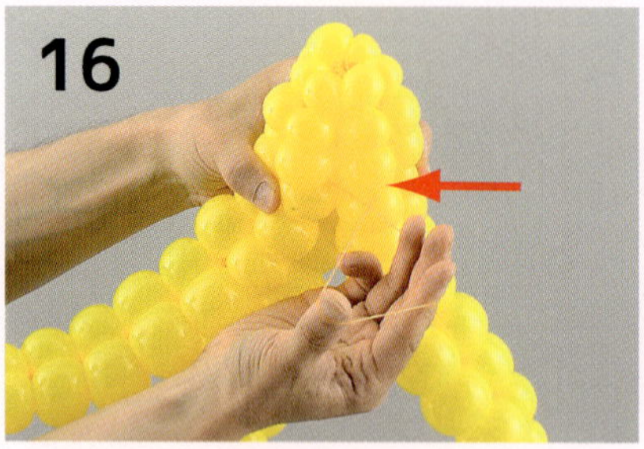

作《つく》り始《はじ》めた所《ところ》から3段目《だんめ》の所《ところ》に、輪《わ》ゴムをかけて合体《がったい》させます。ここは細《ほそ》いので、二重《にじゅう》にかけた方《ほう》がしっかりとまります。

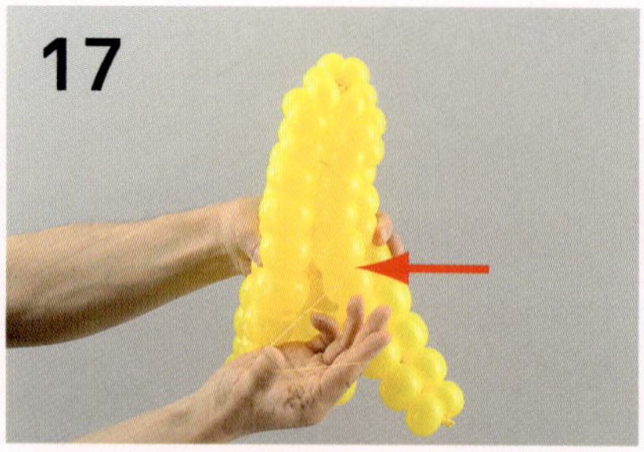

次《つぎ》は端《はし》から6段目《だんめ》、さっき輪《わ》ゴムをかけた所《ところ》から3段離《だんはな》れた所《ところ》に輪《わ》ゴムをかけて合体《がったい》させます。

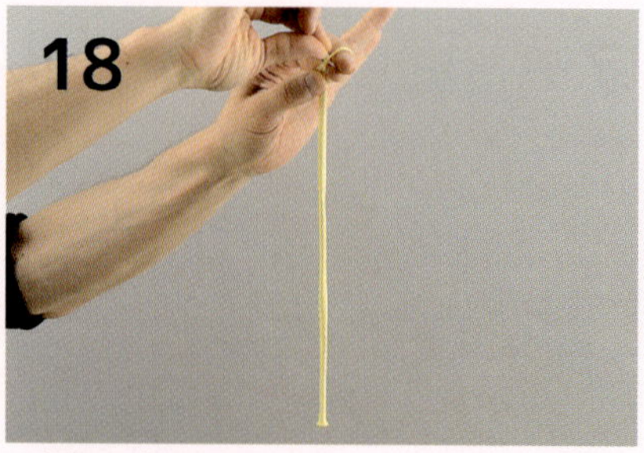

軸《じく》を作《つく》ります。ふくらませていない象牙《ぞうげ》色《いろ》の先端《せんたん》に結《むす》び目《め》を作《つく》ります。

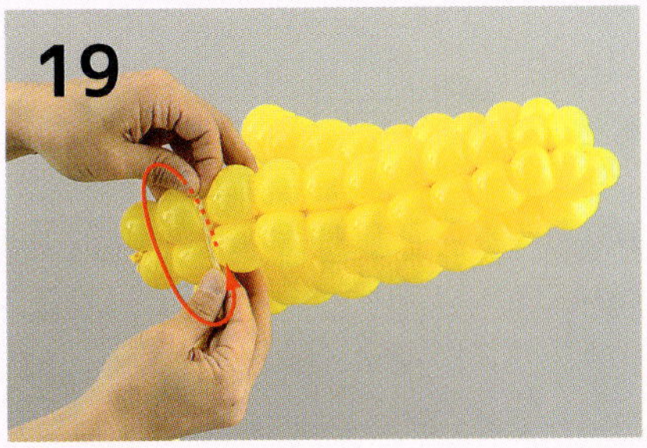

作《つく》り終《お》わった側《がわ》から２段上《だんうえ》の場所《ばしょ》、ここのペア１組《くみ》に、象牙色《ぞうげいろ》の結《むす》び目《め》をからめます。

次《つぎ》に、引《ひ》っ張《ぱ》りながら隣《となり》の同《おな》じ位置《いち》に巻《ま》き付《つ》けます。３組《くみ》とも同《おな》じ位置《いち》に巻《ま》き付《つ》けた後《のち》に、１組目《くみめ》に戻《もど》って巻《ま》き付《つ》けます。これで全体《ぜんたい》が筒状《つつじょう》にまとまりました。

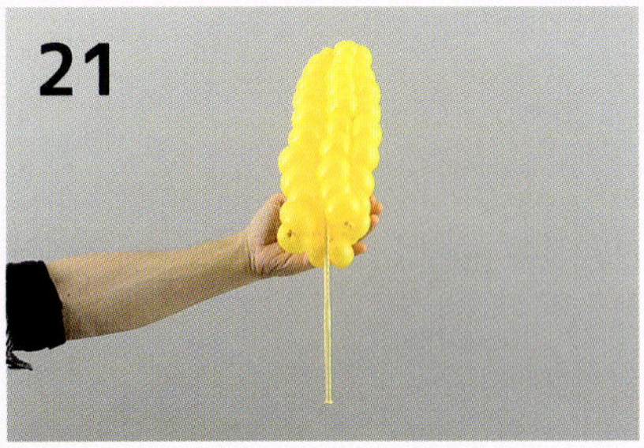

巻《ま》いた残《のこ》りは、中心《ちゅうしん》の部《ぶ》分《ひん》に持《も》って来《き》ます。

最後《さいご》に端《はし》から１段目《だんめ》の所《ところ》に輪《わ》ゴムをかけて合体《がったい》させます。ゆがんだ所《ところ》がまっすぐになるように位置《いち》をずらしたり、逆《ぎゃく》に曲《ま》げたりして形《かたち》を整《ととの》えます。

象牙色《ぞうげいろ》は 10cm ぐらいの長《なが》さで切《き》り、

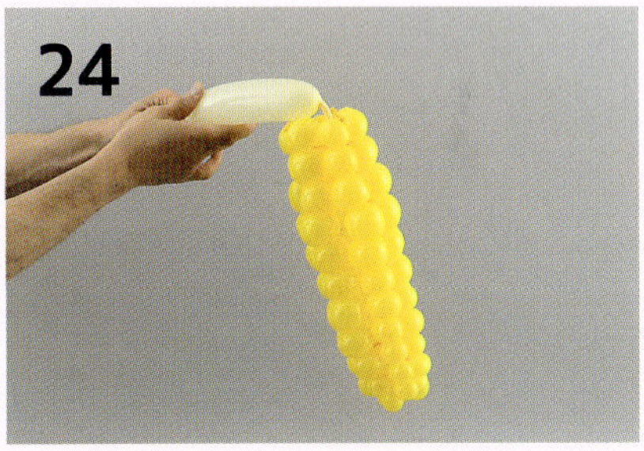

切《き》り口《くち》にポンプを差《さ》し込《こ》み、15cm ほどふくらませ結《むす》びます。

ぐらぐらしないように、実《み》の方《ほう》に空《くう》気《き》を送《おく》ってしゃんとさせます。バランスを見《み》ながら 10cm ぐらいの長《なが》さでひねります。残《のこ》りはしぼませて結《むす》び、余分《よぶん》は切《き》り取《と》ります。これで「ゆでトウモロコシ」ができました。

ここから焼《や》き色《いろ》を付《つ》けます。まず茶《ちゃ》色《いろ》の油性《ゆせい》マーカーで粒《つぶ》の真《ま》ん中《なか》あたりに描《か》き込《こ》みます。焼《や》きムラを意識《いしき》して不規則《ふきそく》に描《か》きましょう。粒《つぶ》の大《おお》きい所《ところ》はやや大《おお》きめに描《か》きます。

次《つぎ》に、茶色《ちゃいろ》の中《なか》のほんの一部《いちぶ》に黒《くろ》を入《い》れます。黒《くろ》が入《はい》る事《こと》でリアルな焼《や》き色《いろ》に見《み》えます。焼《や》きトウモロコシ完成《かんせい》です！

パイナップル

40cm

こちらはスライスしたパイナップルです。20cm の長《なが》さにふくらませ、軽《かる》くつぶしながら両側《りょうがわ》を丸《まる》く結《むす》び合《あ》わせてあります。

果実《かじつ》の部分《ぶぶん》は、最初《さいしょ》にツイストバルーンの真《ま》ん中《なか》をふくらませるテクニックを使《つか》います。
20cm ふくらませたツイストバルーン２本《ほん》を結《むす》び合《あ》わせ、それを５組《くみ》作《つく》る方法《ほうほう》でも同《おな》じにできます。
材料《ざいりょう》は２倍《ばい》の 10 本《ぽん》になってしまいますが、こちらの方《ほう》が簡単《かんたん》です。確実《かくじつ》に作《つく》りたい方《かた》や初級《しょきゅう》の方《かた》は 10 本《ぽん》使《つか》う方法《ほうほう》で作《つく》ってみてください。

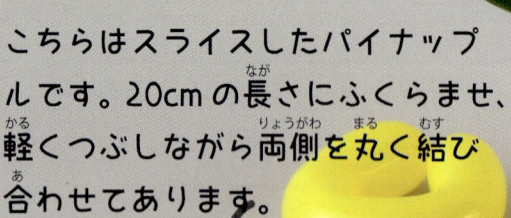

パイナップル

材料《ざいりょう》・260 ツイストバルーン
濃緑《こいみどり》　5本《ほん》　・　山吹色《やまぶきいろ》　5本《ほん》
(簡単《かんたん》な方法《ほうほう》でふくらませる時《とき》は山《やま》吹色《ぶきいろ》 10 本《ぽん》)

実《み》の部分《ぶぶん》を作《つく》ります。ポンプに風船《ふうせん》を深《ふか》く差《さ》し込《こ》みます。ポンプのすぐ近《ちか》くがふくらまないように、軽《かる》く手《て》で握《にぎ》りながら、

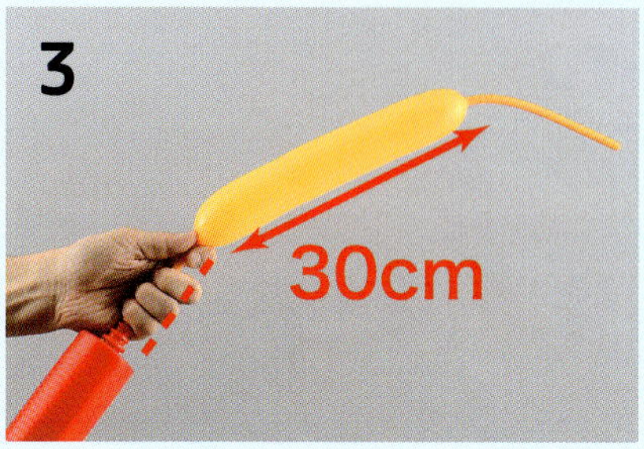

30cm の長《なが》さになるぐらい空気《くうき》を入れます。点線《てんせん》の部分《ぶぶん》がふくらまない所《ところ》です。

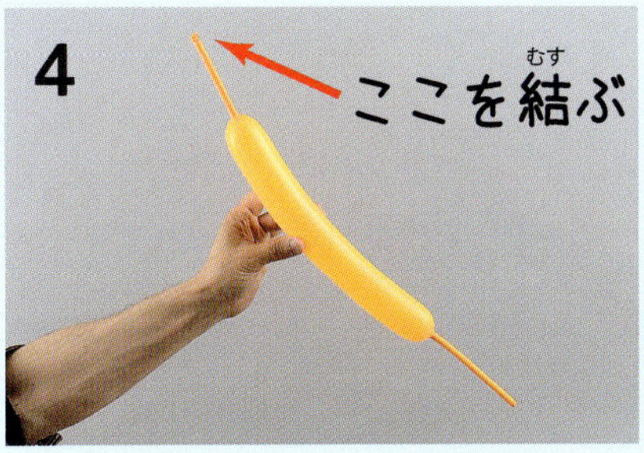

ポンプからはずし、端《はし》を結《むす》びます。
※この方法《ほうほう》がうまくできない時《とき》は、ごく普通《ふつう》に口巻《くちま》きから 20cm ふくらませた物《もの》を 10 本用意《ぽんようい》し、2本《ほん》ずつ結《むす》び合《あ》わせます。その後《あと》は、解説《かいせつ》8からを参考《さんこう》に作《つく》ってください。

ふくらむ位置《いち》がかたよってしまった時《とき》は、空気《くうき》を送《おく》って真《ま》ん中《なか》に移動《いどう》させます。同《おな》じ物《もの》を全部《ぜんぶ》で5本作《ほんつく》ります。

口巻《くちま》き側《がわ》の点線部分《てんせんぶぶん》は空気《くうき》が戻《もど》りやすいです。ふくらませた端《はし》を片手《かたて》で押《お》さえ、空気《くうき》が動《うご》かないようロックしながら真《ま》ん中《なか》をひねります。

1本目《ぽんめ》のひねった所《ところ》を、ヒザや脇《わき》の下《した》などで押《お》さえながら、もう1本《ぽん》も同様《どうよう》にひねり、

真《ま》ん中同士《なかどうし》で3本《ぼん》・2本《ほん》とひねり合《あ》わせます。
※10 本《ぽん》を2本《ほん》ずつ結《むす》び合《あ》わせる作《つく》り方《かた》の場合《ばあい》は、結《むす》び目同士《めどうし》で3組《くみ》・2組《くみ》とひねり合《あ》わせます。

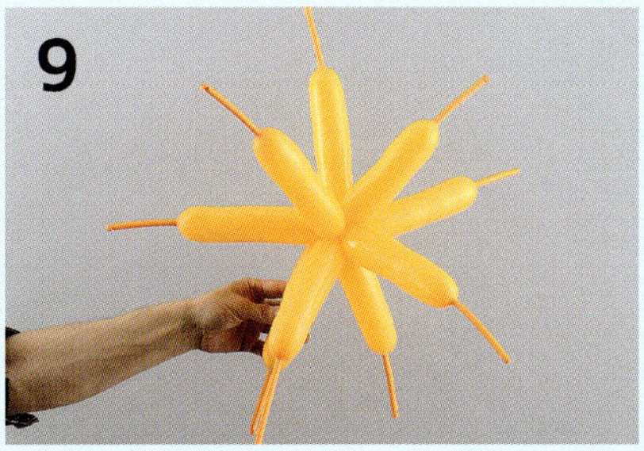

最後《さいご》に全部《ぜんぶ》を合《あ》わせてひねります。
放射状《ほうしゃじょう》にまとまりました。

パイナップル

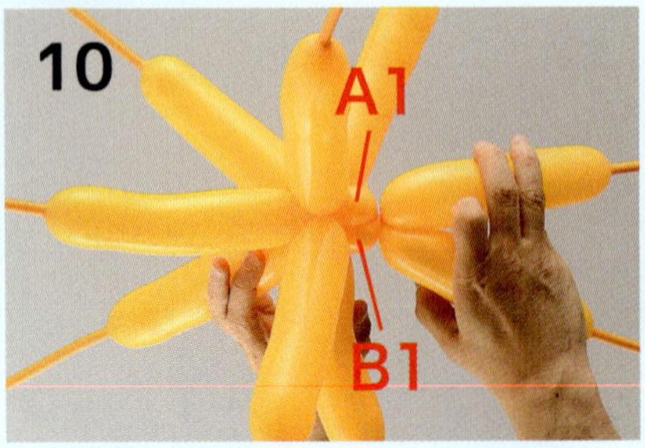

1本《ぼん》に2.5cm(A1)、もう1本《ぼん》に2.5cm(B1)をひねり、2つをひねり合《あ》わせます。

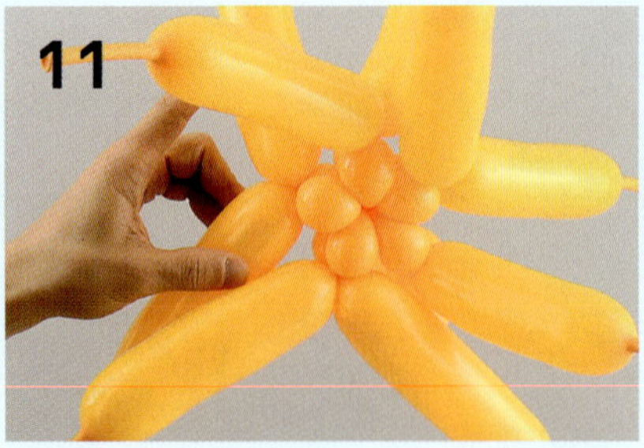

残《のこ》りも2.5cm2つをひねり合《あ》わせます。5枚《まい》の花《はな》びらのような形《かたち》ができます。ここは1段目《だんめ》、パイナップルの底《そこ》になります。

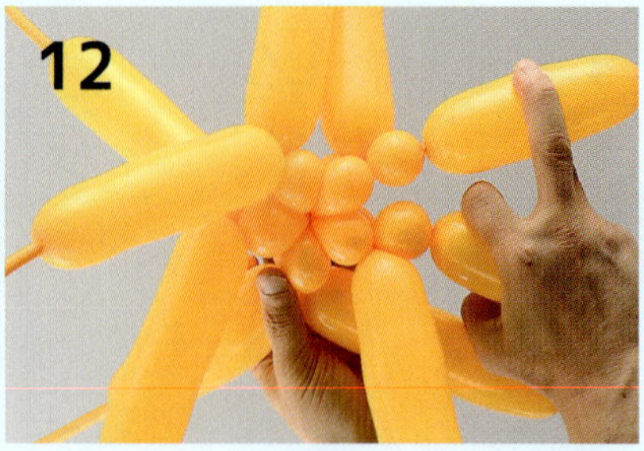

2本《ほん》ずつひねり合《あ》わせてある片方《かたほう》に2.5cm、隣《となり》の2本《ほん》の片方《かたほう》に2.5cmをひねり、2つをひねり合《あ》わせます。

この作業《さぎょう》を繰《く》り返《かえ》し、全部《ぜんぶ》の隣同士《となりどうし》をひねり合《あ》わせて1周《しゅう》します。2段《だん》目《め》ができました。

次《つぎ》の段《だん》は3.5cmと、1粒《つぶ》を大《おお》きくしてひねり合《あ》わせます。2段目《だんめ》と同《おな》じように隣同士《となりどうし》をひねり合《あ》わせて1周《しゅう》します。

3段目《だんめ》ができました。

4段目《だんめ》はもう少《すこ》し大《おお》きく、4cmの大《おお》きさで1周《しゅう》します。

5段目《だんめ》も4cmで1周《しゅう》します。

最後《さいご》の段《だん》(6段目《だんめ》)は3cmでひねり合《あ》わせ、1周《しゅう》します。

残《のこ》りはひねり目《め》を押《お》さえながらしぼませて、結《むす》びます。

これは上《うえ》から見《み》た図《ず》。結《むす》び合《あ》わせた所《ところ》が5ヶ所《しょ》できています。しぼませた余分《よぶん》は切《き》り取《と》ります。

葉《は》を作《つく》ります。濃緑《こいみどり》を 12cm 残《のこ》してふくらませ、結《むす》びます。同《おな》じ物《もの》を全部《ぜんぶ》で 5 本用意《ほんようい》します。

7cm の後《あと》に 3cm ひねり、3cm の方《ほう》をピンチツイストにします。

ピンチツイストを、実《み》の結《むす》び合《あ》わせたすき間《ま》にくぐらせて、

かっちりはめこみます。

残《のこ》りも同《おな》じようにはめ込みます。

ここから先《さき》の、葉《は》を作《つく》る手順《てじゅん》です。
①横《よこ》にぐるっと 1 周《しゅう》する。
②3cm ひねって 5 本《ほん》をまとめる。
③葉《は》を 4 枚《まい》作《つく》る。
④4cm ひねって 5 本《ほん》をまとめる。
⑤葉《は》を 3 枚《まい》作《つく》る。
⑥残《のこ》りの 5 本《ほん》を 10cm でそろえる。

①横《よこ》にぐるっと 1 周《しゅう》する。
濃緑《こいみどり》の長《なが》く残《のこ》っている方《ほう》を 3cm ひねり、お隣《となり》のピンチツイストに、

パイナップル

ひねり合《あ》わせます。

3cm ひねって隣《となり》のピンチツイストにからめる作業《さぎょう》を繰《く》り返《かえ》し、ぐるっと1周《しゅう》します。

②3cm ひねって5本《ほん》をまとめる。
次《つぎ》に、5本《ほん》をいったんまとめます。5本《ほん》のうちどれか1本《ぽん》を3cm ひねります。隣《となり》も3cm ひねり、

2本《ほん》を合《あ》わせてひねります。

残《のこ》りの3本《ぼん》も3cm ひねってから、ひねり合《あ》わせ、

その後《あと》に、5本《ほん》全部《ぜんぶ》を1つにまとめてひねります。

③葉《は》を4枚《まい》作《つく》る。
12cm を2つひねり、

折《お》り曲《ま》げて2つ一緒《いっしょ》にひねり合《あ》わせます。1枚《まい》の葉《は》ができました。

同《おな》じ作業《さぎょう》を繰《く》り返《かえ》し、全部《ぜんぶ》で4枚《まい》の葉《は》を作《つく》ります。5本《ほん》あるうちの4本《ほん》で葉《は》を作《つく》ります。残《のこ》りの1本《ぽん》は何《なに》もひねらず、5本《ほん》とも葉《は》の上《うえ》に来《く》るように引《ひ》き上《あ》げておきます。

こちらは葉《は》を４枚作《まいつく》ったものを上《うえ》から見《み》た所《ところ》です。

④４cm ひねって５本《ほん》をまとめる。
５本《ほん》のうちのどれか２本《ほん》を、４cm ひねってから、ひねり合《あ》わせます。
残《のこ》りの３本《ぼん》も４cm ひねってから、ひねり合《あ》わせ、

５本《ほん》全部《ぜんぶ》を１つにまとめてひねります。

⑤葉《は》を３枚作《まいつく》る。
９cm を２つひねり、折《お》り曲《ま》げて２つ一緒《いっしょ》にひねり合《あ》わせます。葉《は》が１枚《まい》できました。

同《おな》じ作業《さぎょう》を繰《く》り返《かえ》し、全部《ぜんぶ》で３枚《まい》の葉《は》を作《つく》ります。５本《ほん》あるうちの３本《ぼん》で葉《は》を作《つく》ります。残《のこ》りの２本《ほん》は何《なに》もひねらず、５本《ほん》とも葉《は》の上《うえ》に来《く》るように引《ひ》き上《あ》げておきます。

こちらは３枚作《まいつく》ったものを上《うえ》から見《み》た所《ところ》です。あと少《すこ》しで完成《かんせい》です。

⑥残《のこ》りの５本《ほん》を 10cm でそろえる。
10cm でひねり、残《のこ》りはしぼませて結《むす》び、余分《よぶん》は切《き》り取《と》ります。写真《しゃしん》のように先《さき》までパンパンになっているときは、指《ゆび》でつまんだ所《ところ》にそっとハサミを入《い》れるときれいにしぼみます。

口巻《くちま》きが出《で》ている所《ところ》は、切《き》り取《と》ってすっきりさせます。

実《み》の１粒《つぶ》１粒《つぶ》に、薄茶色《うすちゃいろ》の油性《ゆせい》マーカーで「V」の形《かたち》の模様《もよう》を描《か》き込《こ》みます。お疲《つか》れさまでした！　完成《かんせい》です。

パパイヤ

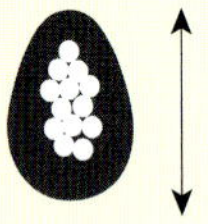

パパイヤは同《おな》じサイズのボールをたくさんひねります。１つ１つのボールをしっかり４～５回《かい》ひねってほどけにくくしましょう。ボールのサイズをなるべく小《ちい》さくするように心《こころ》がけると、完成度《かんせいど》の高《たか》い仕《し》上《あ》がりになります。

パパイヤ

材料《ざいりょう》・260 ツイストバルーン
山吹色《やまぶきいろ》　1本《ぽん》　・　濃茶《こいちゃ》　1本《ぽん》

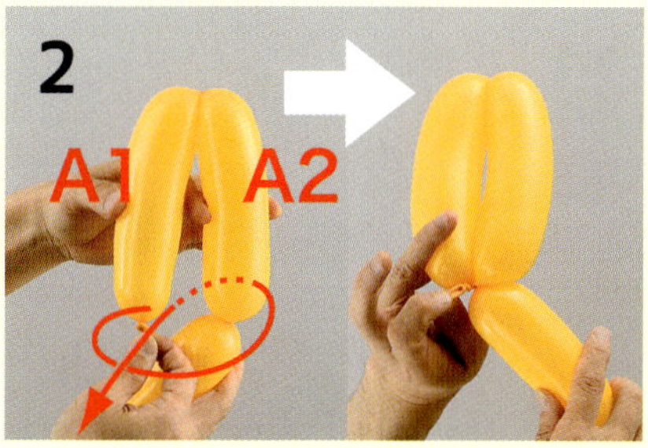

パパイヤの果肉《かにく》を作ります。山吹色《やまぶきいろ》を 10cm 残《のこ》してふくらませ結《むす》びます。15cm を 2 つ (A1・A2) ひねります。結《むす》び目《め》を A2 のひねり目《め》にからめ、A1・A2 の間《あいだ》から引《ひ》き出《だ》して固定《こてい》します。

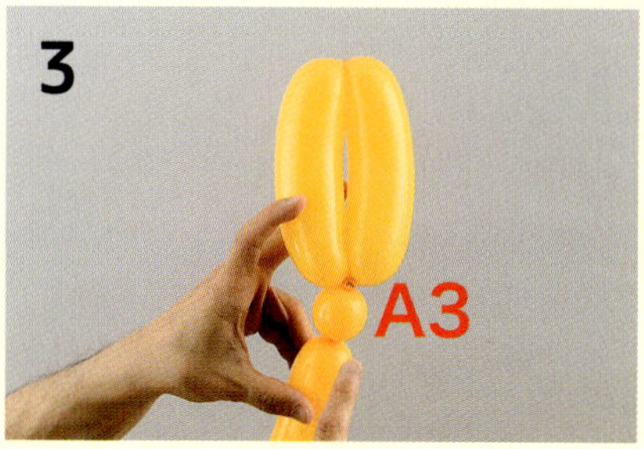

3.5cm のボール (A3) をひねり、

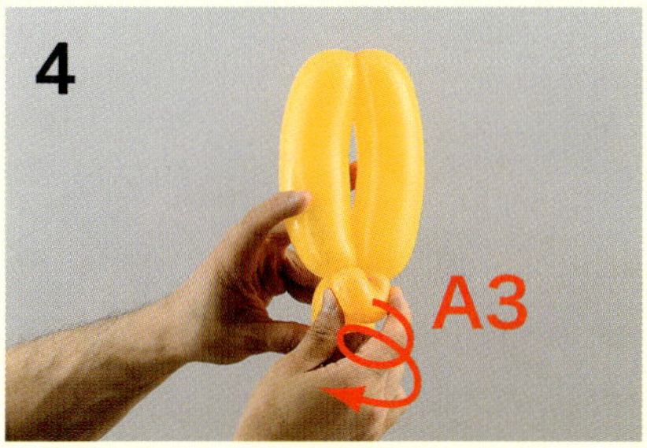

そのボールをピンチツイストにします。

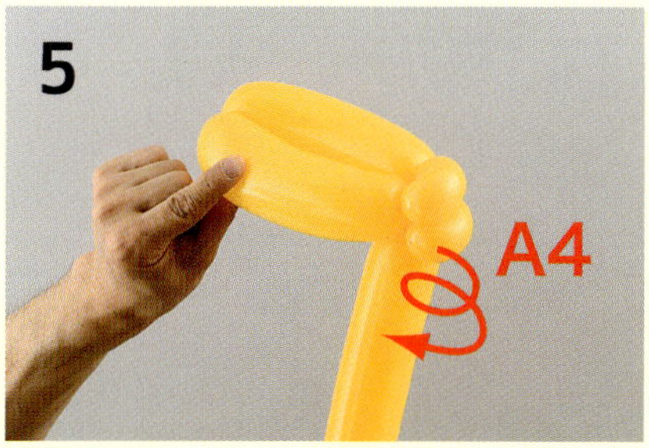

同《おな》じ大《おお》きさのピンチツイスト (A4) をもう 1 つ作《つく》ります。

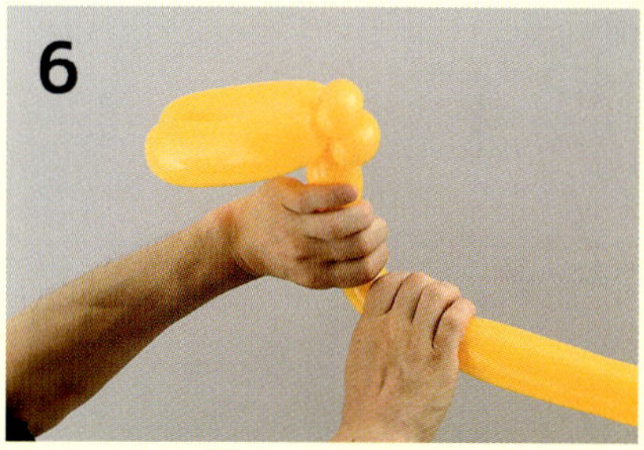

残《のこ》りは軽《かる》く握《にぎ》って空気《くうき》を送《おく》り、やわらかくしておきます。

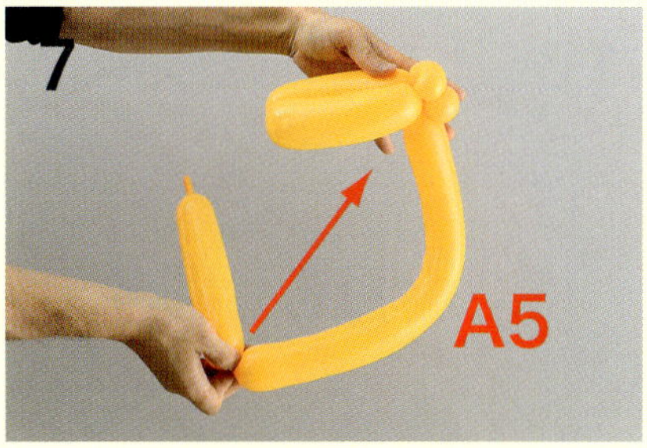

38cm(A5) の長《なが》さでひねり、

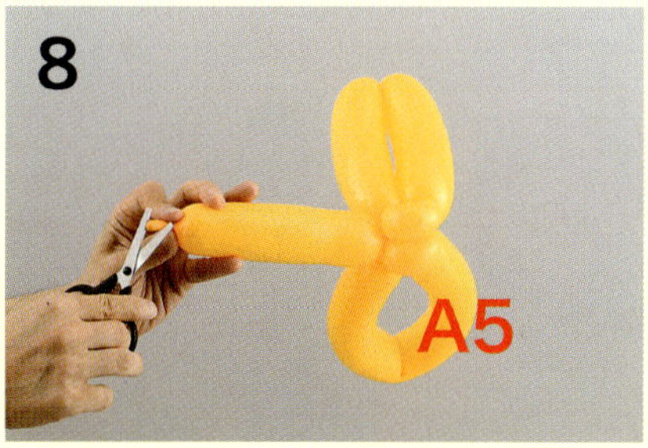

輪《わ》ひねりにします。残《のこ》りはしぼませて結《むす》び、

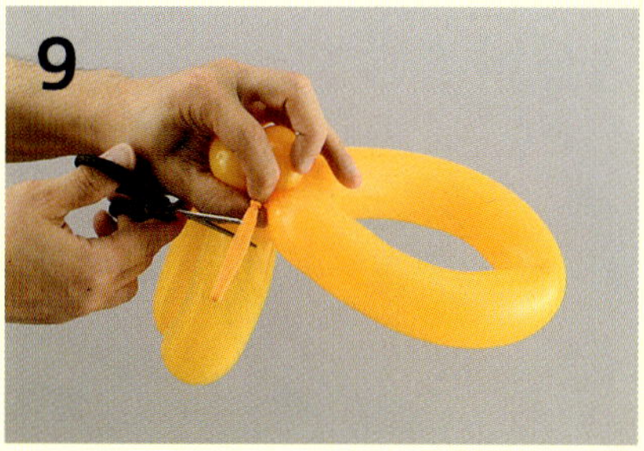

余分《よぶん》は切《き》り取《と》ります。

パパイヤ

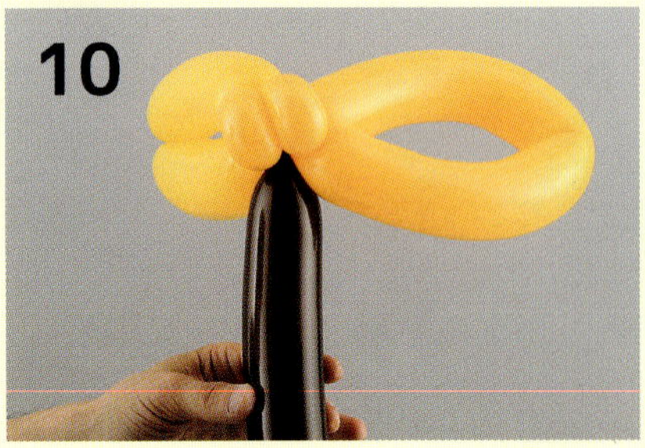

パパイヤの種《たね》を作《つく》ります。濃茶《こいちゃ》を18cm ふくらませて結《むす》びます。結《むす》び目《め》を山吹色《やまぶきいろ》のひねり目《め》にからめて取《と》り付《つ》けます。

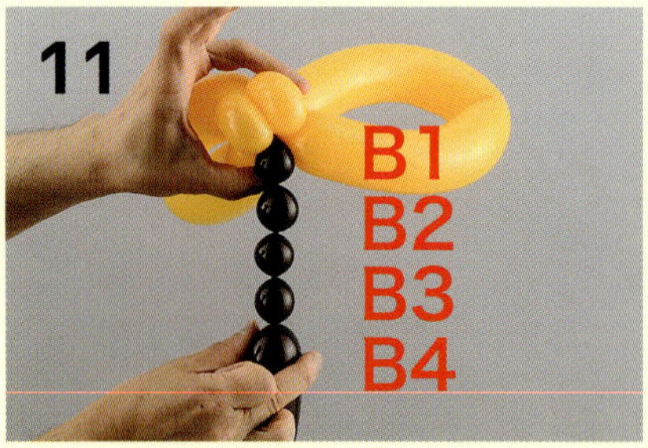

ボールを４つ (B1・B2・B3・B4) ひねります。大《おお》きさは全部《ぜんぶ》2.5cm (かなり小《ちい》さい) です。ひねり目《め》がほどけないようにしっかりと４～５回《かい》ずつひねりましょう。

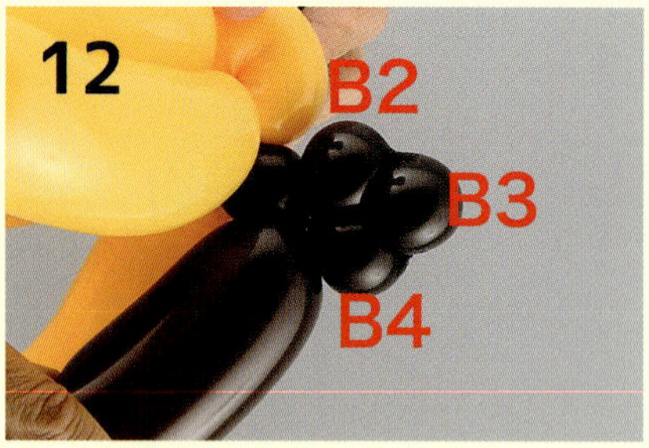

B2・B3・B4 の３つをまとめてひねります。

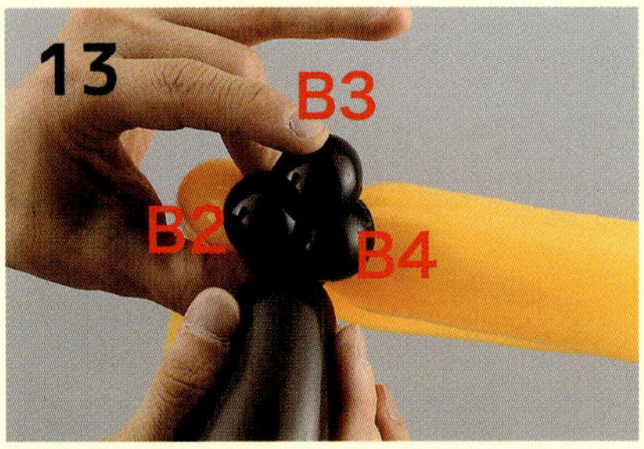

残《のこ》りを少《すこ》しつぶしながら持《も》ち上《あ》げ、

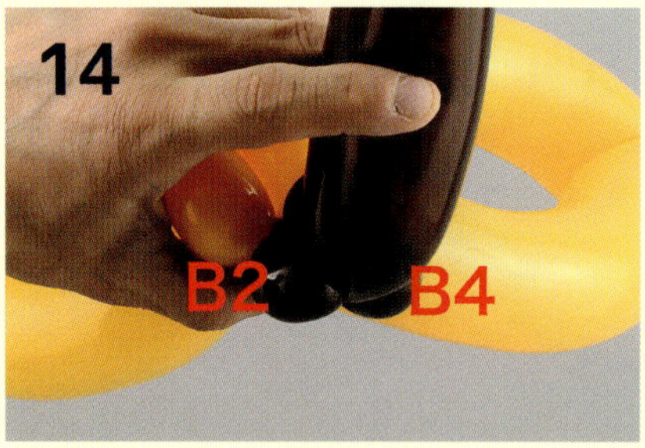

B2 と B4 のすき間《ま》にはめ込《こ》むようにします。

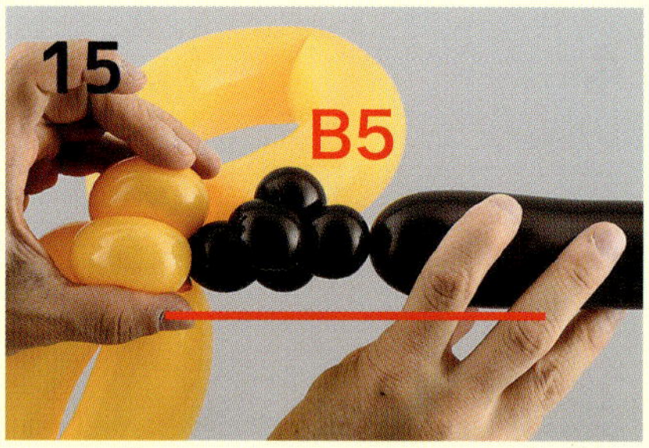

はめ込《こ》むことで、ボールが「直線《ちょくせん》の上《うえ》に並《なら》ぶ」ようにつながっていきます。

ボールを１つ (B5) ひねった後《あと》に、

続《つづ》けてボールを４つ (B6・B7・B8・B9) ひねり、

４つをまとめてひねり合《あ》わせます。

残《のこ》りを少《すこ》しつぶしながら持《も》ち上《あ》げ、B6 と B9 のすき間《ま》にはめ込《こ》むようにします。

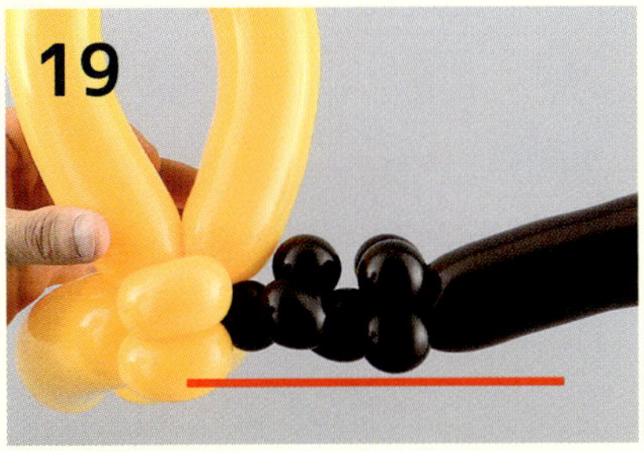

ボール１つをはさんで、３つのまとまり、４つのまとまりと並《なら》びました。

ボールを４つ（B10・B11・B12・B13）ひねり、B11・B12・B13の３つを、

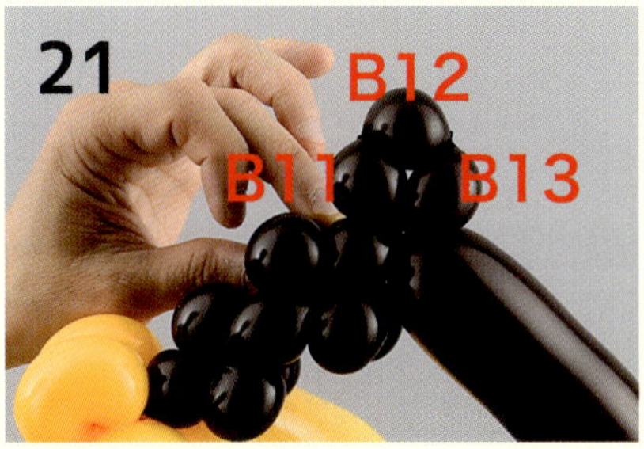

まとめてひねります。

続《つづ》けて、ボールを３つ（B14・B15・B16）ひねり、

３つをまとめてひねります。
これで、３つのまとまりが２セットできました。

残《のこ》りをまん中《なか》に動《うご》かして、

ボールを４つ（B17・B18・B19・B20）ひねり、B18・B19・B20の３つを、

まとめてひねります。

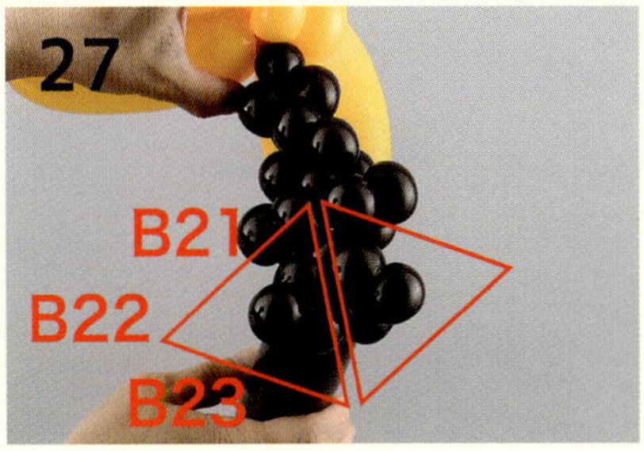

また、ボールを３つ（B21・B22・B23）ひねり、３つをまとめてひねります。これで、３つのまとまりが２セットできました。

パパイヤ

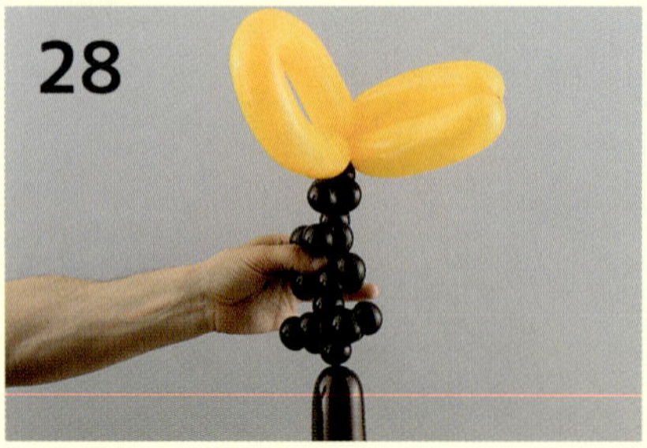

最後《さいご》に1つボールをひねります。

ひねり目《め》を押《お》さえながらしぼませて結《むす》びます。

結《むす》び目《め》を、山吹色《やまぶきいろ》の端《はし》にあるひねり目《め》にからめてとめます。
青色《あおいろ》の数字《すうじ》は、ボールがいくつまとまっているかを示《しめ》しています。だんだん数《かず》が増《ふ》えています。

種《たね》の上《うえ》から、山吹色《やまぶきいろ》の輪《わ》ひねりをかぶせ、

広《ひろ》げてはめ込《こ》みます。

種《たね》が飛《と》び出《だ》さないように、前後左右《ぜんごさゆう》から押《お》し込《こ》んで形《かたち》を整《ととの》えます。

横《よこ》から見《み》た所《ところ》です。

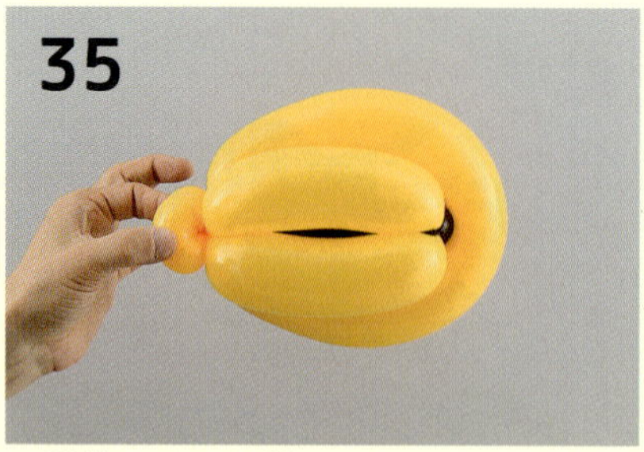

裏側《うらがわ》はこんな感《かん》じです。

お疲《つか》れさまでした、完成《かんせい》です。他《ほか》のフルーツと盛《も》り合《あ》わせて飾《かざ》るのもいいですね。

サクランボ

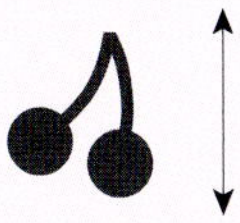

材料《ざいりょう》・260 ツイストバルーン
濃《こい》ピンク　1本《ぽん》・　黄緑《きみどり》　1本《ぽん》

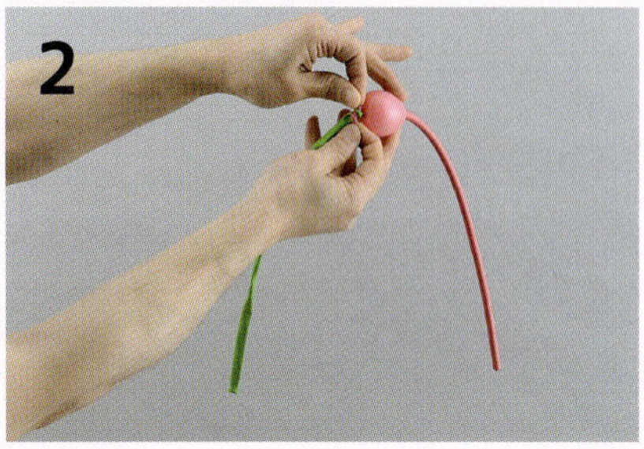

濃《こい》ピンクを4cm ふくらませて結《むす》びます。ふくらませていない黄緑《きみどり》の先端《せんたん》と、濃《こい》ピンクの口巻《くちま》きを結《むす》び合《あ》わせます。

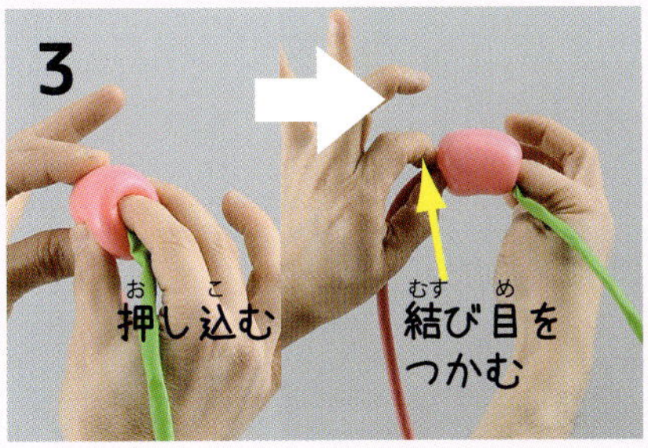

結《むす》び目《め》に指《ゆび》を当《あ》てて中《なか》に押《お》し込《こ》んでいきます。反対側《はんたいがわ》のふくらんでいない所《ところ》まで押《お》し込《こ》んだら、外《そと》から結《むす》び目《め》を押《お》さえて指《ゆび》を抜《ぬ》きます。

結《むす》び目《め》のコブを引《ひ》っ張《ぱ》り上《あ》げながら、その下《した》を通《とお》すように結《むす》びます。これで押《お》し込《こ》んだ結《むす》び目《め》がロックされて、ほどけなくなります。

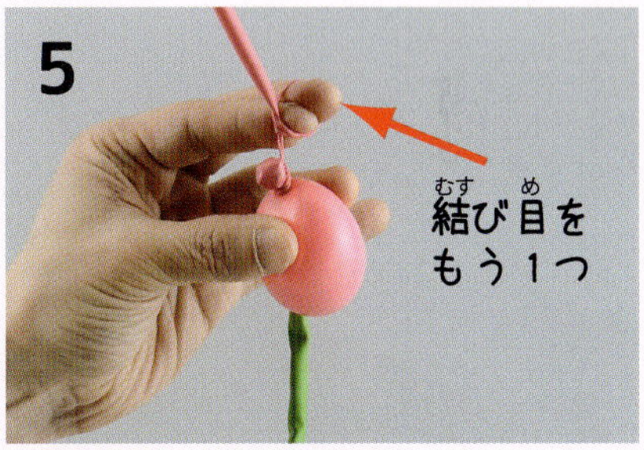

出《で》べそのような結《むす》び目《め》ができました。空気《くうき》が抜《ぬ》けるのを防《ふせ》ぐため、もう1つ結《むす》び目《め》を作《つく》っておきます。残《のこ》りは切《き》り取《と》ります。

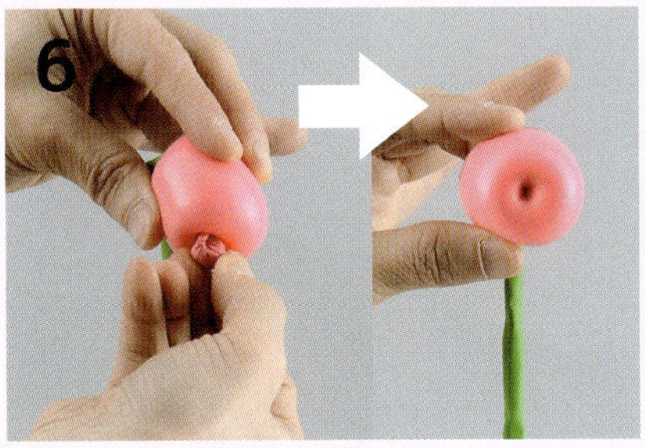

ぽっこり出《で》ている結《むす》び目《め》を、指《ゆび》で内《うち》側《がわ》に押《お》し込《こ》んで隠《かく》します。

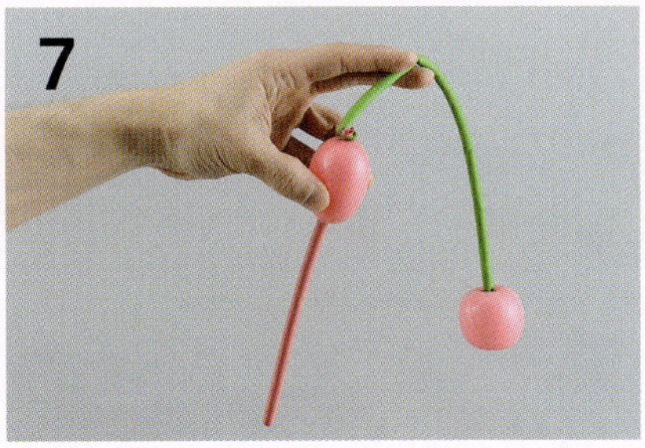

濃《こい》ピンクの残《のこ》りを4cm ふくらませて結《むす》びます。黄緑《きみどり》の口巻《くちま》きと結《むす》び合《あ》わせます。同《おな》じ手順《てじゅん》で、もう片方《かたほう》のサクランボを作《つく》ります。

黄緑《きみどり》を折《お》り曲《ま》げ、折《お》り曲《ま》げたすぐそばを結《むす》びます。完成《かんせい》です。

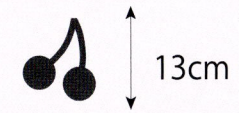

スイカのポーチ

18cm

「エックス編《あ》み」という編《あ》み方《かた》で作《つく》ります。規則的《きそくてき》に編《あ》むので、コツがわかればそれほどむずかしくありません。気軽《きがる》に挑戦《ちょうせん》してみてください。

中《なか》にはハンカチなど、軽《かる》くて小《ちい》さい物《もの》を入《い》れてポーチとして使《つか》ってください。すき間《ま》から落《お》ちてしまうと大《たい》変《へん》なので、貴重品《きちょうひん》やプロポーズの指輪《ゆびわ》などは入《い》れない方《ほう》がいいと思《おも》います。

スイカのポーチ

材料《ざいりょう》・260 ツイストバルーン
濃緑《こいみどり》　3本《ぼん》　・　黒《くろ》　　3本《ぼん》
赤《あか》　　1本《ぼん》

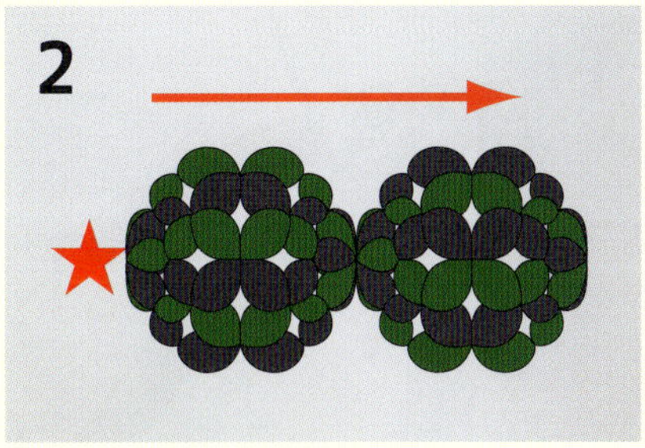

まず、全体《ぜんたい》の構造《こうぞう》を見《み》てください。星印《ほしじるし》の所《ところ》からスタートして半球《はんきゅう》を2つ作《つく》ります。半球《はんきゅう》は6段《だん》で、3段作《だんつく》れば後《あと》の3段《だん》は繰《く》り返《かえ》しです。むずかしく考《かんが》えずに作《つく》っていきましょう。

黒《くろ》と濃緑《こいみどり》を 18cm 残《のこ》してふくらませ結《むす》びます。2本《ほん》を結《むす》び合《あ》わせます。(濃緑《こいみどり》はこれから「緑《みどり》」に省略《しょうりゃく》します)

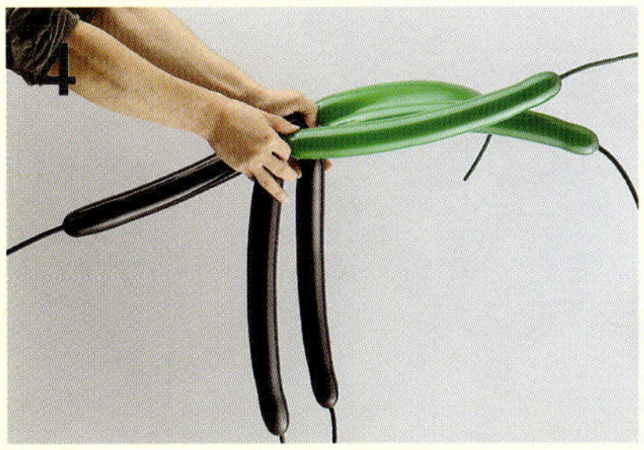

同《おな》じ物《もの》を、全部《ぜんぶ》で3組用意《くみようい》します。結《むす》び目《め》の所《ところ》でまとめてひねり合《あ》わせます

黒《くろ》と緑《みどり》それぞれに3cm のボールをひねり、2つをひねり合《あ》わせます。

残《のこ》りも同《おな》じようにひねり合《あ》わせ、全《ぜん》部《ぶ》で3つのペアを作《つく》ります。ここが1段目《だんめ》になります。

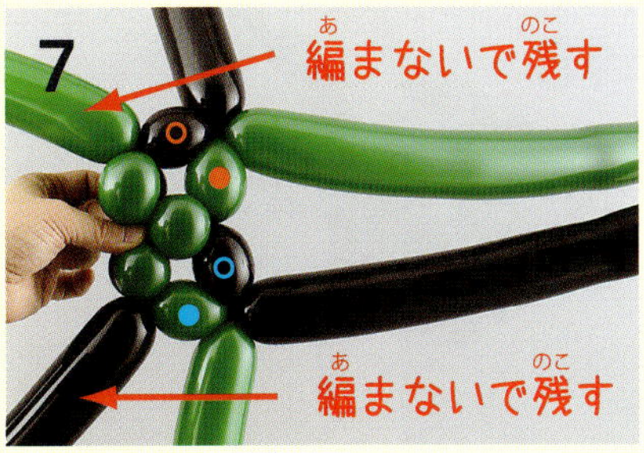

①2段目《だんめ》の内側《うちがわ》
両端《りょうたん》の1本《ぽん》ずつを、編《あ》まないで残《のこ》します。黒《くろ》を 3.5cm(○)、隣《となり》の緑《みどり》を 3.5cm(●) ひねり、2つをひねり合《あ》わせます。同《おな》じ手順《てじゅん》でもう1ヶ所《しょ》(○●) もひねり合《あ》わせます。

②2段目《だんめ》の端《はし》と3段目《だんめ》
残《のこ》してあった端《はし》の緑《みどり》を 3.5cm・5cm と2つ (△) ひねり、隣《となり》の黒《くろ》5cm(▲) と、

ひねり合《あ》わせます。

スイカのポーチ

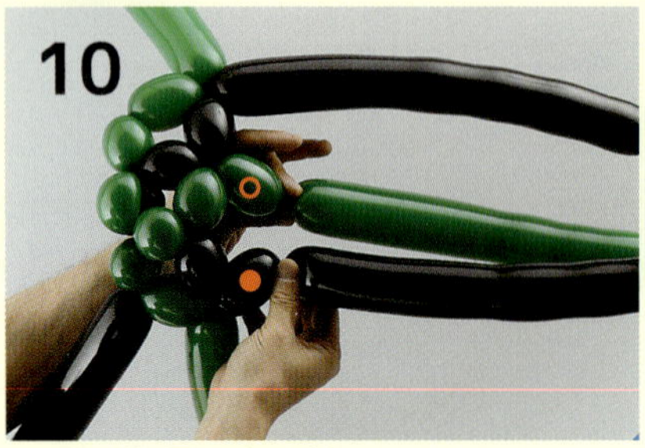

③3段目《だんめ》の真《ま》ん中《なか》
緑《みどり》を5cm(○)、お隣《となり》の黒《くろ》を5cm(●)ひねり、2つをひねり合《あ》わせます。

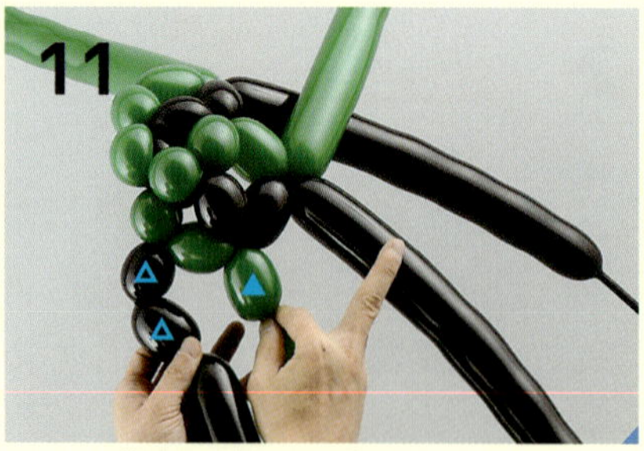

④2段目《だんめ》の端《はし》と3段目《だんめ》
残《のこ》してあったもう片方《かたほう》の端《はし》、黒《くろ》を3.5cm・5cmと2つ(△)ひねり、隣《となり》の緑《みどり》5cm(▲)と、

ひねり合《あ》わせます。

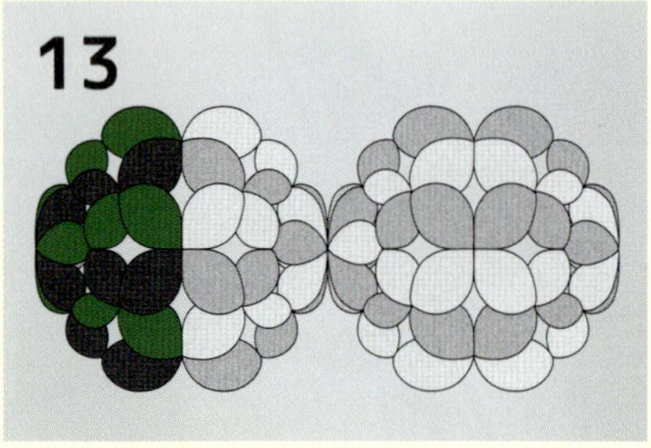

3段目《だんめ》ができました。

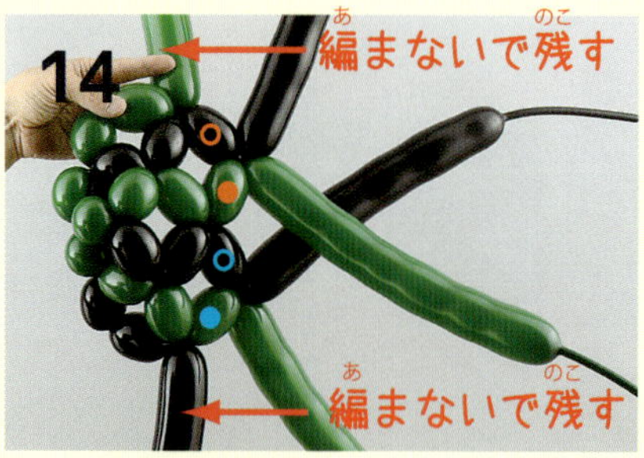

⑤4段目《だんめ》の内側《うちがわ》
解説《かいせつ》7と同様《どうよう》に、両端《りょうたん》の1本《ぽん》ずつを編《あ》まないで残《のこ》します。黒《くろ》を5cm(○)、お隣《となり》の緑《みどり》を5cm(●)ひねり、2つをひねり合《あ》わせます。同《おな》じ手順《てじゅん》でもう1ヶ所《しょ》(○●)もひねり合《あ》わせます。

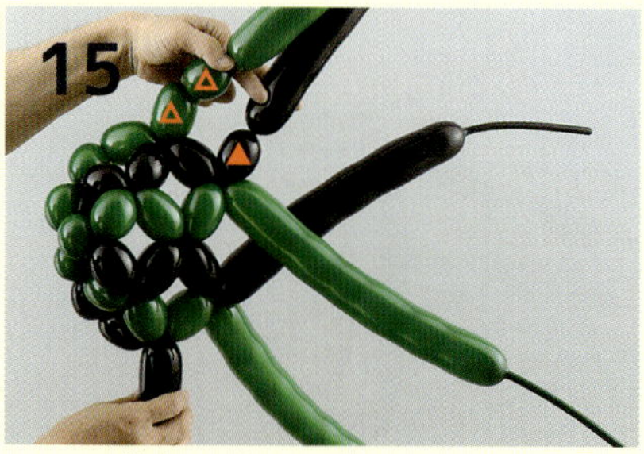

⑥4段目《だんめ》の端《はし》と5段目《だんめ》
残《のこ》してあった端《はし》の緑《みどり》を5cm・3.5cmと2つ(△)ひねり、隣《となり》の黒《くろ》3.5cm(▲)とひねり合《あ》わせます。

⑦5段目《だんめ》の真《ま》ん中《なか》
緑《みどり》を3.5cm(○)、お隣《となり》の黒《くろ》を3.5cm(●)ひねり、2つをひねり合《あ》わせます。

⑧4段目《だんめ》の端《はし》と5段目《だんめ》
残《のこ》してあった端《はし》の黒《くろ》を5cm・3.5cmと2つ(△)ひねり、隣《となり》の緑《みどり》3.5cm(▲)とひねり合《あ》わせます。

⑨6段目《だんめ》
6段目《だんめ》は全部《ぜんぶ》を3cmひねり、その後《あと》1ヶ所《しょ》にまとめます。
まず端《はし》の1本《ぽん》を3cmひねり、隣《となり》を3cmひねって合《あ》わせ、また隣《となり》と3本《ぼん》をひと束《たば》にまとめます。

残《のこ》りの3本《ぼん》も、3cm でひねってからひと束《たば》にまとめます。

2つの束《たば》を寄《よ》せて、1つにひねり合《あ》わせます。

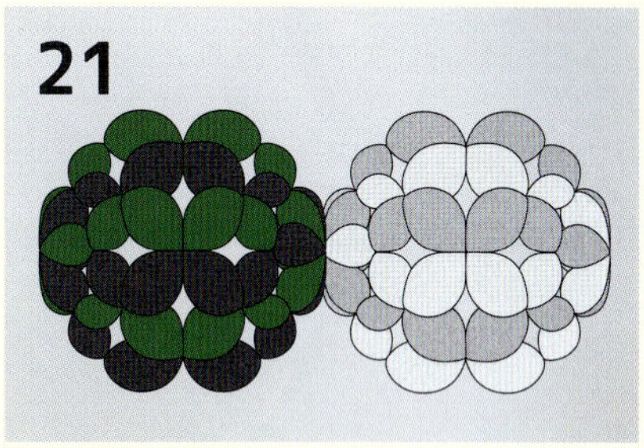

半球《はんきゅう》ができました。

残《のこ》りの半球《はんきゅう》を作《つく》ります。黒《くろ》と緑《みどり》それぞれに3cm のボールをひねり、2つをひねり合《あ》わせます。残《のこ》りも同《おな》じ3cm のボールでひねり合《あ》わせ、全《ぜん》部《ぶ》で3つのペアを作《つく》ります。ここが後半《こうはん》の1段目《だんめ》になります。

①後半《こうはん》2段目《だんめ》の内側《うちがわ》

前半《ぜんはん》と色《いろ》が変《か》わります。両端《りょうたん》の1本《ぽん》ずつを、編《あ》まないで残《のこ》します。緑《みどり》を3.5cm(○)、隣《となり》の黒《くろ》を3.5cm(●)ひねり2つをひねり合《あ》わせます。もう1ヶ所《しょ》(○●)もひねり合《あ》わせます。

②後半《こうはん》2段目《だんめ》の端《はし》と3段目《だんめ》

残《のこ》してあった端《はし》の黒《くろ》を3.5cm・5cm と2つ(△)ひねり、隣《となり》の緑《みどり》5cm(▲)とひねり合《あ》わせます。

③後半《こうはん》3段目《だんめ》の真《ま》ん中《なか》

黒《くろ》を5cm(○)、お隣《となり》の緑《みどり》を5cm(●)ひねり、2つをひねり合《あ》わせます。

④後半《こうはん》2段目《だんめ》の端《はし》と3段目《だんめ》

残《のこ》してあった端《はし》の緑《みどり》を3.5cm・5cm と2つ(△)ひねり、隣《となり》の黒《くろ》5cm(▲)とひねり合《あ》わせます。

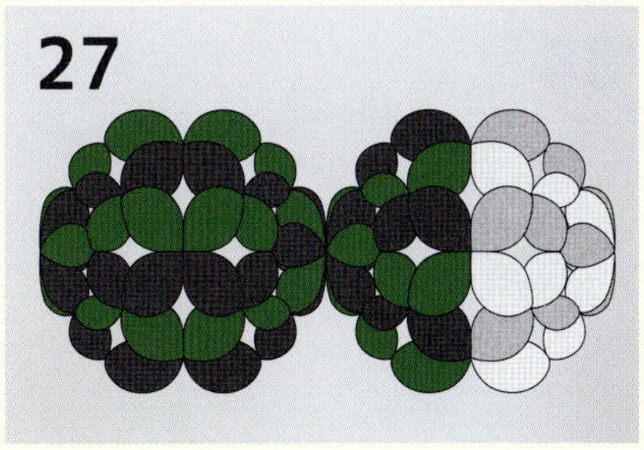

後半《こうはん》の3段目《だんめ》ができました。

スイカのポーチ

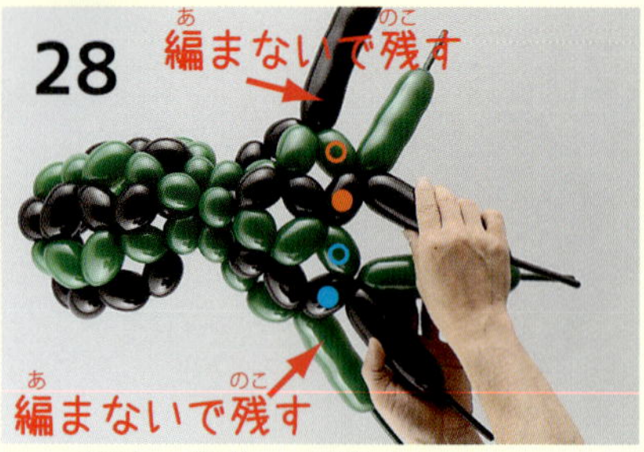

⑤後半《こうはん》4段目《だんめ》の内側《うちがわ》

両端《りょうたん》の1本《ぽん》ずつを編《あ》まないで残《のこ》します。緑《みどり》を5cm(○)、お隣《となり》の黒《くろ》を5cm(●)ひねり、2つをひねり合《あ》わせます。同《おな》じ手順《てじゅん》でもう1ヶ所《しょ》(○●)もひねり合《あ》わせます。

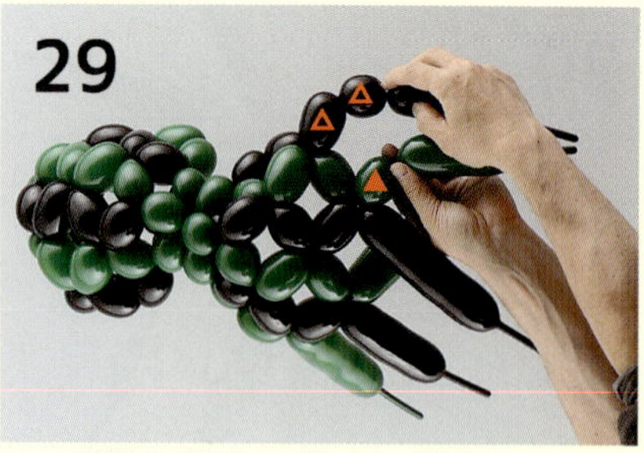

⑥後半《こうはん》4段目《だんめ》の端《はし》と5段目《だんめ》

残《のこ》してあった端《はし》の黒《くろ》を5cm・3.5cmと2つ(△)ひねり、隣《となり》の緑《みどり》3.5cm(▲)とひねり合《あ》わせます。

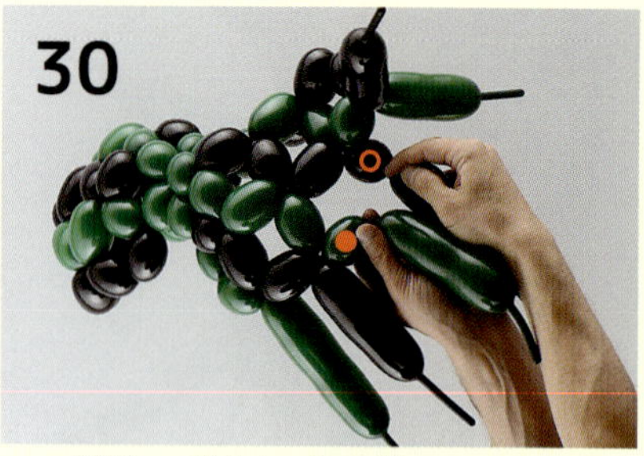

⑦後半《こうはん》5段目《だんめ》の真《ま》ん中《なか》

黒《くろ》を3.5cm(○)、お隣《となり》の緑《みどり》を3.5cm(●)ひねり、2つをひねり合《あ》わせます。

⑧後半《こうはん》4段目《だんめ》の端《はし》と5段目《だんめ》

残《のこ》してあった端《はし》の緑《みどり》を5cm・3.5cmと2つ(△)ひねり、隣《となり》の黒《くろ》3.5cm(▲)とひねり合《あ》わせます。

⑨後半《こうはん》6段目《だんめ》

後半《こうはん》6段目《だんめ》、全体《ぜんたい》の最後《さいご》です。まず端《まず》の1本《ぽん》を3cmひねり、隣《となり》を3cmひねって合《あ》わせ、また隣《となり》と3本《ぼん》をひと束《たば》にまとめます。

残《のこ》りの3本《ぼん》も、3cmでひねってからひと束《たば》にまとめます。2つの束《たば》を寄《よ》せて、1つにひねり合《あ》わせます。

ひねり目《め》をしっかり押《お》さえながらしぼませて、

結《むす》び合《あ》わせます。余分《よぶん》は切《き》ります。

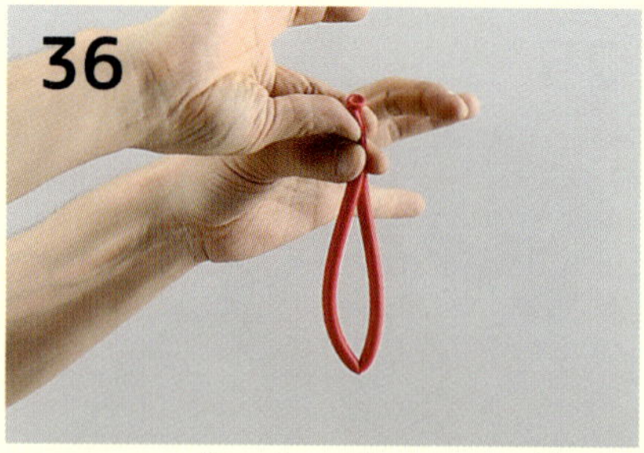

ポーチの持《も》ち手《て》を作《つく》ります。赤《あか》に軽《かる》く空気《くうき》を吹《ふ》き入《い》れてから結《むす》びます。2つ折《お》りにして、端《はし》を2本《ほん》一緒《いっしょ》に結《むす》びます。

こんな感《かん》じになります。

輪《わ》の側《がわ》を半球《はんきゅう》の端《はし》から差《さ》し込《こ》み、。

結《むす》び目《め》側《がわ》にくぐらせて取《と》り付《つ》けます。

いったん閉《と》じてみます。中心《ちゅうしん》のボール６個が緑黒《みどりくろ》と、交互《こうご》になるように

ボールを回転《かいてん》させて色《いろ》を変《か》えます。

反対側《はんたいがわ》も同《おな》じように回転《かいてん》させます。

中《なか》にはハンカチ等《など》、軽《かる》くて小《ちい》さめの物《もの》を入《い》れてください。落《お》ちると怖《こわ》いので貴重品《きちょうひん》は入《い》れないでくださいね。

くす玉《だま》を閉《と》じるように半球同士《はんきゅうどうし》をつなげます。

横長《よこなが》にならないよう、縦《たて》に少《すこ》し引《ひ》っ張《ぱ》って形《かたち》を整《ととの》えます。完成《かんせい》です。

アイスクリーム

45cm

いろいろな味《あじ》のアイスクリームが「おーっとっと」という感《かん》じに重《かさ》なっている楽《たの》しい作品《さくひん》です。ゆるくカーブするように重《かさ》ねて動《うご》きを出《だ》します。重《かさ》ねるアイスは作《さく》例《れい》にこだわらず、個数《こすう》も色《いろ》も自由《じゆう》に組《く》み合《あ》わせて作《つく》ってください。

材料《ざいりょう》・260ツイストバルーン
金色《きんいろ》 1本《ぽん》 ・ ピンク 1本《ぽん》
薄茶《うすちゃ》 1本《ぽん》 ・ 水色《みずいろ》 1本《ぽん》
白《しろ》 1本《ぽん》 ・ 黄色《きいろ》 1本《ぽん》

まずコーンを作《つく》ります。最初《さいしょ》に手《て》で握《にぎ》っている部分《ぶぶん》をひねり、その後《あと》に上《うえ》の部分《ぶぶん》を作《つく》ります。上《うえ》は三角錐《さんかくすい》がさかさまになっている形《かたち》です。ひと筆書《ふでが》きで作《つく》るため、2重《じゅう》になる所《ところ》があります。

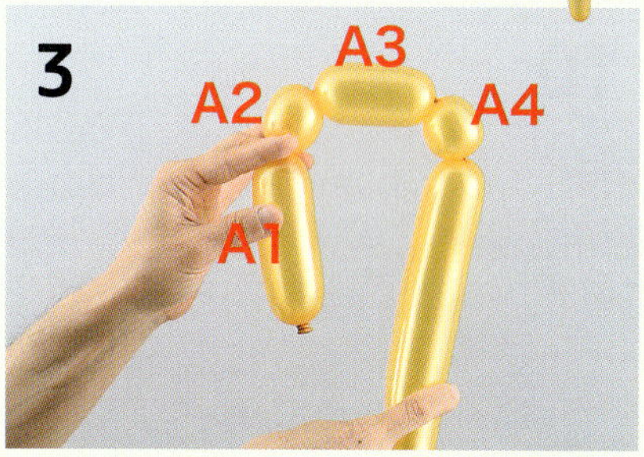

それでは作《つく》っていきましょう。金色《きんいろ》を15cm残《のこ》してふくらませ結《むす》びます。11cm(A1)・4cm(A2)・8cm(A3)・4cm(A4)とひねり、

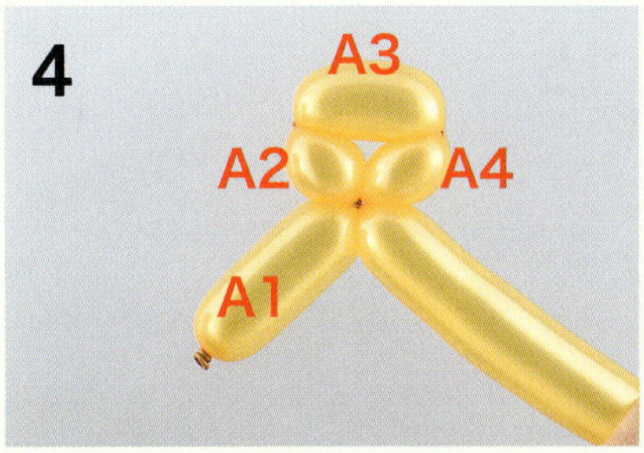

A2からA4までをまとめてひねります。

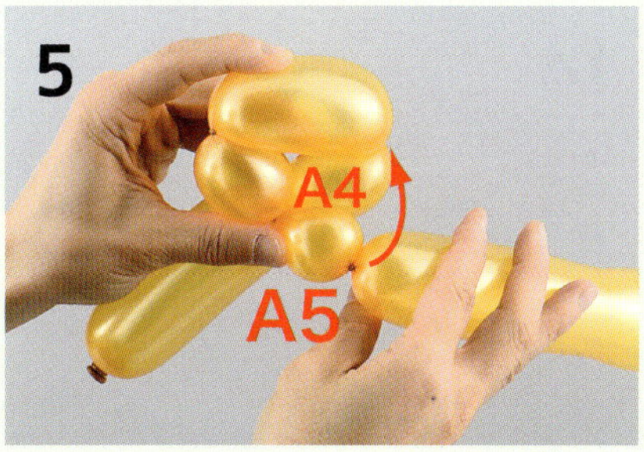

4cm(A5)ひねって、A4と重《かさ》ね、

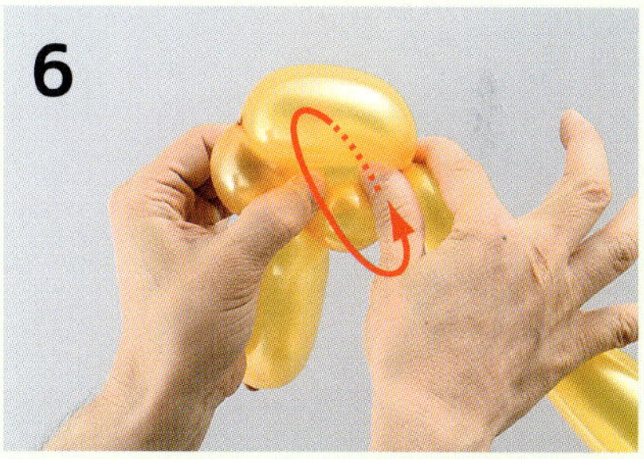

A4とA5をぐるぐる回転《かいてん》させます。ここは2重《じゅう》のボールになります。

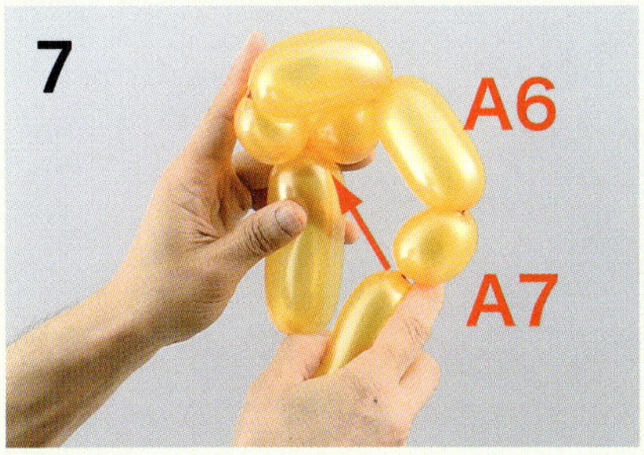

8cm(A6)・4cm(A7)とひねります。矢印《やじるし》の所《ところ》に、

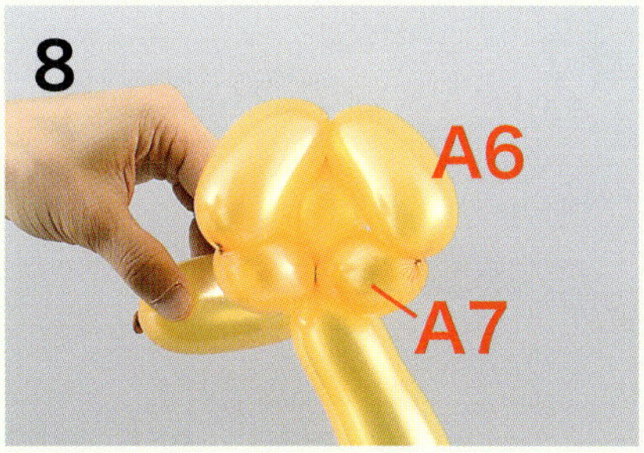

ひねり合《あ》わせます。

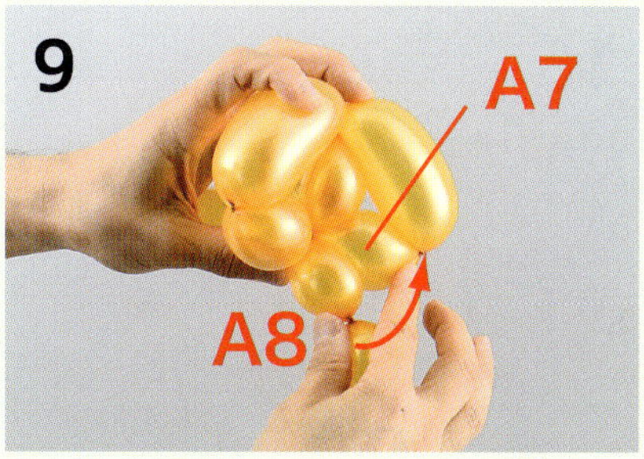

4cm(A8)ひねってA7に重《かさ》ね、

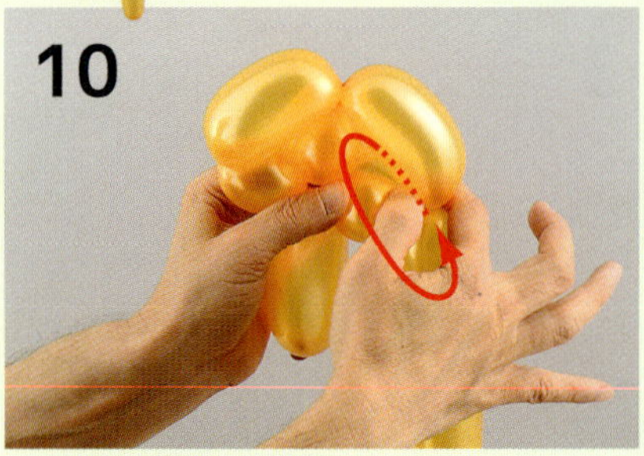

２つを一緒《いっしょ》に回転《かいてん》させます。A7 とA8 が２重《じゅう》のボールになりました。

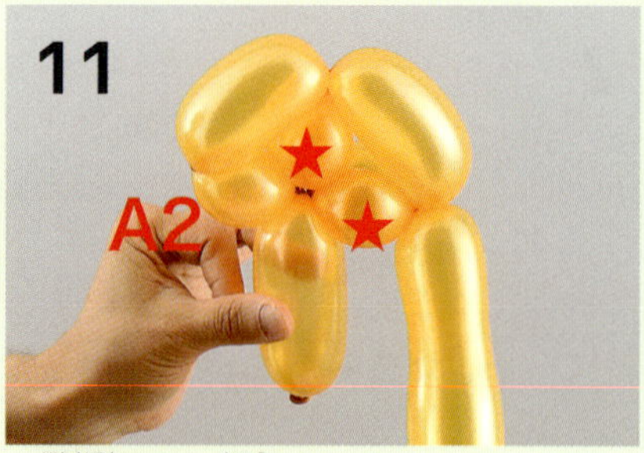

星印《ほしじるし》が、２重《じゅう》のボールになっている所《ところ》です。A２は最後《さいご》に２重《じゅう》にします。

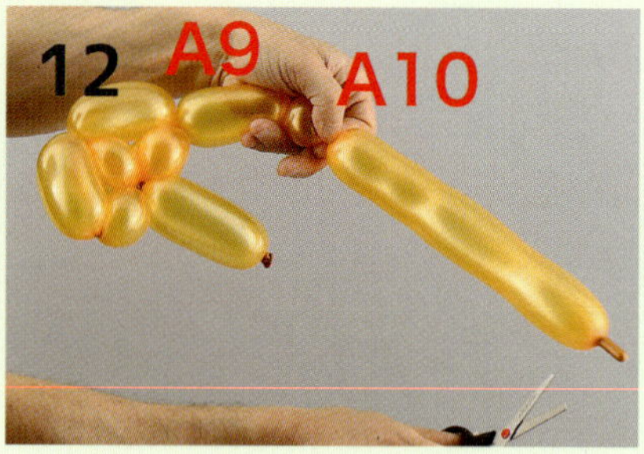

8cm(A９)・4cm(A10) とひねります。残《のこ》りはしぼませて結《むす》び、少《すこ》し余裕《よゆう》を持《も》って切《き》り取《と》ります。

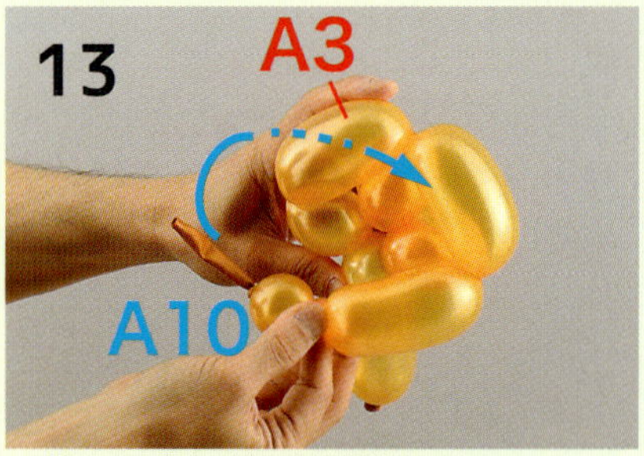

上《うえ》から見《み》た時《とき》に三角形《さんかくけい》ができるよう組《く》み合《あ》わせていきます。A10 を引《ひ》っ張《ぱ》り、A3 の下《した》にある穴《あな》をくぐらせて、

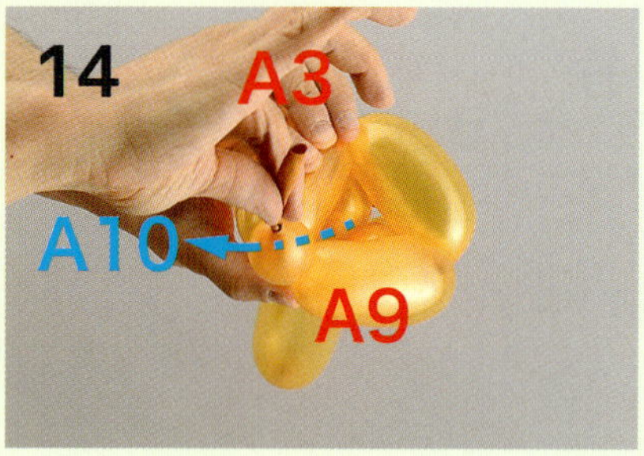

A９とA３がつながるようにはめ込《こ》んで、持《も》ち上《あ》げます。これは少《すこ》し上《うえ》から見《み》たところです。

今度《こんど》は横《よこ》から見《み》ています。A10 の結《むす》び目《め》を持《も》ってA２に重《かさ》ね、下《した》のひねり目《め》にからめてまとめます。これで、ボールの所《ところ》が、３ヶ所《しょ》全部《ぜんぶ》２重《じゅう》になりました。

全体《ぜんたい》の形《かたち》を整《ととの》えます。上《うえ》の写真《しゃしん》はコーンをいろいろな角度《かくど》から見《み》た所《ところ》です。

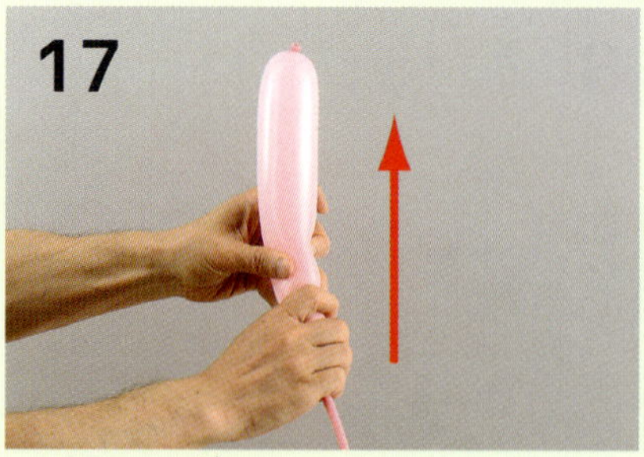

アイスを作《つく》ります。ピンクを25cm の長《なが》さでふくらませ結《むす》びます。アイスはころんと丸《まる》い方《ほう》がかわいいので、全体《ぜんたい》の空気《くうき》を結《むす》び目《め》の方《ほう》に戻《もど》して、太《ふと》くしてからひねり始《はじ》めます。

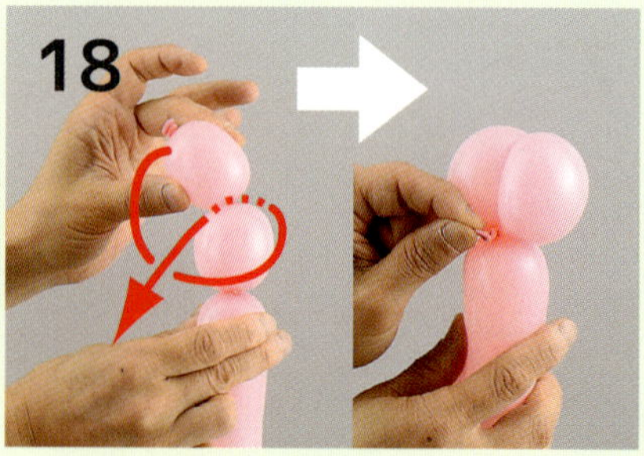

4.5cm のボールを２つひねり、折《お》り曲《ま》げて２重《じゅう》のボールにします。結《むす》び目《め》をからめて２つのすき間《ま》から引《ひ》き出《だ》します。

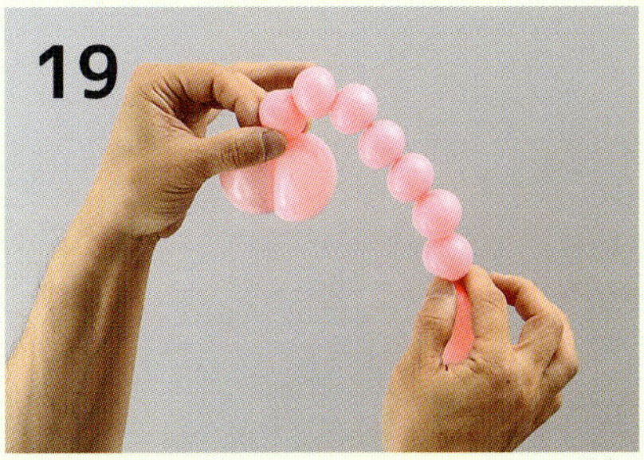

2.5cm の小《ちい》さいボールを、７つ続《つづ》けてひねります。ひねりが戻《もど》らないように、ボールとボールの間《あいだ》はしっかりと４～５回《かい》はひねりましょう。この小《しょう》ボールを、

大《おお》きいボールの周《まわ》りに巻《ま》き付《つ》けます。ユルユルではなく、ややきつめに巻《ま》き付《つ》くのが理想《りそう》です。口巻《くちま》きを引《ひ》っ張《ぱ》って、小《しょう》ボールのひねり目《め》にからめます。

からめた所《ところ》を押《お》さえ、残《のこ》りをしぼませます。口巻《くちま》き側《がわ》としっかり結《むす》び合《あ》わせ、しぼませた部分《ぶぶん》を長《なが》めに残《のこ》して切《き》り取《と》ります。

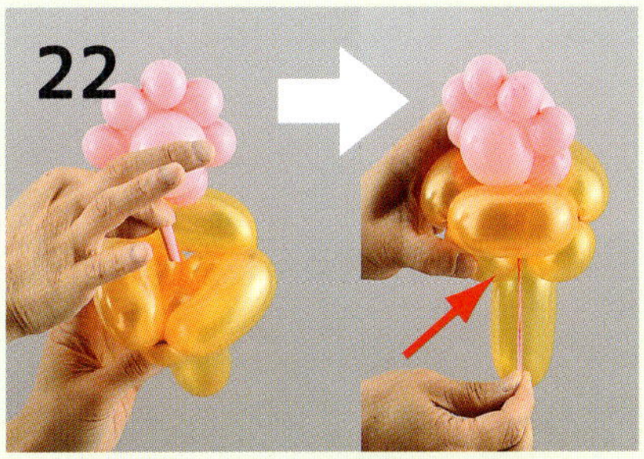

ピンクのしぼませた部分《ぶぶん》をコーンの上部《じょうぶ》から差《さ》し込《こ》んで、すき間《ま》から引《ひ》っ張《ぱ》り、コーンのひねり目《め》(矢印《やじるし》)にからめて取《と》り付《つ》けます。取《と》り付《つ》けた残《のこ》りが目立《めだ》つ時《とき》は切《き》り取《と》ります。

アイスの１段目《だんめ》ができました。

解説《かいせつ》の 17 から 21 までを参考《さんこう》に、別《べつ》の色《いろ》でアイスを作《つく》ります。しぼませた部分《ぶぶん》は短《みじか》めに切《き》り取《と》って目立《めだ》たなくしておきます。

アイスをつなげていきます。ピンクのボールの１つと、薄茶《うすちゃ》のボール１つを重《かさ》ねて回転《かいてん》させます。ボールがつぶれないよう、すき間《ま》を多《おお》く広《ひろ》げながら回転《かいてん》させます。重《かさ》ねた所《ところ》が２重《じゅう》のボールになってつながります。

残《のこ》りのアイスも次々《つぎつぎ》と連結《れんけつ》していきます。小《ちい》さいボールは７個《こ》という奇《き》数《すう》ですから、まっすぐではなく、斜《なな》めにつながります。こんな風《ふう》に内側《うちがわ》が外《はず》れてしまっても、後《あと》でしっかりはめ込《こ》めば元《もと》に戻《もど》ります。

ゆるくＳ字《じ》になるようにつなげると、動《うご》きがあって楽《たの》しい作品《さくひん》になります。作例《さくれい》の色《いろ》だけでなく、抹茶色《まっちゃいろ》や、ブルーベリー色《いろ》など、色《いろ》を変《か》えて作《つく》ってみてください。個数《こすう》も３個《こ》４個《こ》とお好《この》みでどうぞ。

たなばた ★★ 30cm

星《ほし》と組《く》み合《あ》わせたおりひめとひこぼしです。ひこぼしの顔《かお》はバルーンを横長《よこなが》に、おりひめの顔《かお》は縦長《たてなが》にして作《つく》ってあります。星《ほし》だけ作《つく》ったものもいっしょに飾《かざ》ってあげると、にぎやかになります。

星《ほし》は金《きん》・銀《ぎん》に限《かぎ》らず、いろいろな色《いろ》で作《つく》って楽《たの》しんでください。

たなばた

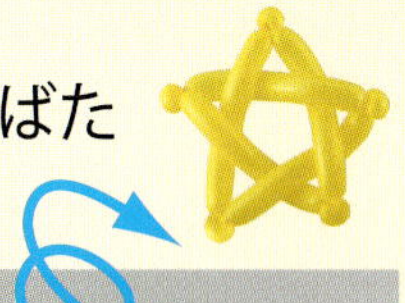

材料《ざいりょう》・260 ツイストバルーン
黒《くろ》　1本《ぽん》　・　水色《みずいろ》　1本《ぽん》
白《しろ》　1本《ぽん》　・　黄色《きいろ》　4本《ほん》
肌色《はだいろ》　1本《ぽん》　・　紺色《こんいろ》　1本《ぽん》
金色《きんいろ》　1本《ぽん》　・　濃茶《こいちゃ》　1本《ぽん》
ピンク　1本《ぽん》・　輪《わ》ゴム4つ

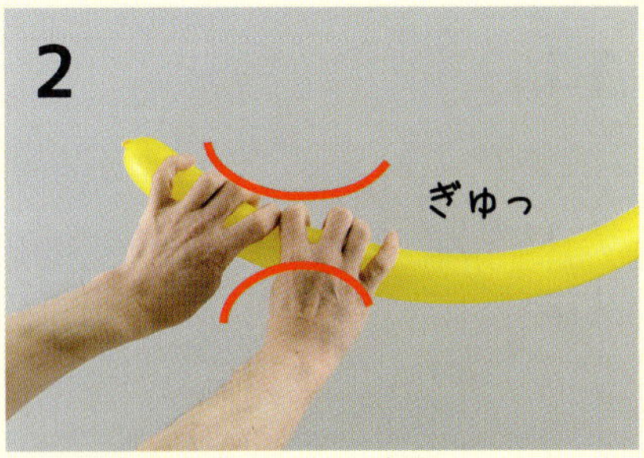

まず星《ほし》を作《つく》ります。黄色《きいろ》を6cm 残《のこ》してふくらませ、結《むす》びます。結《むす》び目《め》の近《ちか》くを手《て》でぎゅっと握《にぎ》ってやわらかくしておきます。

30cm 1つ (1)、4cm のボールを1つひねります (P1)。P1 をピンチツイストにします。

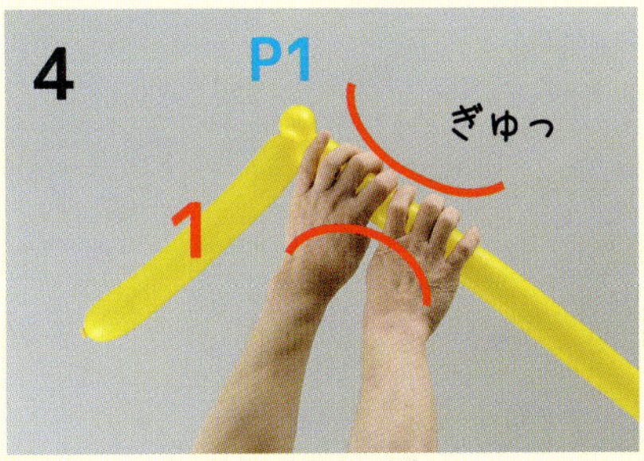

残《のこ》りを手《て》でぎゅっと握《にぎ》ってやわらかくします。ピンチツイストを作《つく》った後《あと》は、毎回《まいかい》こうしてやわらかくしましょう。この後《あと》も、1辺《ぺん》はいつも30cm の長《なが》さでひねっていきます。

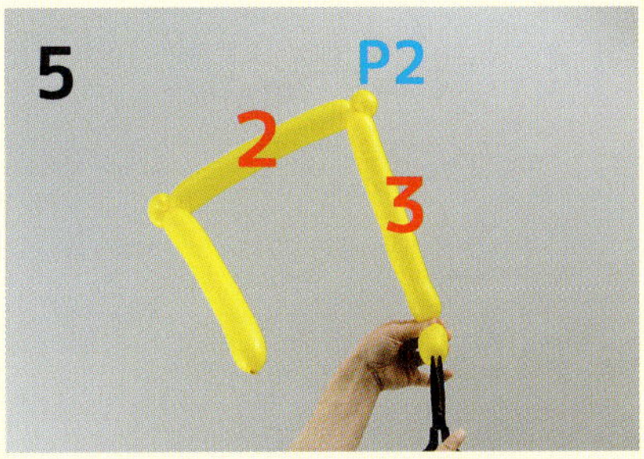

30cm(2)、4cm のボールをピンチツイスト (P2)、握《にぎ》ってやわらかくしてから 30cm(3)。ここで1本《ぽん》目《め》は終《お》わりです。残《のこ》りはしぼませて結《むす》びます。余分《よぶん》は切《き》り取《と》らないで残《のこ》します。

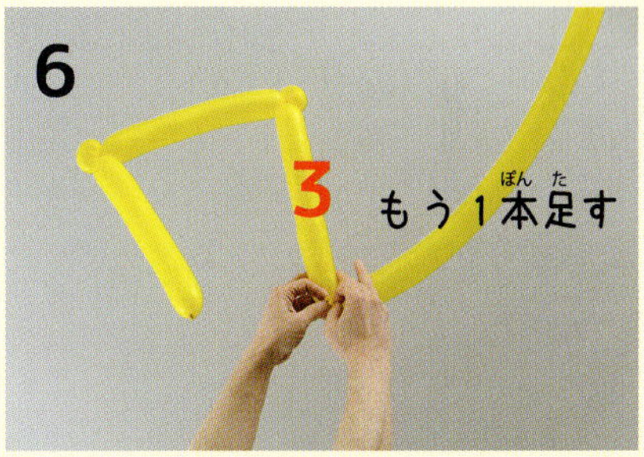

2本目《ほんめ》を継《つ》ぎ足《た》します。先《さき》を10cm 残《のこ》してふくらませ結《むす》びます。3の端《はし》と結《むす》び合《あ》わせます。

4cm のピンチツイストと 30cm をくり返《かえ》し、5辺目《へんめ》の後《あと》に4cm のボールを1つ (P5) ひねります。P5 の両端《りょうたん》2ヶ所《しょ》のひねり目《め》を押《お》さえながらしぼませて、結《むす》びます。余分《よぶん》は切《き》り取《と》らないで残《のこ》します。

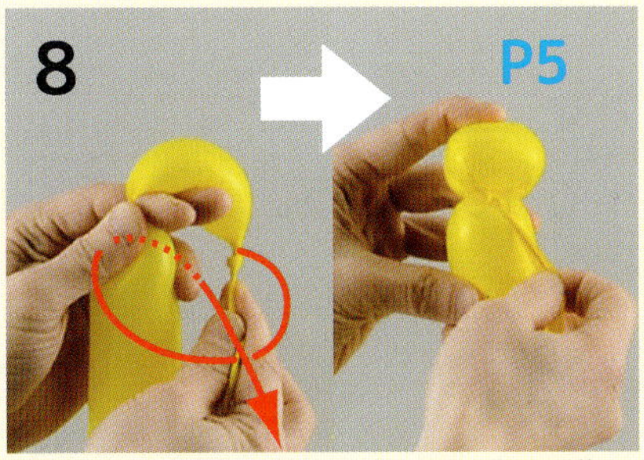

ボールの結《むす》び目《め》をからめて引《ひ》き出《だ》し、固定《こてい》します。

星《ほし》の形《かたち》に組《く》む前《まえ》に、輪《わ》ゴムを2つ通《とお》しておきます。輪《わ》ゴムの場所《ばしょ》は後《あと》で移動《いどう》させます。

たなばた

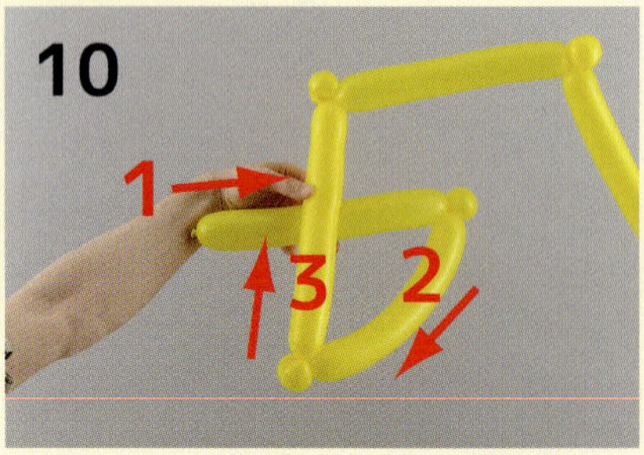

ここから一筆書《ひとふでが》きで星《ほし》の形《かたち》に組《く》んでいきます。向《む》かって右横《みぎよこ》(1)・左斜《ひだりなな》め下《した》(2)・1に重《かさ》ねて上《うえ》に(3)と、3辺《へん》を作《つく》って交点《こうてん》を押《お》さえます。

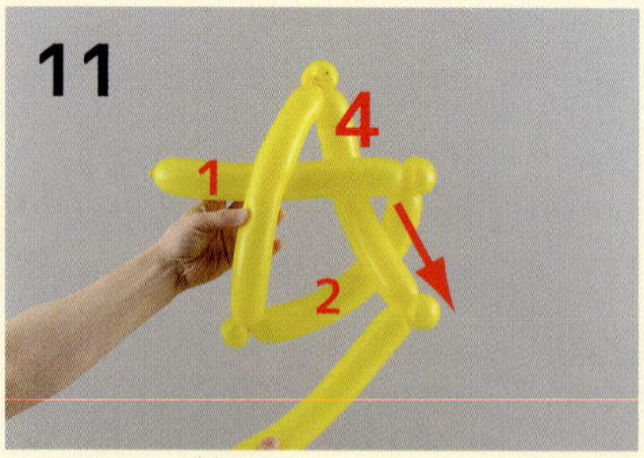

4は1の下《した》をくぐらせ、2の上《うえ》を通《とお》します。

5は左上《ひだりうえ》に、まず2の下《した》をくぐらせ、3の上《うえ》を通《とお》します。これで、5つの辺《へん》の上下《じょうげ》がうまくかみ合《あ》って星《ほし》の形《かたち》になりました。

端《はし》を結《むす》び合《あ》わせます。

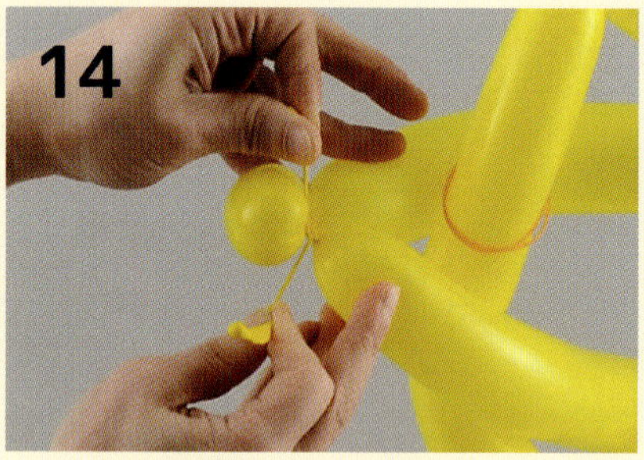

よく引《ひ》っ張《ぱ》りながら結《むす》ぶと、すき間《ま》ができずにきれいに合体《がったい》します。長《なが》く残《のこ》った余分《よぶん》は切《き》り取《と》ります。

星《ほし》は同《おな》じものを2つ作《つく》ります。おりひめ・ひこぼしを付《つ》けるために、丸印《まるじるし》の所《ところ》に輪《わ》ゴムを移動《いどう》させておきます。

★星《ほし》だけのものも飾《かざ》るときれいです。金《きん》・銀《ぎん》だけではなく、いろいろな色《いろ》で作《つく》ってみましょう。

★細《ほそ》いバルーン(160)を使《つか》うと雰囲《ふんい》気《き》が変《か》わります。1辺《ぺん》の長《なが》さは260と同《おな》じく30cm、ピンチツイストだけ小《ちい》さく作《つく》ります。

ひこぼしの頭《あたま》を作《つく》ります。肌色《はだいろ》は6cm、黒《くろ》は20cmの長《なが》さにふくらませて結《むす》びます。肌色《はだいろ》の長《なが》く残《のこ》った方《ほう》と、黒《くろ》の結《むす》び目《め》を結《むす》び合《あ》わせます。

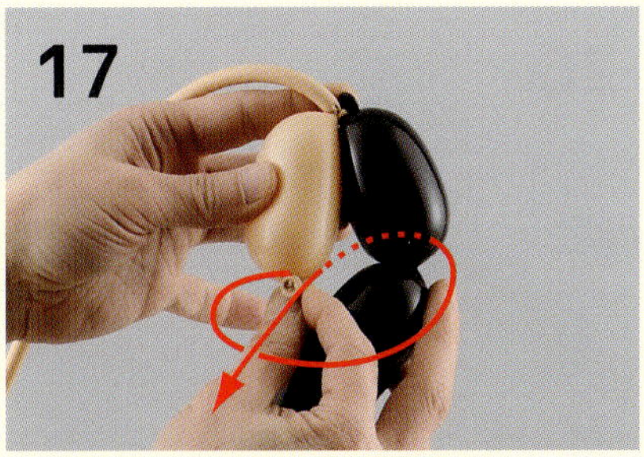

黒《くろ》を6cmひねり、肌色《はだいろ》の結《むす》び目側《めがわ》をからめて引《ひ》き出《だ》します。顔《かお》と後《うし》ろの髪《かみ》ができました。

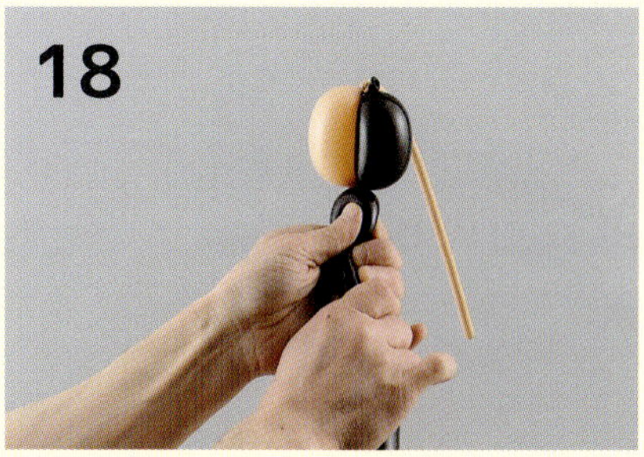

残《のこ》りの黒《くろ》を、ぎゅっと握《にぎ》って細《ほそ》くします。

細《ほそ》く6cmひねり、先《さき》にひねってある2つと重《かさ》ねます。この細《ほそ》い方《ほう》が前《まえ》側《がわ》の髪《かみ》の毛《け》、先《さき》にひねった太《ふと》い方《ほう》が後《うし》ろの髪《かみ》の毛《け》になります。

ひねり目《め》を押《お》さえながらしぼませ、肌色《はだいろ》と結《むす》び合《あ》わせます。黒《くろ》も肌色《はだいろ》も余分《よぶん》は切《き》り取《と》ります。

黒《くろ》の残《のこ》りを2.5cmふくらませ、両《りょう》端《はし》を結《むす》び合《あ》わせます。

尻尾《しっぽ》の先《さき》を、黒《くろ》2本《ほん》の間《あいだ》に差《さ》し込《こ》み、

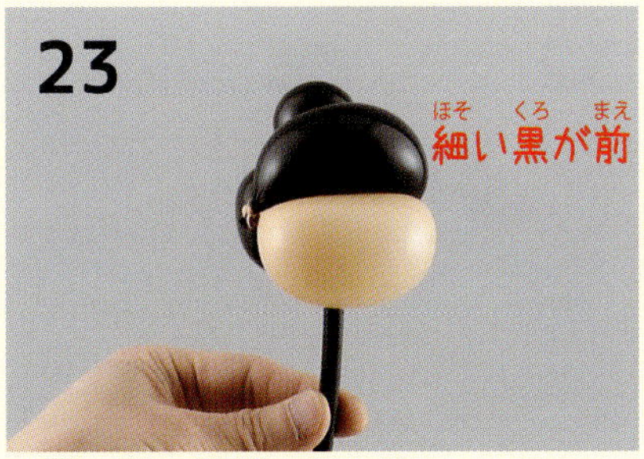

細《ほそ》い黒《くろ》と肌色《はだいろ》の裏《うら》を通《とお》します。

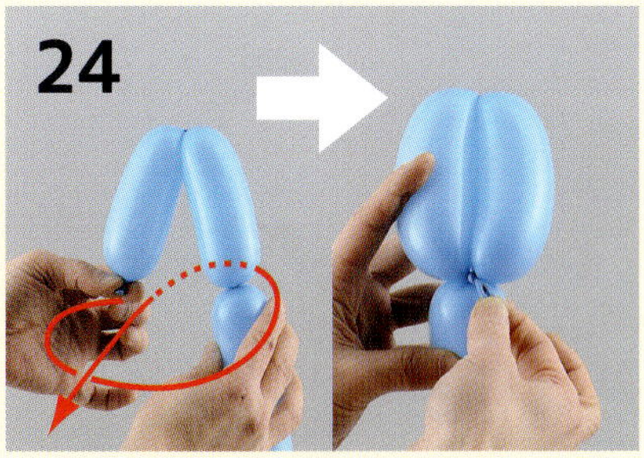

体《からだ》を作《つく》ります。水色《みずいろ》を15cm残《のこ》してふくらませ結《むす》びます。10cmを2つひねり、結《むす》び目《め》をからめ、2つの間《あいだ》から引《ひ》き出《だ》してとめます。

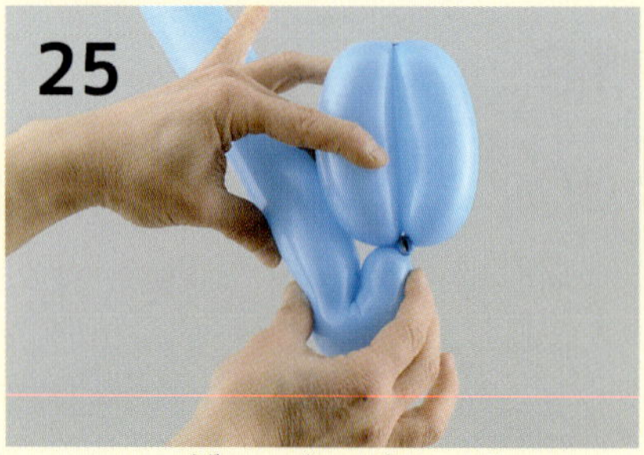

５cmの長《なが》さで折《お》り曲《ま》げ、輪《わ》ひねりにします。

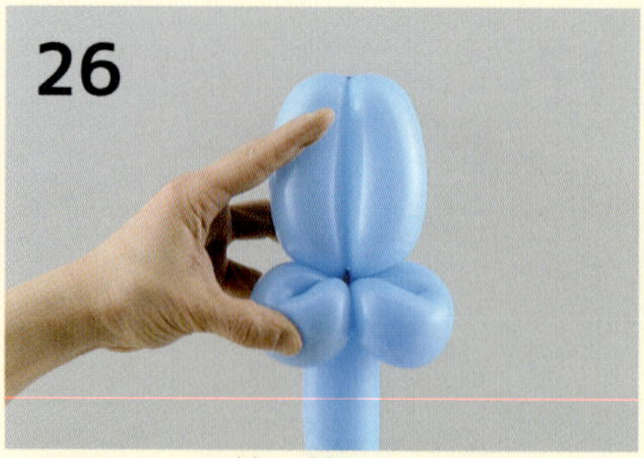

もう１つ、同《おな》じ大《おお》きさの輪《わ》ひねりを作《つく》ります。ここは足《あし》になります。

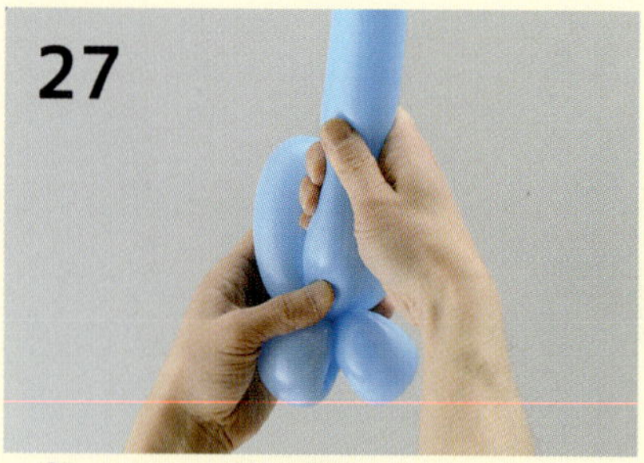

残《のこ》りをつぶして細《ほそ》くしながら、10cmの長《なが》さでひねります。ひねり目《め》を押《お》さえてしぼませ、結《むす》びます。

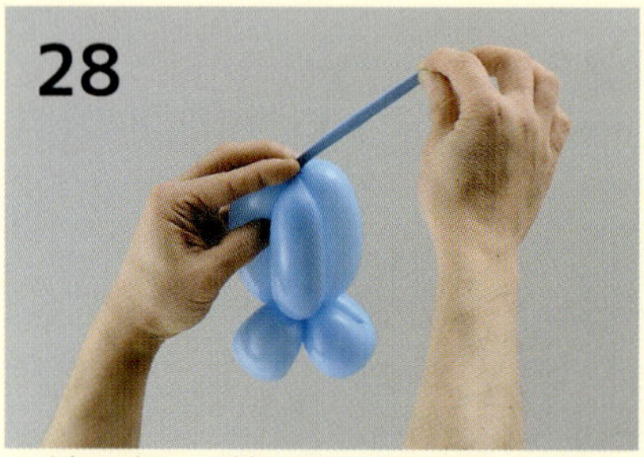

結《むす》び目《め》を、先《さき》に作《つく》った２本《ほん》のひねり目《め》にからめて固定《こてい》します。余分《よぶん》は切《き》り取《と》るか、背中《せなか》のすき間《ま》に隠《かく》します。

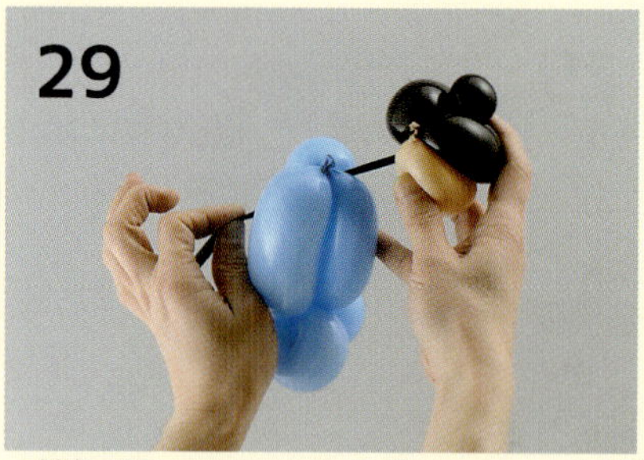

頭《あたま》の黒《くろ》をぐっと引《ひ》っ張《ぱ》りながら、体《からだ》の青《あお》のひねり目《め》にからめて取《と》り付《つ》けます。ぐらぐらしないようによく引《ひ》っ張《ぱ》りましょう。結《むす》び目《め》を作《つく》ってとめます。余分《よぶん》は切《き》り取《と》るか、背中《せなか》のすき間《ま》に隠《かく》します。

ふくらませていない紺色《こんいろ》を背中《せなか》から巻《ま》いて、

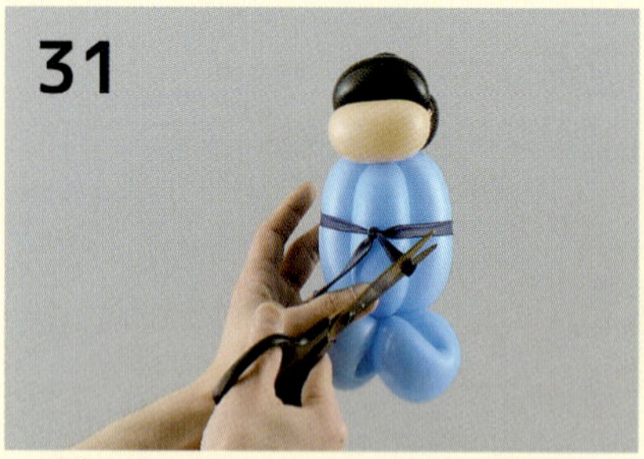

体《からだ》の前《まえ》で結《むす》びます。両端《りょうたん》を適当《てきとう》な長《なが》さで切《き》りそろえます。

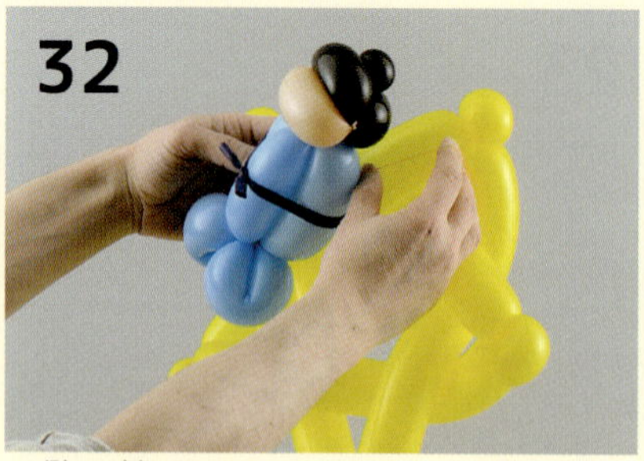

星《ほし》に通《とお》しておいた輪《わ》ゴムを引《ひ》っ張《ぱ》って、ひこぼしの体《からだ》に取《と》り付《つ》けます。１ヶ所《しょ》は首《くび》に、もう１ヶ所《しょ》は足《あし》のひねり目《め》に引《ひ》っかけます。

全体《ぜんたい》の形《かたち》を整《ととの》えます。

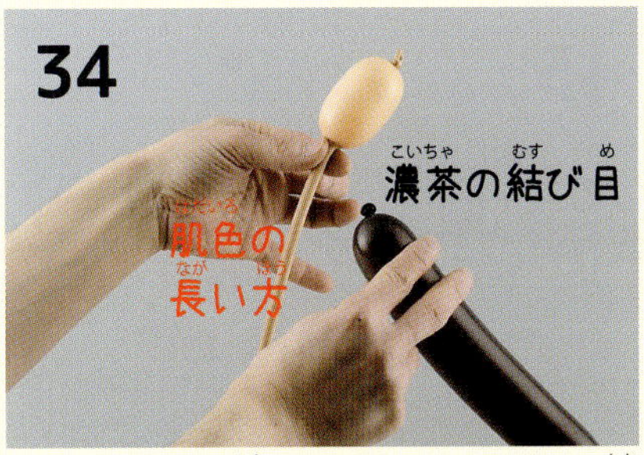

おりひめを作《つく》ります。ひこぼしの顔《かお》を作《つく》った肌色《はだいろ》の残《のこ》りを 5.5cm ふくらませて結《むす》びます。濃茶《こいちゃ》は 20cm ふくらませて結《むす》びます。

肌色《はだいろ》の長《なが》く残《のこ》った方《ほう》と、濃茶《こいちゃ》の結《むす》び目《め》とを結《むす》び合《あ》わせます。

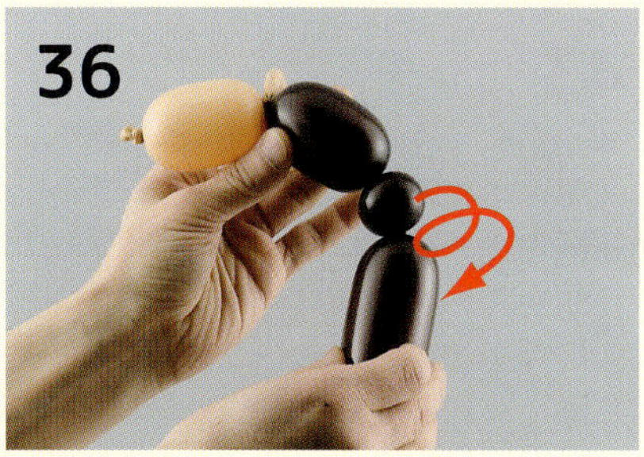

濃茶《こいちゃ》で 5.5cm、2.5cm をひねり、2.5cm の方《ほう》をピンチツイストにします。

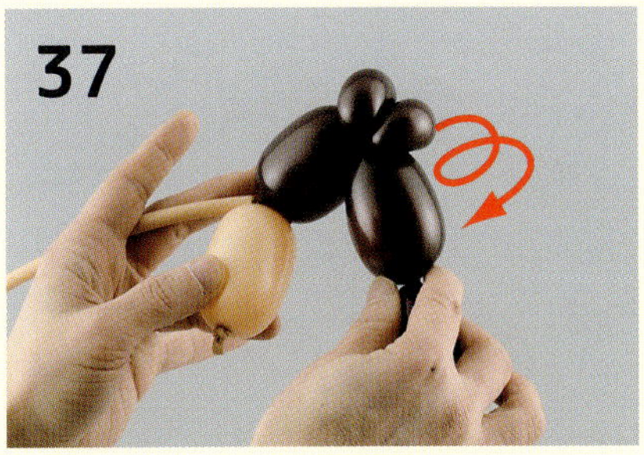

2.5cm ピンチツイスト、5.5cm と続《つづ》けて、

肌色《はだいろ》の長《なが》く残《のこ》っている側《がわ》とからめます。濃茶《こいちゃ》のひねり目《め》を押《お》さえ、しぼませて結《むす》びます。濃茶《こいちゃ》の余分《よぶん》は切《き》り取《と》りますが、肌色《はだいろ》の残《のこ》りは切《き》らずにそのまま残《のこ》します。

肌色《はだいろ》の、口巻《くちま》き側《がわ》の結《むす》び目《め》を持《も》って、濃茶《こいちゃ》のピンチツイストにからめます。

髪《かみ》の毛《け》と顔《かお》がまとまり、頭《あたま》ができました。

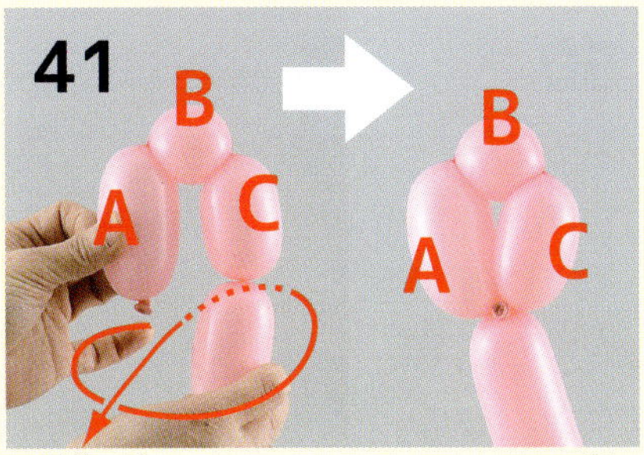

体《からだ》を作《つく》ります。ピンクを 14cm 残《のこ》してふくらませ、結《むす》びます。
7.5cm(A)、4 cm(B)、6 cm(C) とひねり、結《むす》び目《め》をからめてAとCの間《あいだ》から引《ひ》き出《だ》します。

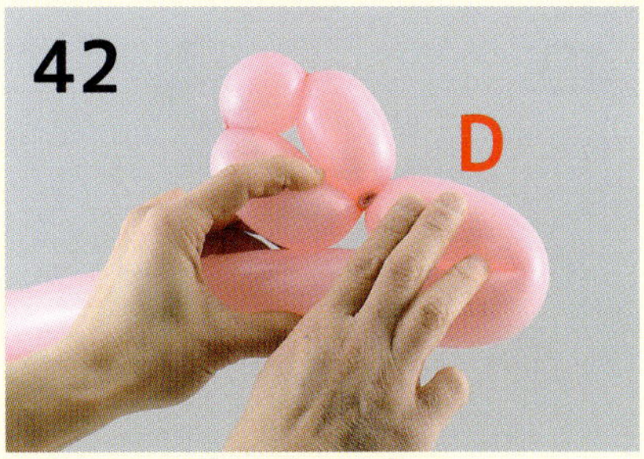

10cm で折《お》り曲《ま》げて輪《わ》ひねり (D) を作《つく》ります。

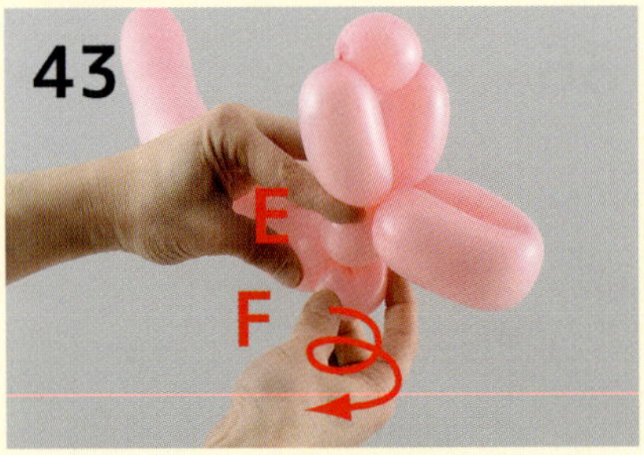

続《つづ》けて4cm のボール (E) と、3 cm のボール (F) をひねります。F はピンチツイストにします。

最後《さいご》に8cm の輪《わ》ひねり (G) を作《つく》ります。残《のこ》りはしぼませて結《むす》び、余分《よぶん》は切《き》り取《と》ります。よくわからない形《かたち》になっていますが、ここから変形《へんけい》させて体《からだ》にしていきます。

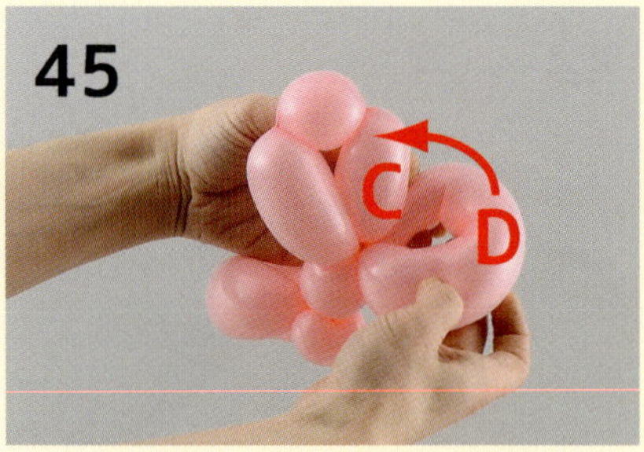

まず、大《おお》きい方《ほう》の輪《わ》ひねり (D) を広《ひろ》げ、輪《わ》の中《なか》にC(Aより短《みじか》い方《ほう》) をはめ込《こ》みます。

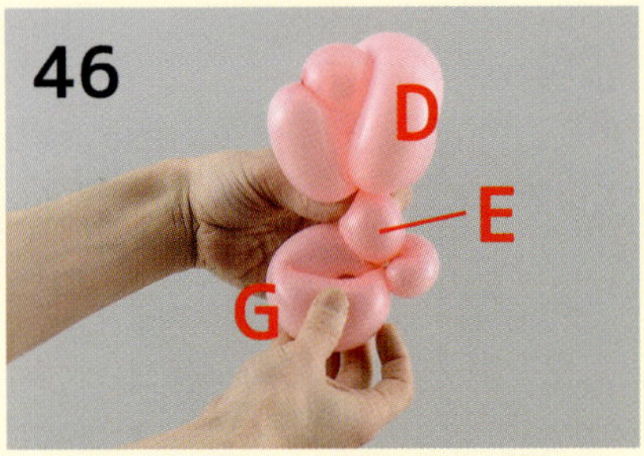

Dは、Cを斜《なな》めに巻《ま》くような形《かたち》になりました。次に、Gの輪《わ》ひねりを広《ひろ》げてEのボール (しぼりひねりではなくボールの方) をはめ込《こ》みます。

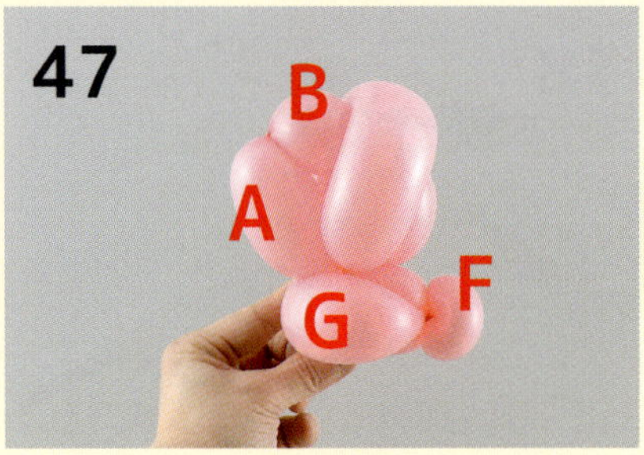

Eのボールは、Gの輪《わ》ひねりの中《なか》にすっぽり入《はい》って収《おさ》まりました。上《うえ》の写真《しゃしん》は横《よこ》から見《み》た図《ず》になります。A が正面側《しょうめんがわ》、F が背中側《せなかがわ》です。

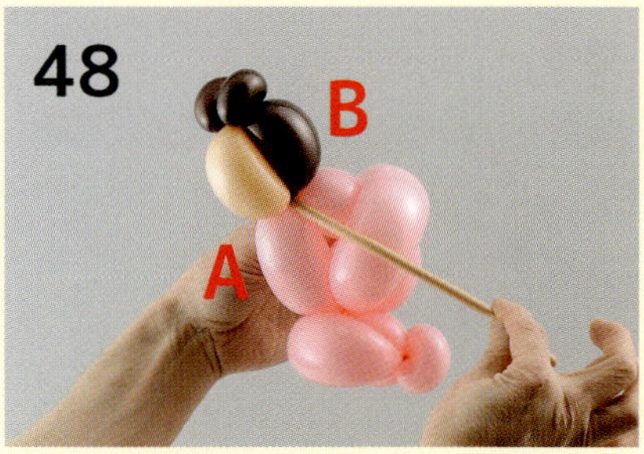

AとBの間《あいだ》のひねり目《め》に、頭《あたま》を取《と》り付《つ》けます。肌色《はだいろ》をよく引《ひ》っ張《ぱ》ってひねり目《め》にくぐらせ、

後頭部《こうとうぶ》で結《むす》び目《め》を作《つく》ります。余分《よぶん》は切《き》り取《と》り、結《むす》び目《め》は目立《めだ》たないように濃茶《こいちゃ》の髪《かみ》の中《なか》に隠《かく》します。

頭《あたま》と体《からだ》ができました。

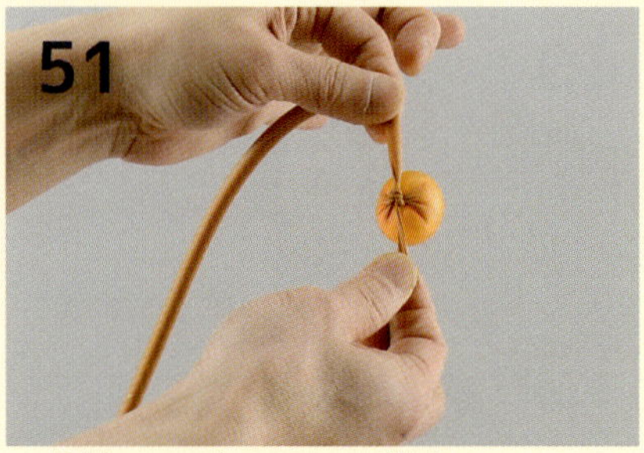

髪飾《かみかざ》りを作《つく》ります。金色《きんいろ》を 2.3cm ふくらませ、両端《りょうたん》を結《むす》び合《あ》わせます。長《なが》い余分《よぶん》は切《き》り取《と》ります。

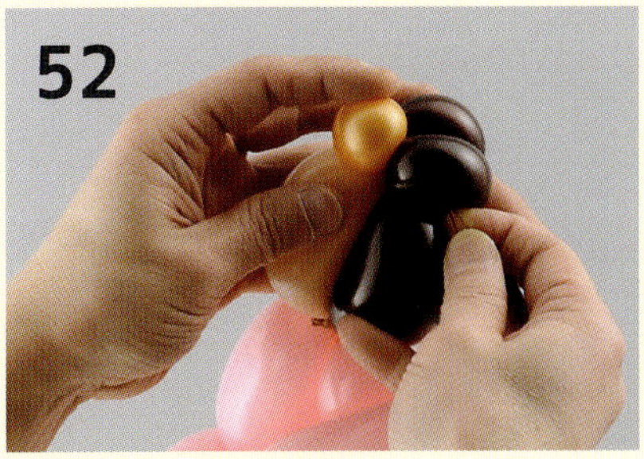

金《きん》の結《むす》び目《め》を、髪《かみ》のしぼりひねりにからめて取《と》り付《つ》けます。髪飾《かみかざ》りができました。

白《しろ》を 30cm ふくらませて結《むす》びます。つぶしながらしごいて細《ほそ》くします。つぶすと伸《の》びるので、38cm ぐらいの長《なが》さになります。伸《の》び方《かた》はメーカーによって違《ちが》います。長《なが》めに作《つく》って余分《よぶん》をしぼませてもＯＫです。

ふくらんでいない所《ところ》をお腹《なか》の後《うし》ろに差《さ》し込《こ》み、もう片方《かたほう》から引《ひ》っ張《ぱ》り出《だ》します。

丸《まる》く結《むす》び合《あ》わせ、余分《よぶん》は切《き》り取《と》ります。

結《むす》び目《め》はすき間《ま》に隠《かく》します。白《しろ》い領巾 (ひれ) ができました。全体《ぜんたい》の形《かたち》を整《ととの》えましょう。

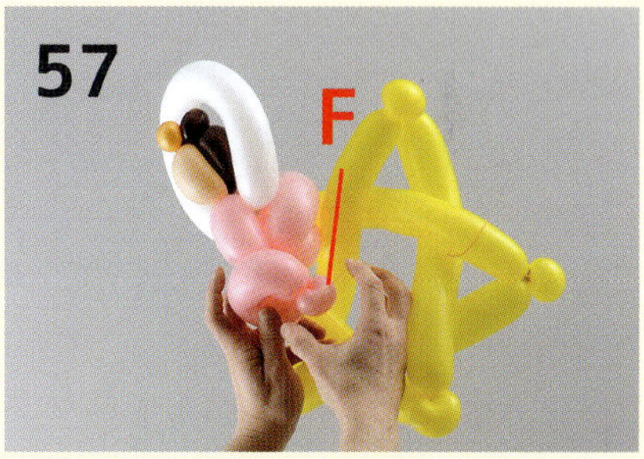

星《ほし》に通《とお》しておいた輪《わ》ゴムで取《と》り付《つ》けます。まずＦのピンチツイストの所《ところ》に付《つ》けます。

次《つぎ》に、髪《かみ》の毛《け》のしぼりひねりの所《ところ》に輪《わ》ゴムをかけてつなげます。

油性《ゆせい》マーカーで顔《かお》を描《か》きます。

完成《かんせい》です。かわいい２人《ふたり》になりました。

扇風機《せんぷうき》

夏《なつ》におなじみの扇風機《せんぷうき》です。こちらはスタンダード版《ばん》。羽《は》根《ね》の大《おお》きさをしっかりそろえて作《つく》ると見栄《みば》えがよくなります。

この本《ほん》の表紙《ひょうし》カバーの裏《うら》に、風船定規《ふうせんじょうぎ》がプリントされています。定規《じょうぎ》で長《なが》さを測《はか》りながらひねりましょう。

こちらは「ブーン」と強《きょう》のスピードで回《まわ》っている扇風機《せんぷうき》です。水色《みずいろ》を２枚《まい》重《かさ》ねて作《つく》ります。

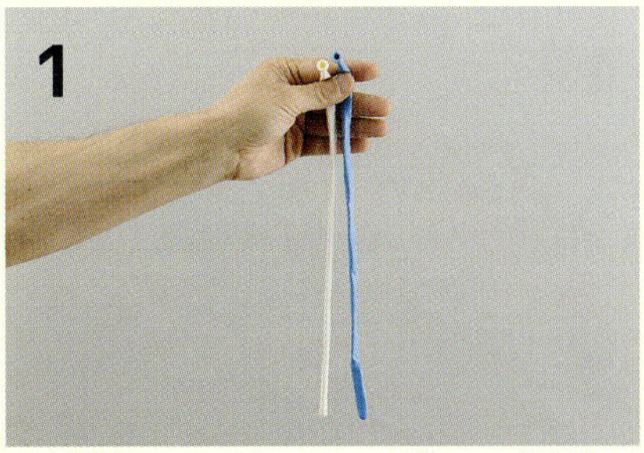

扇風機《せんぷうき》(スタンダード版《ばん》)の材料《ざいりょう》

260 ツイストバルーン

白《しろ》　1本《ぽん》　・　水色《みずいろ》　1本《ぽん》

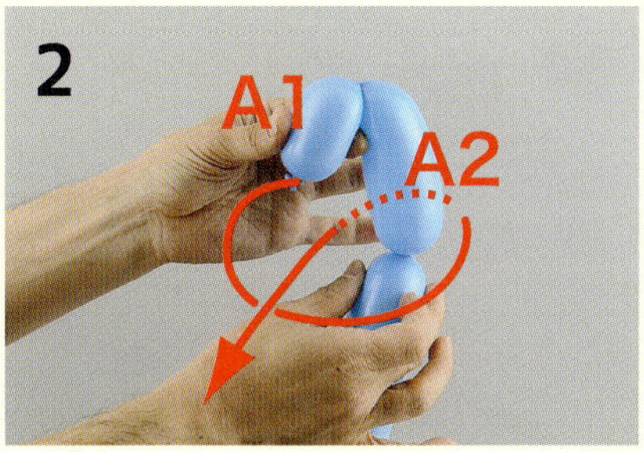

水色《みずいろ》を12cm残《のこ》してふくらませ結《むす》びます。5cm(A1)・10cm(A2)とひねります。結《むす》び目《め》を、ひねり目《め》にぐるっとからめて、

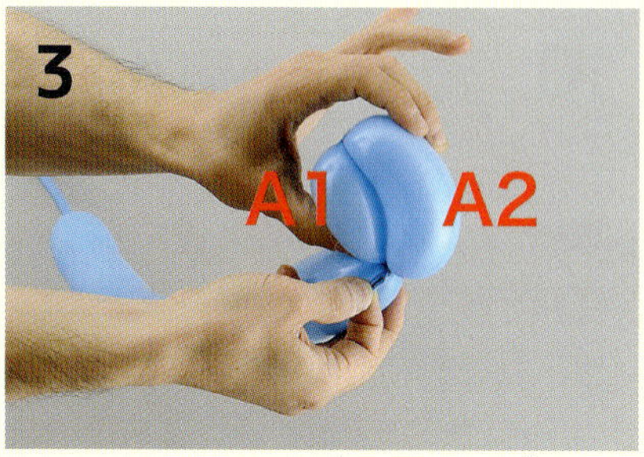

A1とA2のすき間《ま》から引《ひ》き出《だ》します。

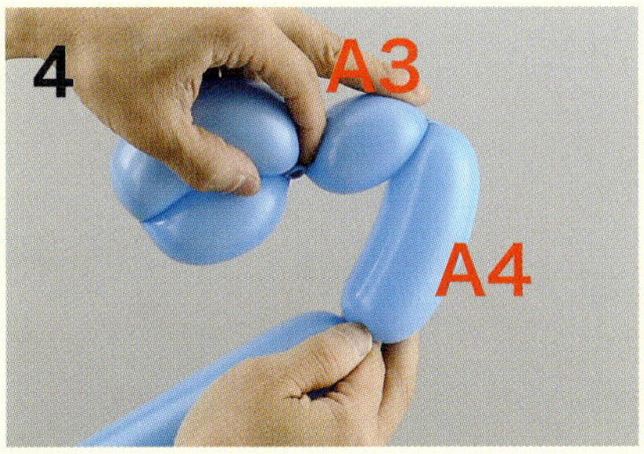

続《つづ》けて5cm(A3)・10cm(A4)とひねり、

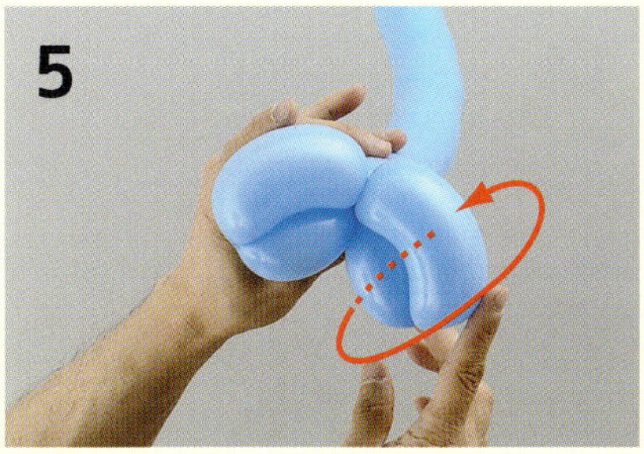

2つをひねり合《あ》わせます。

同《おな》じ作業《さぎょう》をくり返《かえ》し、全部《ぜんぶ》で4つの羽根《はね》を作ります。短《みじか》い5cmが見《み》えているこちら側《がわ》は、羽根《はね》の裏側《うらがわ》になります。

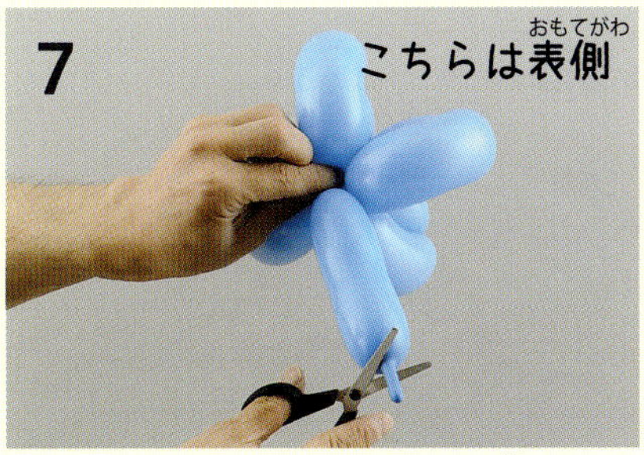

10cmが見《み》えているこちら側《がわ》が、表側《おもてがわ》です。残《のこ》りはひねり目《め》を押《お》さえながらしぼませて結《むす》び、余分《よぶん》は切《き》り取《と》ります。

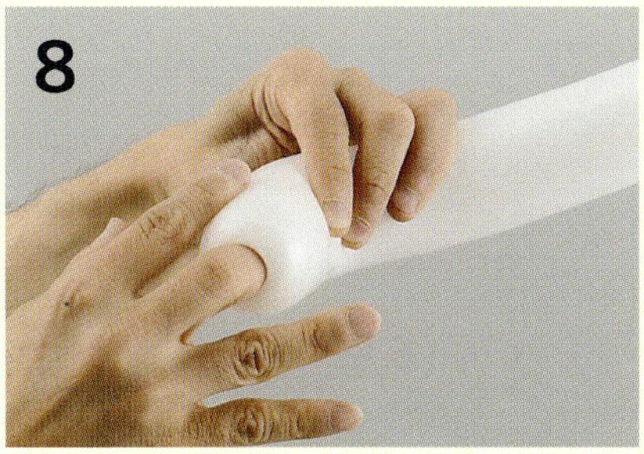

白《しろ》を12cm残《のこ》してふくらませ、結《むす》びます。結《むす》び目《め》に指《ゆび》を当《あ》て、内側《うちがわ》に押《お》し込《こ》んでいきます。

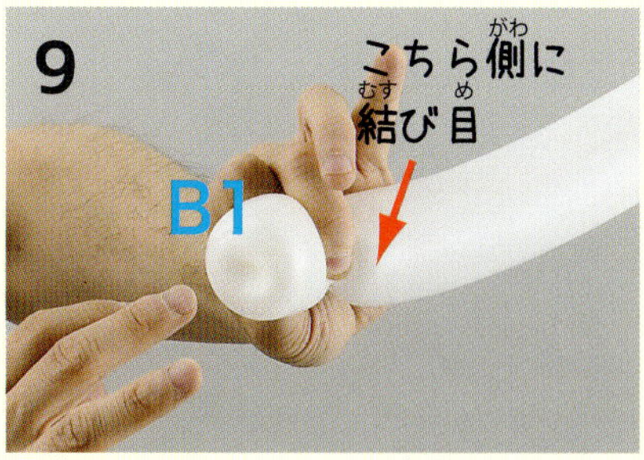

端《はし》から3cmぐらいの所《ところ》(B1)で、押《お》し込《こ》んだ結《むす》び目《め》を外側《そとがわ》から押《お》さえ、指《ゆび》を抜《ぬ》きます。結《むす》び目《め》を巻《ま》き込《こ》んでひねります。

扇風機《せんぷうき》(スタンダード版《ばん》)

白《しろ》のひねりが戻《もど》らないように押《お》さえながら、羽根《はね》のすきまからはめ込《こ》んでいき、

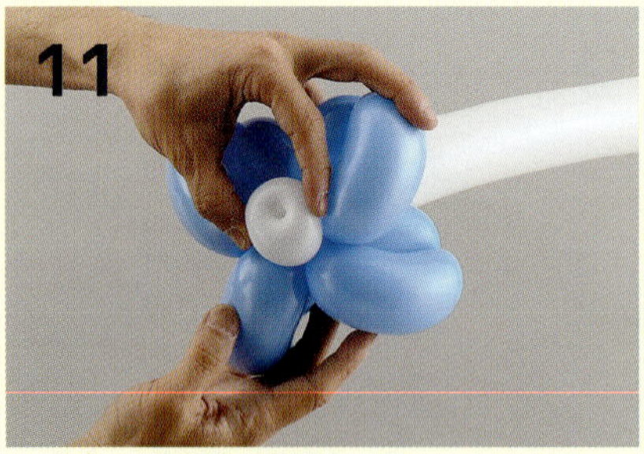

羽根《はね》の表側《ひょうめん》の中心《ちゅうしん》に持《も》ってきます。白《しろ》の残《のこ》りは裏側《うらがわ》にします。

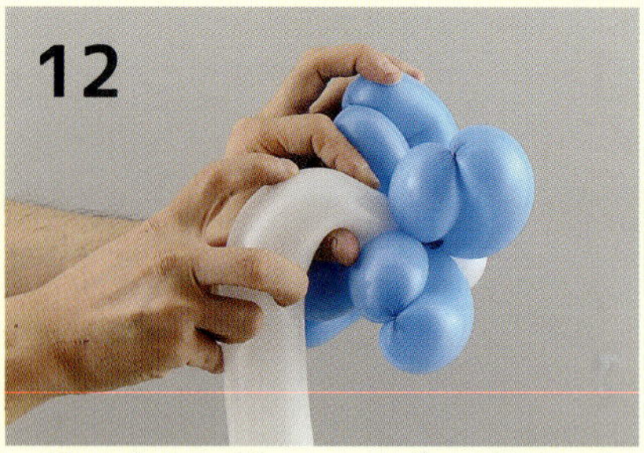

白《しろ》は羽根《はね》の裏《うら》で、90度《ど》を目標《もくひょう》に曲《ま》げぐせをつけます。指《ゆび》の上《うえ》にのせてぐいっと曲《ま》げた後《あと》に、

曲《ま》がったところを握《にぎ》りつぶすように強《つよ》く押《お》さえます。これで、けっこういい角度《かくど》に曲《ま》がってくれます。

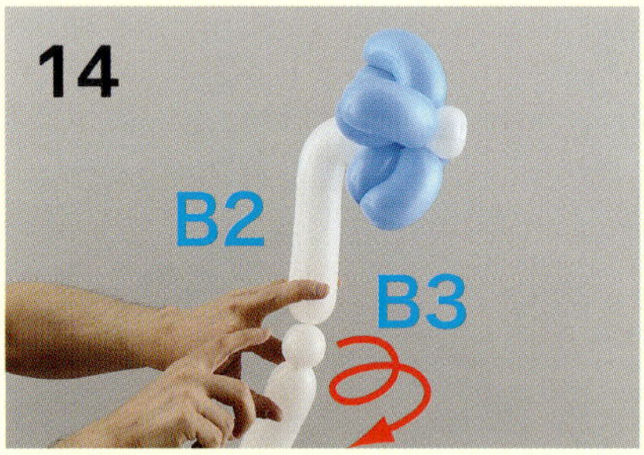

羽根《はね》とのバランスを見《み》ながら、16cmから18cmぐらいの長《なが》さでひねり(B2)、続《つづ》けて3cmのボール(B3)をピンチツイストにします。

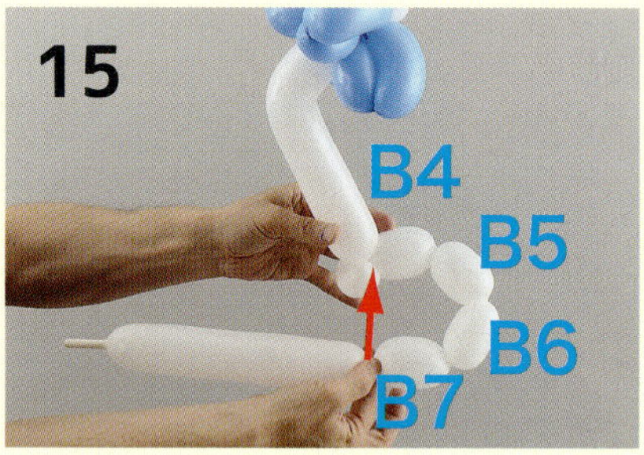

6cmを4つ(B4・B5・B6・B7)ひねり、4つを輪《わ》にしてひねり合《あ》わせます。

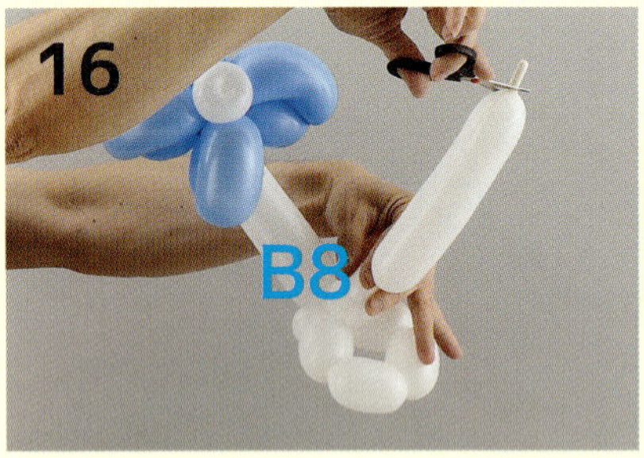

6cmを1つひねり(B8)、残《のこ》りはひねり目《め》を押《お》さえてしぼませ、結《むす》びます。少《すこ》し余裕《よゆう》を持《も》たせて余分《よぶん》を切《き》り取《と》ります。

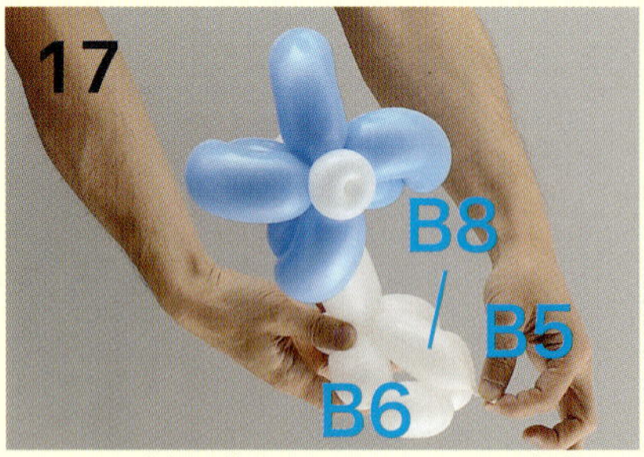

B8の結《むす》び目《め》を、B5とB6の間《あいだ》にからめます。長《なが》い余分《よぶん》は切《き》り取《と》ります。

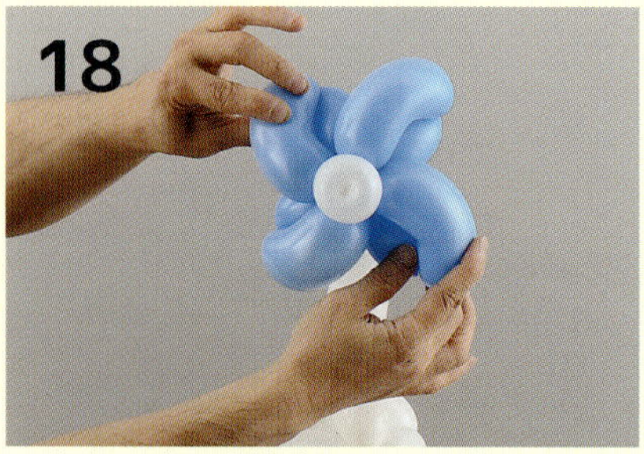

羽根《はね》4枚《まい》は風車《かざぐるま》のように斜《なな》めにずらしながら重《かさ》ねます。全体《ぜんたい》の形《かたち》を整《ととの》えて完成《かんせい》です。バランスを取《と》ってあげると自立《じりつ》します。

扇風機《せんぷうき》（強風版《きょうふうばん》）

扇風機《せんぷうき》（強風版《きょうふうばん》）

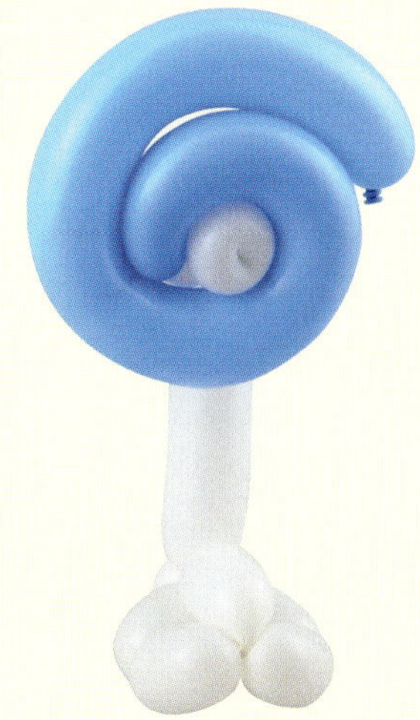

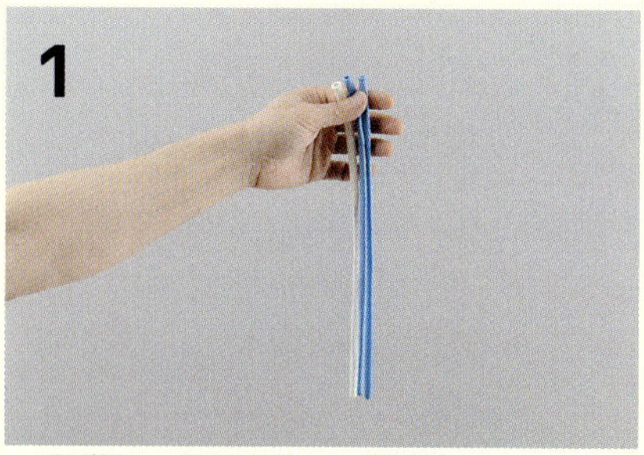

扇風機《せんぷうき》（強風版《きょうふうばん》）の材料《ざいりょう》

260ツイストバルーン

白《しろ》　1本《ぽん》　・　水色《みずいろ》　2本《ほん》

細長《ほそなが》い棒《ぼう》や針金《はりがね》・1本《ぽん》

直径《ちょっけい》5mm以下《いか》で、できれば長《なが》さ30cm以上《いじょう》ある方《ほう》が使《つか》いやすいです。

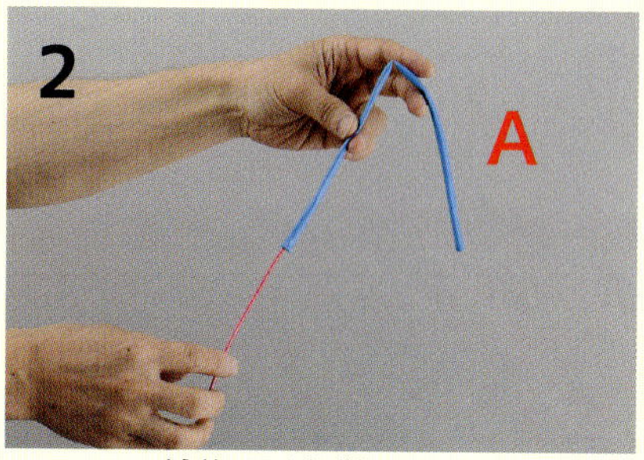

まず、風船《ふうせん》を二枚重《にまいがさ》ねにします。細《ほそ》い棒《ぼう》・先《さき》を丸《まる》くした針金《はりがね》などに水色《みずいろ》の風船《ふうせん》Aをかぶせます。編《あ》み物《もの》で使《つか》う棒針《ぼうばり》や竹《たけ》ヒゴなど「尖《とが》りすぎていない細長《ほそなが》い棒《ぼう》」も使《つか》えます。

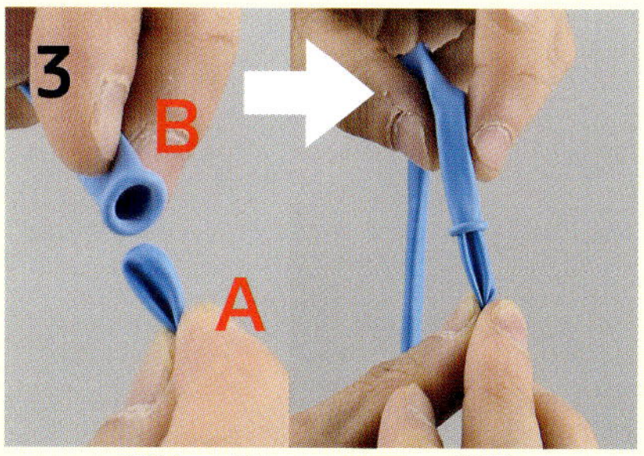

Aの先端《せんたん》を細《ほそ》くつぶし、風船《ふうせん》Bに差《さ》し込《こ》みます。

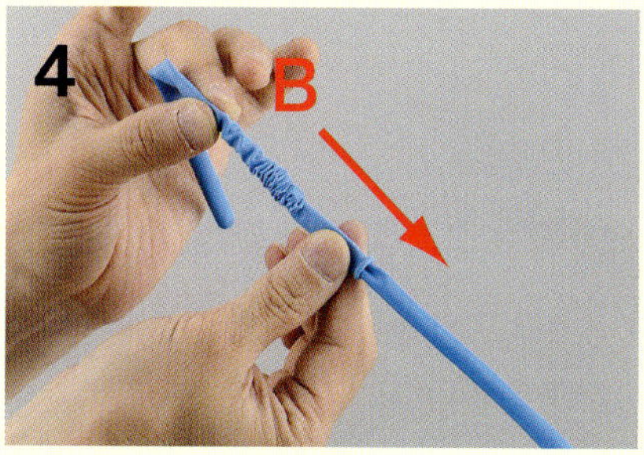

Bをシワシワさせながら Aに重《かさ》ね、Bの口巻《くちま》きを引《ひ》っ張《ぱ》ってシワを伸《の》ばします。

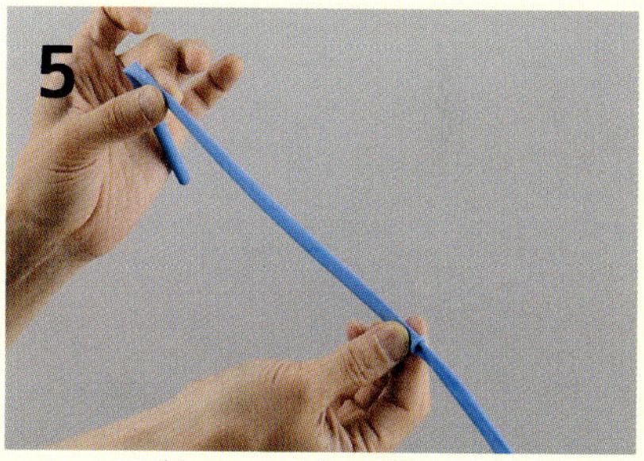

これを少《すこ》しずつ繰《く》り返《かえ》して重《かさ》ねていきます。Bの途中《とちゅう》はシワシワのままでも、2枚《まい》の先端《せんたん》さえ重《かさ》なればOKです。

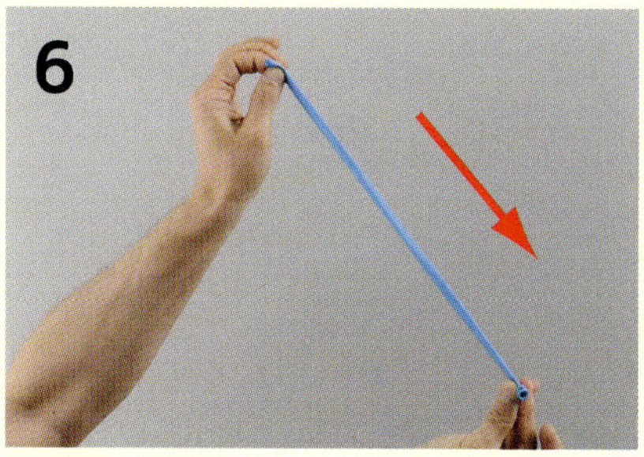

重《かさ》なった先端《せんたん》をしっかり押《お》さえて棒《ぼう》を引《ひ》き抜《ぬ》き、Bの口巻《くちま》きを引《ひ》っ張《ぱ》って全体《ぜんたい》を重《かさ》ねます。この時《とき》、あまり引《ひ》っ張《ぱ》りすぎて、Aの口巻《くちま》きがBの内側《うちがわ》に入《はい》り込《こ》んでしまわないように注意《ちゅうい》しましょう。

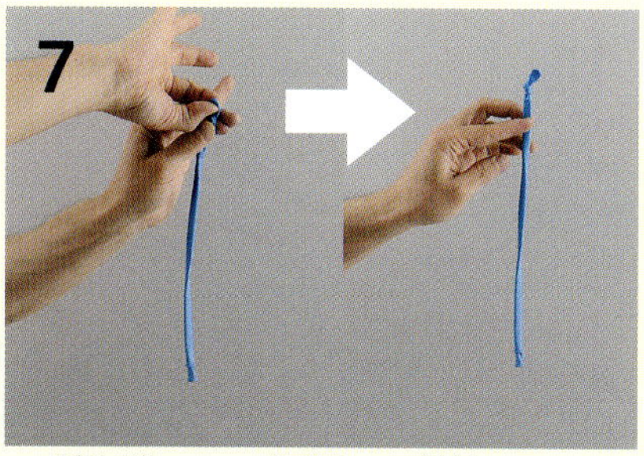

二枚重《にまいかさ》なった状態《じょうたい》で、先端《せんたん》をしっかり結《むす》びます。

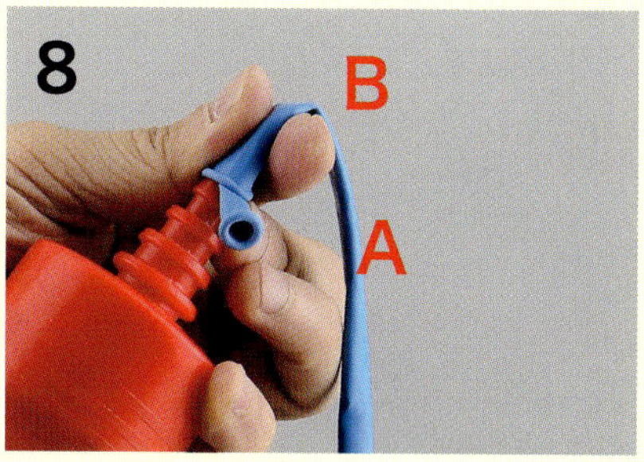

AとBのすき間《ま》にポンプを差《さ》し込《こ》み、内側《うちがわ》のAが外《はず》れないように押《お》さえながら、

扇風機《せんぷうき》（強風版《きょうふうばん》）

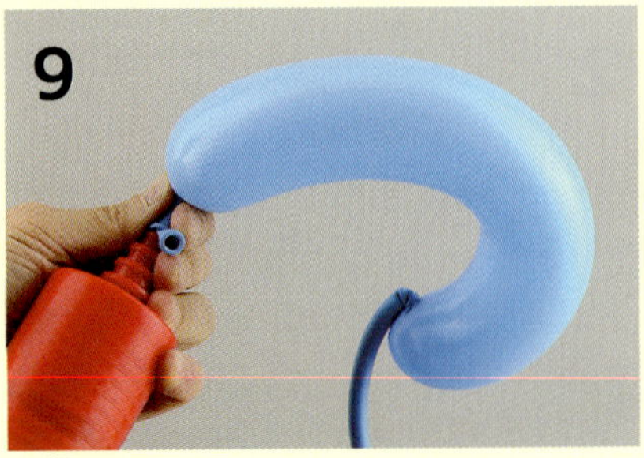

少《すこ》しずつふくらませます。このぐらいになったら、ポンプを押《お》さえている手《て》は離《はな》さずに、

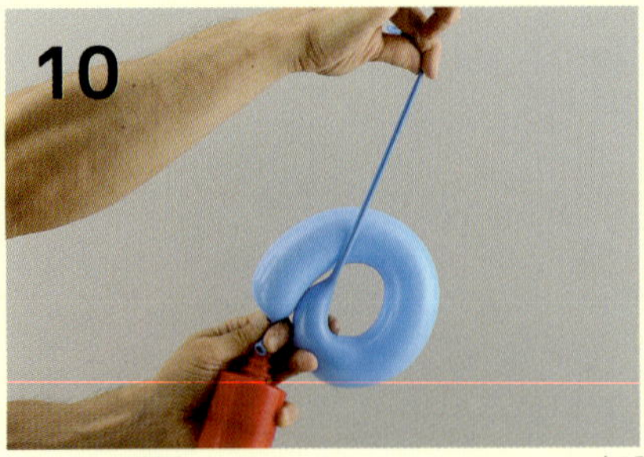

もう片方《かたほう》の手《て》でふくらんでいない所《ところ》を引《ひ》っ張《ぱ》ります。こうすると重《かさ》ねた所《ところ》がねじれずに、空気《くうき》の通《とお》りがよくなります。このように、少《すこ》しずつ空《くう》気《き》を入《い》れては引《ひ》っ張《ぱ》るようにします。

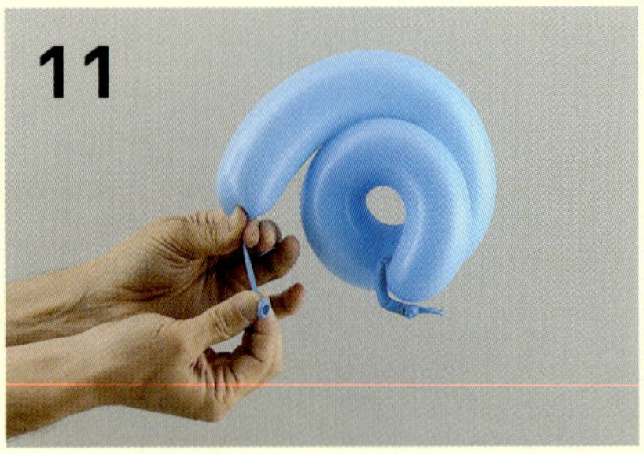

ひと巻《ま》き半《はん》ぐらいふくらませたらポンプを抜《ぬ》き、2枚一緒《まいいっしょ》に結《むす》びます。

まだふくらんでいない所《ところ》を引《ひ》っ張《ぱ》って、くるくるを伸《の》ばしながら内側《うちがわ》に収《おさ》めます。

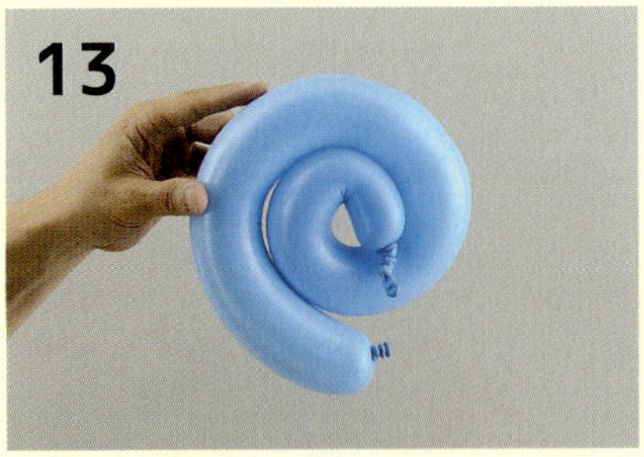

横《よこ》から見《み》た時《とき》に平《たい》らになるよう、手《て》で押《お》さえながら形《かたち》を整《ととの》えます。羽根《はね》ができました。残《のこ》りは取《と》り付《つ》けるときに使《つか》います。切《き》り取《と》らずに残《のこ》しておきましょう。

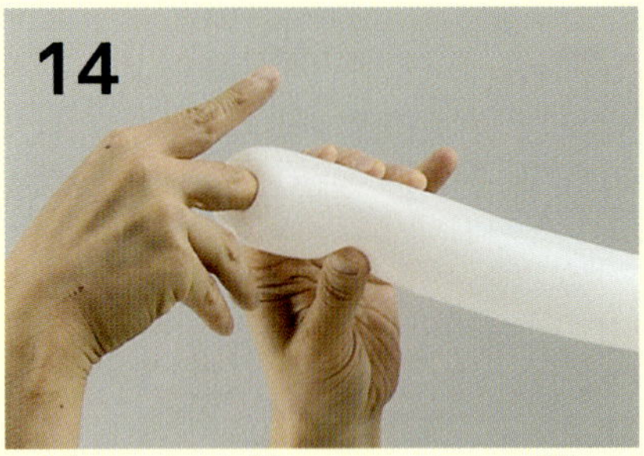

白《しろ》を 12cm 残《のこ》してふくらませ結《むす》びます。結《むす》び目《め》に指《ゆび》を当《あ》て、内側《うちがわ》に押《お》し込《こ》んでいきます。

端《はし》から3cm ぐらいの所《ところ》で、外側《そとがわ》から結《むす》び目《め》を押《お》さえ、指《ゆび》を抜《ぬ》きます。

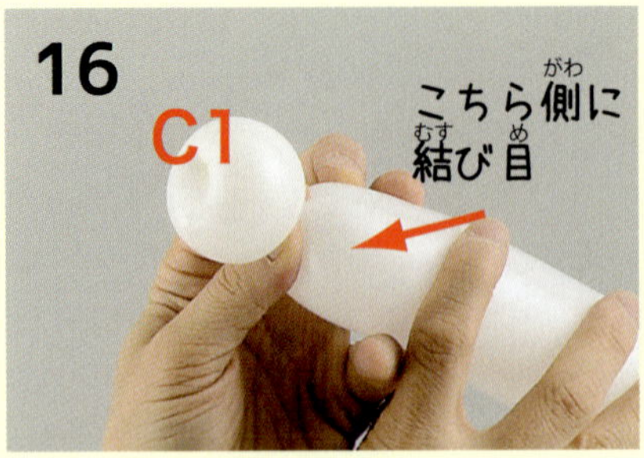

押《お》し込《こ》んだ結《むす》び目《め》を押《お》さえながらひねります（C1）。

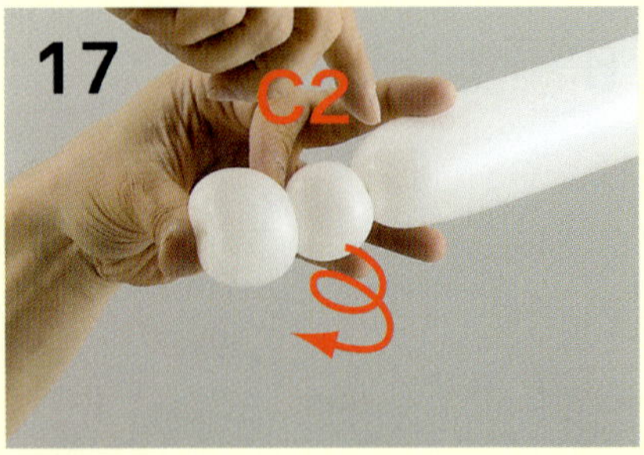

続《つづ》けて3cm のボール（C 2）をひねり、そのボールをピンチツイストにします。

もう1つ、3cmのボール(C3)をひねり、そのボールをピンチツイストにします。

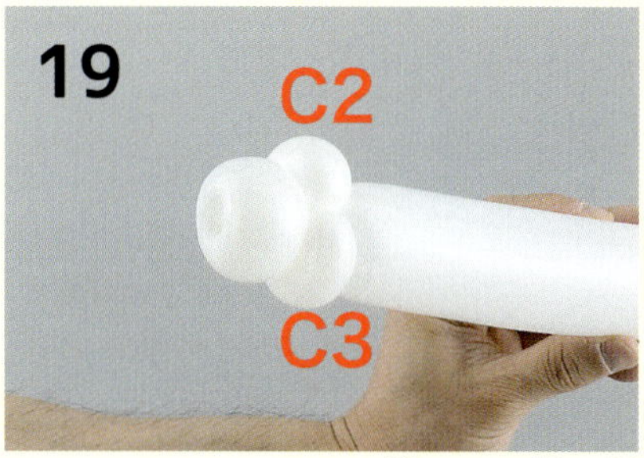

ピンチツイストは、重《かさ》ならず横《よこ》に並《なら》ぶように位置《いち》を整《ととの》えます。

ピンチツイストの3cmぐらい後《うしろ》をぐにっと折《お》り曲《ま》げてつぶすようにします。すると90度《ど》の角度《かくど》に曲《ま》げぐせがつきます。つぶすのにやさしさは要《い》りません。思《おも》い切《き》りつぶします。

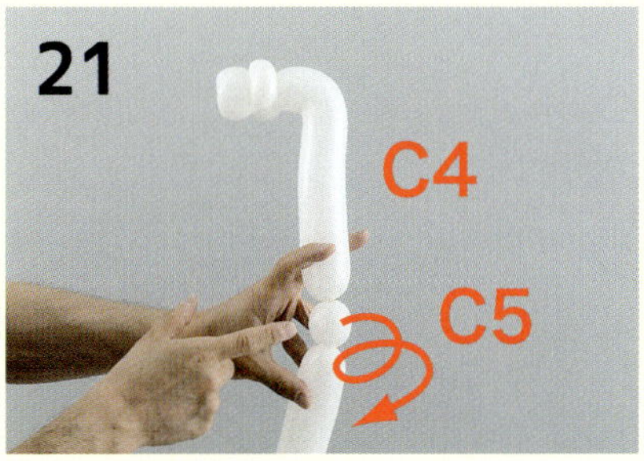

その後《あと》、18cm(C4)・3cmのピンチツイスト(C5)を作《つく》ります。

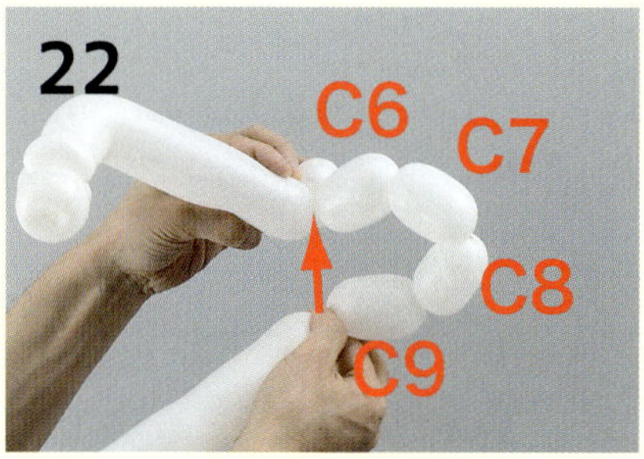

6cmを4つ(C6・C7・C8・C9)ひねり、4つを輪《わ》にしてひねり合《あ》わせます。ここは扇風機《せんぷうき》の台《だい》になります。

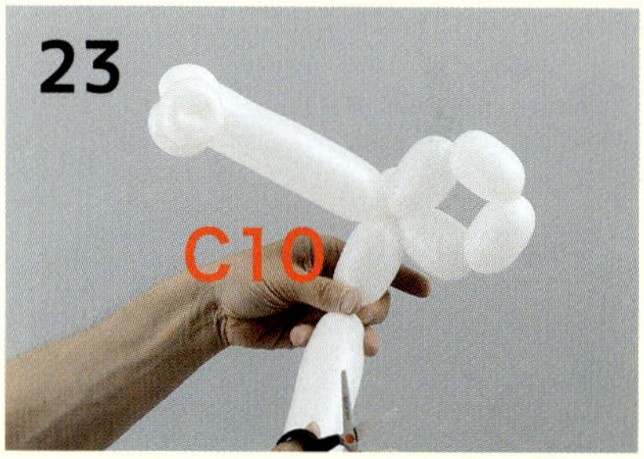

6cmを1つひねり(C10)、残《のこ》りはしぼませて結《むす》びます。余分《よぶん》は少《すこ》し長《なが》さを残《のこ》して切《き》り取《と》ります。

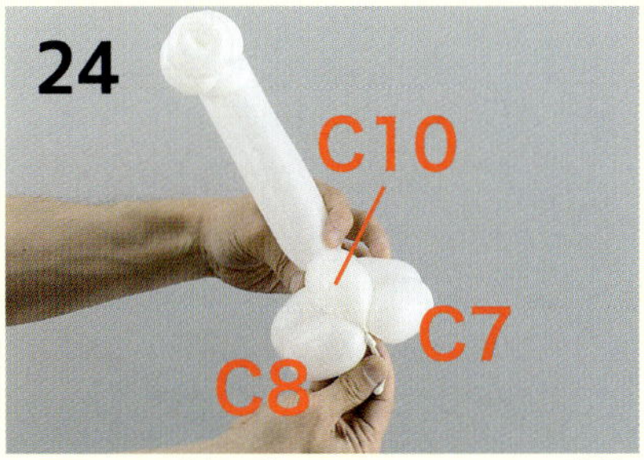

C10の結《むす》び目《め》を、C7とC8の間《あいだ》にからめます。長《なが》い余分《よぶん》は切《き》り取《と》ります。

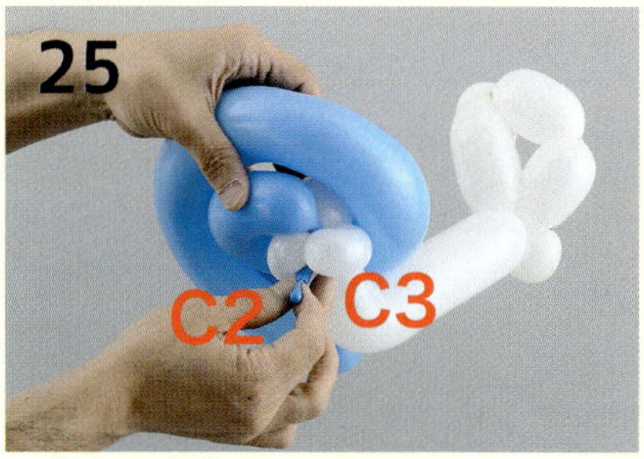

羽《は》根《ね》の内側《うちがわ》にあるる、ふくらんでいない部分《ぶぶん》を引《ひ》っ張《ぱ》って、C2・C3のピンチツイストにからめて取《と》り付《つ》けます。

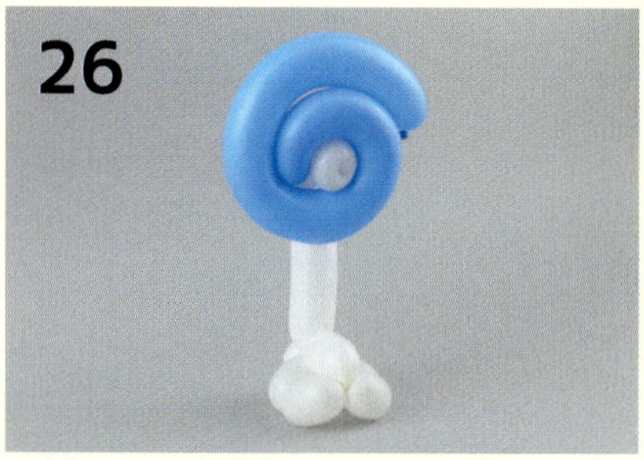

白《しろ》C1を中心《ちゅうしん》にぐるぐるするように形《かたち》を整《ととの》えます。自立《じりつ》するようにバランスを取《と》って完成《かんせい》です。

金魚鉢《きんぎょばち》と金魚《きんぎょ》

37cm

金魚鉢《きんぎょばち》にかわいい金魚《きんぎょ》と水草《みずくさ》が入《はい》っているセットです。高《たか》さ 30cm を越《こ》えるボリュームですので、プレゼントにも最適《さいてき》です。セットで作《つく》らず、金魚《きんぎょ》だけ作《つく》ってぶら下《さ》げるのもいいですね。

底《そこ》にコインなどのおもりを何枚《なんまい》かはさむと、自立《じりつ》します。

材料《ざいりょう》・260ツイストバルーン
赤《あか》　1本《ぽん》　・　水色《みずいろ》　1本《ぽん》
白《しろ》　1本《ぽん》　・　黄緑《きみどり》　1本《ぽん》
ピンク1本《ぽん》　・　透明《とうめい》　1本《ぽん》
濃《こい》ピンク　1本《ぽん》

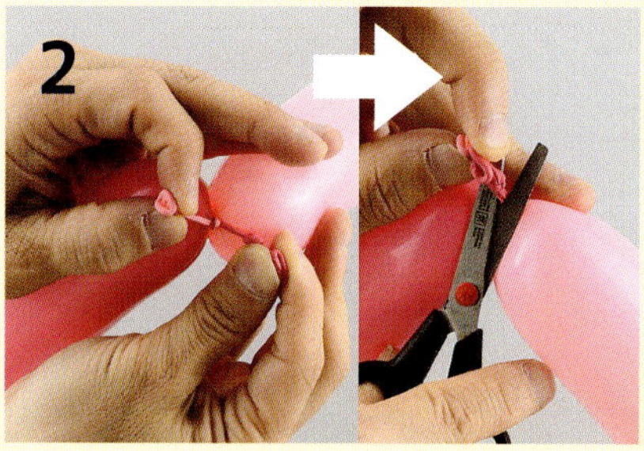

濃《こい》ピンク・ピンクを、16cm残《のこ》してふくらませ、2本《ほん》を結《むす》び合《あ》わせます。結《むす》んだ後《あと》に口巻《くちま》きを切《き》り取《と》ります。

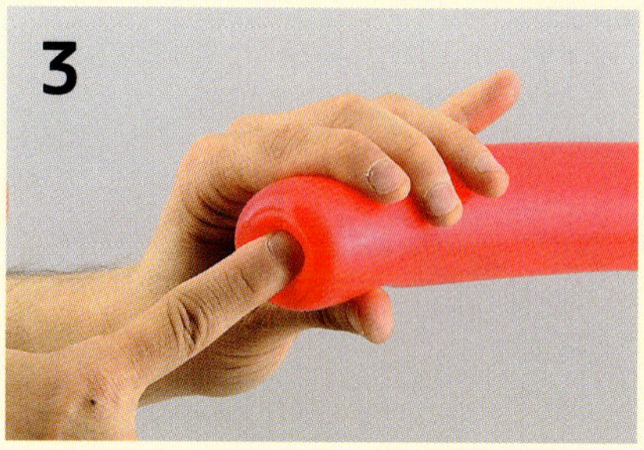

赤《あか》を16cm残《のこ》してふくらませて結《むす》びます。結《むす》び目《め》を指《ゆび》で押《お》し込《こ》んで、

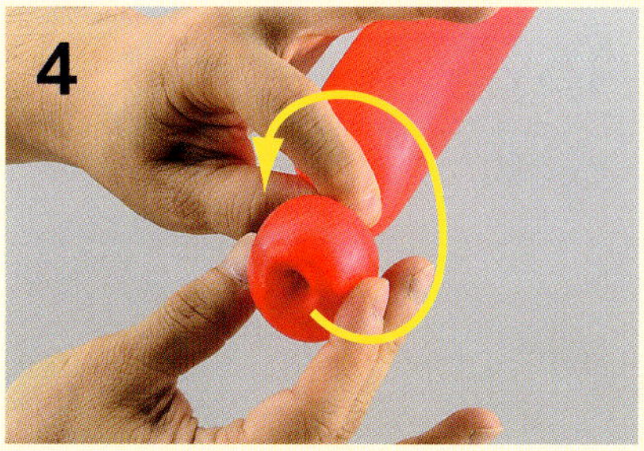

3cmの所《ところ》で、押《お》し込《こ》んだ結《むす》び目《め》を外《そと》から押《お》さえてひねります。ここは金魚《きんぎょ》の口《くち》になります。

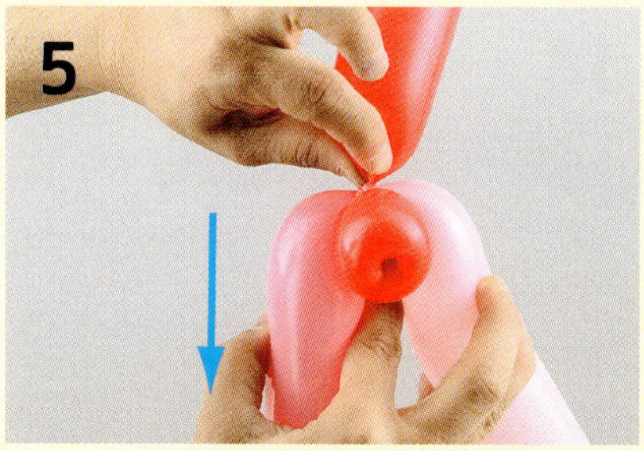

赤《あか》のひねり目《め》に、ピンクの2本《ほん》の結《むす》び目《め》をはめ込《こ》み、

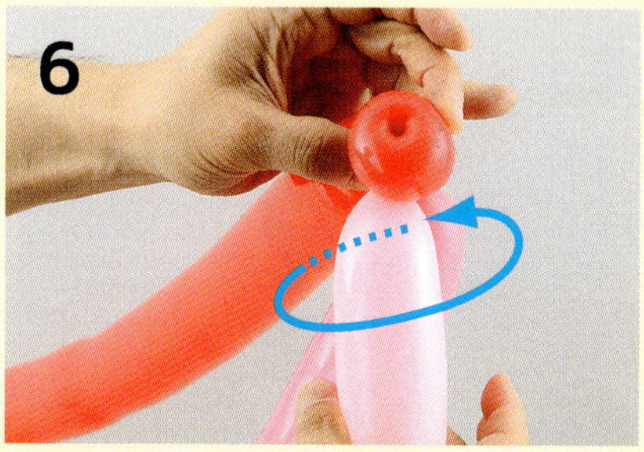

ピンク2本《ほん》をひねり合《あ》わせます。こうすることではずれにくくなります。

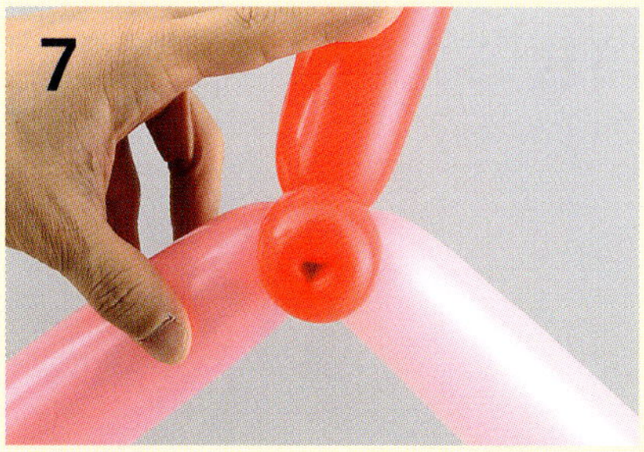

3本《ぼん》がまとまりました。ここから顔《かお》と背《せ》ビレ・胸《むな》ビレを作《つく》っていきます。

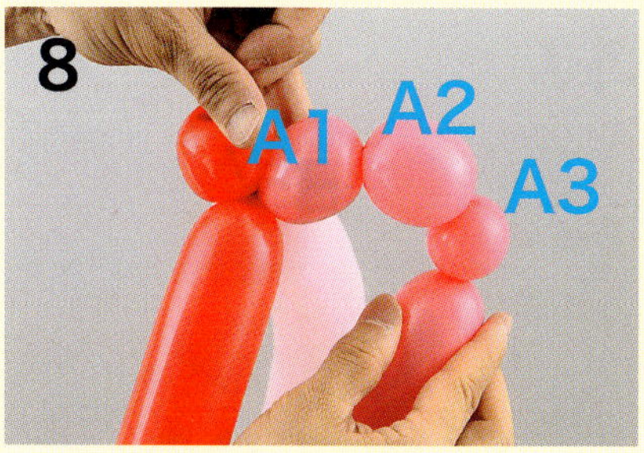

濃《こい》ピンクで、4cm(A1)・4cm(A2)・3cm(A3)のボールをひねり、

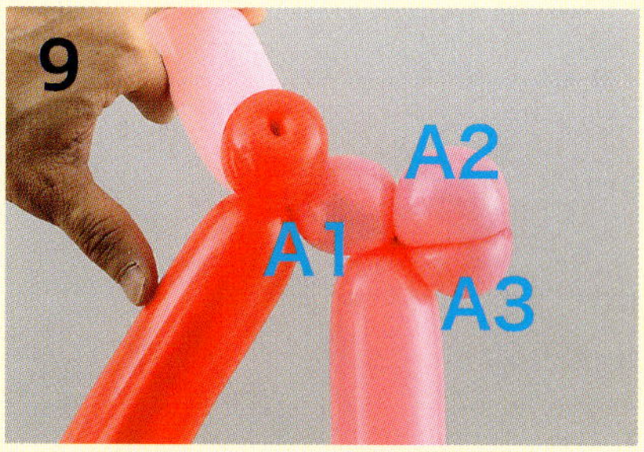

A2とA3を合《あ》わせてひねります。A1は顔《かお》に、A2・A3は胸《むな》ビレになります。

金魚鉢《きんぎょばち》と金魚《きんぎょ》

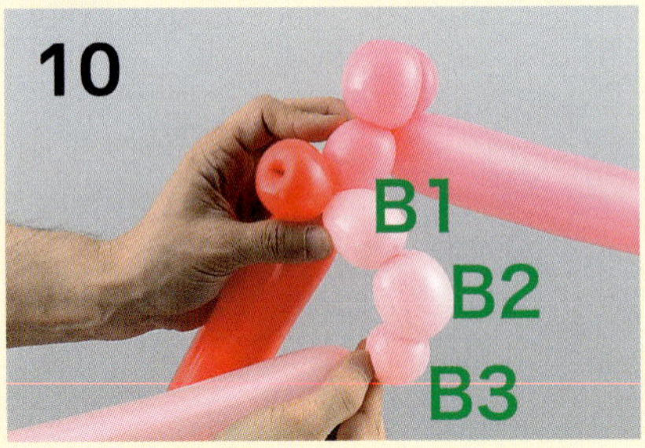

ピンクで、4cm(B1)・4cm(B2)・3cm(B3) のボールをひねり、B2 と B3 を合わせてひねります。B1 は顔《かお》に、B2・B3 はもう片方《かたほう》の胸《むな》ビレになります。

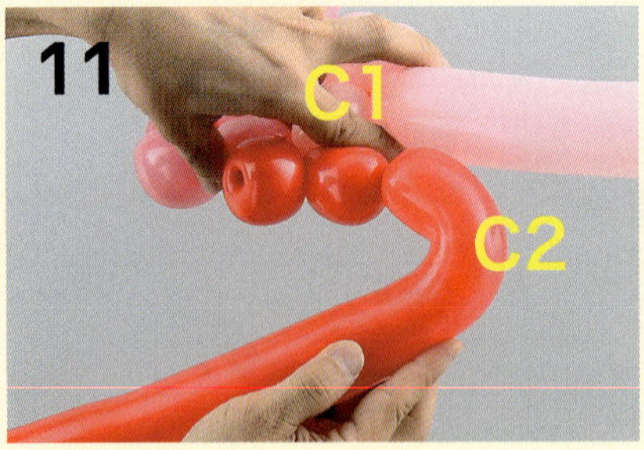

赤《あか》で、4cm(C1) のボールをひねり、次《つぎ》は小《ちい》さく折《お》り曲《ま》げて、

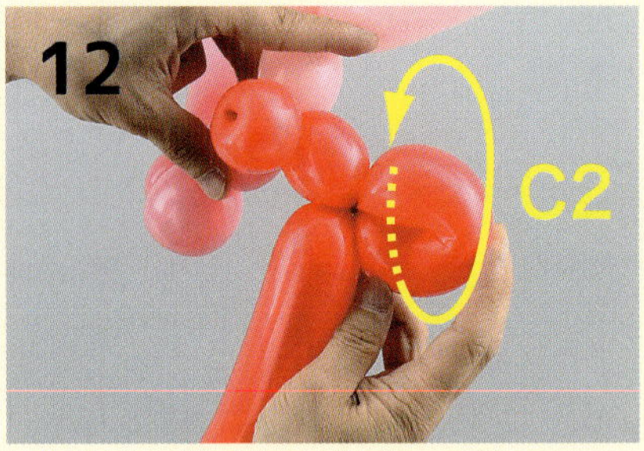

6cm の輪《わ》ひねり (C2) を作《つく》ります。C1 は顔《かお》に、C2 は背《せ》ビレになります。輪《わ》ひねりはくるんとほどけてしまう事《こと》があります。小指《こゆび》などで軽《かる》く押《お》さえながら、次《つぎ》をひねりましょう。

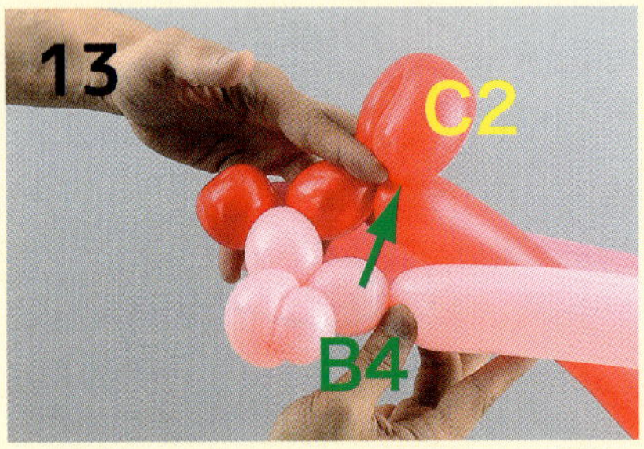

ここからは、ボールをひねって隣《となり》の色《いろ》とつなげていきます。まずピンクを4cm(B4) ひねり、赤《あか》のひねり目《め》にからめます。

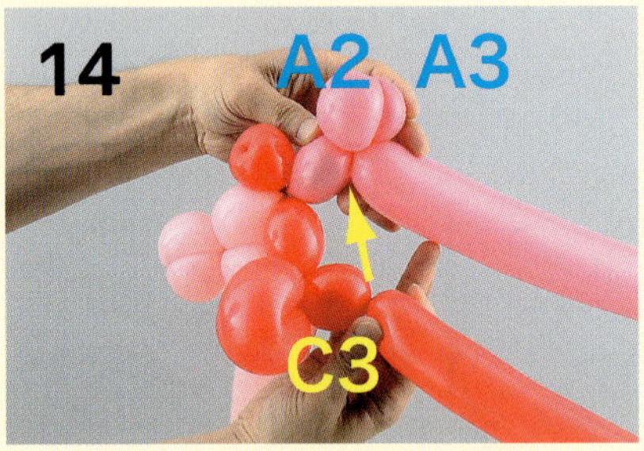

赤《あか》を4cm(C3) ひねり、濃《こい》ピンクのひねり目《め》にからめます。

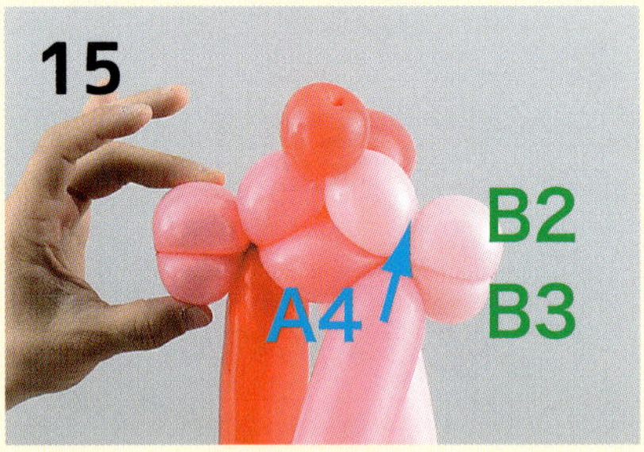

濃《こい》ピンクを4cm(A4) ひねり、ピンクのひねり目《め》にからめます。これで、ぐるっと1周《しゅう》つながりました。

こちらは顔《かお》の方《ほう》から見《み》たところです。

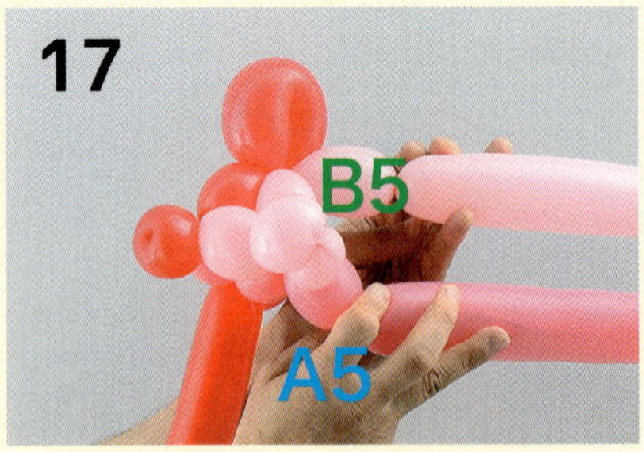

後半《こうはん》を作《つく》ります。濃《こい》ピンクを4.5cm(A5)、ピンクを5cm(B5) ひねり、2本《ほん》を合《あ》わせてひねります。

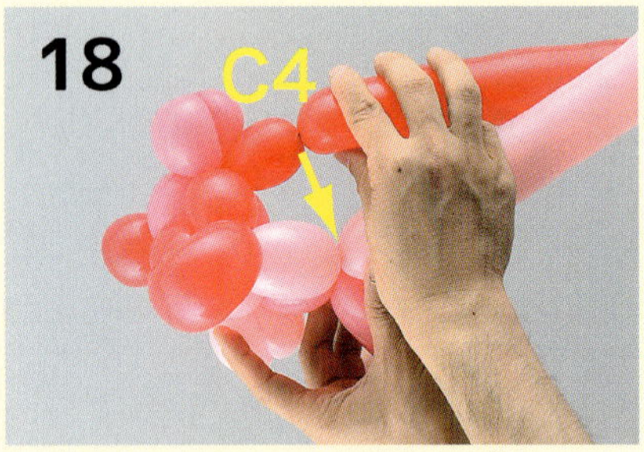

赤《あか》を4.5cm(C4) ひねり、先《さき》にひねり合《あ》わせたピンク2本《はん》と合《あ》わせてひねります。

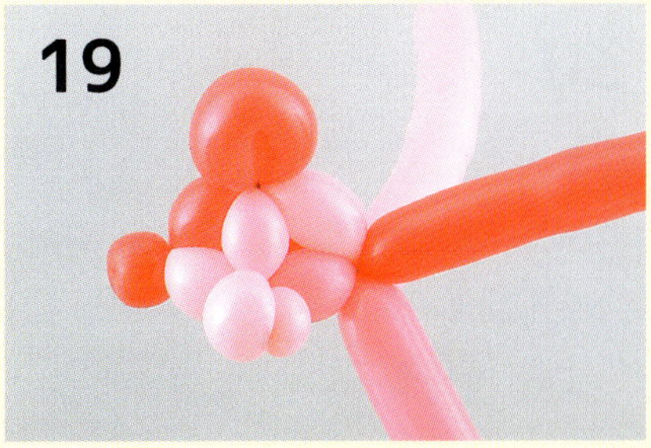

3本《ぼん》がまとまりました。ここから後《あと》は尾《お》ビレを作《つく》っていきます。

赤《あか》を9cm で折《お》り曲《ま》げて、

輪《わ》ひねり (C5) にします。ここは尾《お》ビレの真《ま》ん中《なか》になります。

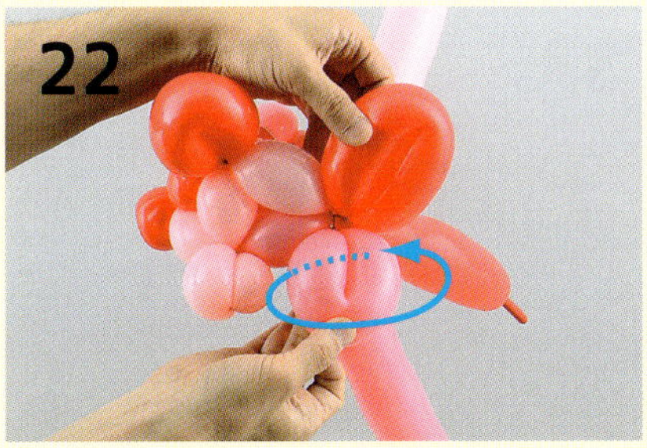

ピンクと濃《こい》ピンクは、それぞれに8cm の輪《わ》ひねりを作《つく》り、尾《お》ビレの両《りょう》脇《わき》にします。

ひねり目《め》を指《ゆび》で押《お》さえ、残《のこ》りはしぼませて結《むす》びます。余分《よぶん》は切《き》り取《と》ります。

金魚《きんぎょ》の体《からだ》ができました。

金魚《きんぎょ》の目《め》を作《つく》ります。白《しろ》を 2.5cm ふくらませて結《むす》びます。目《め》が大《おお》きすぎると出目金《でめきん》になってしまうので、なるべく小《ちい》さめに作《つく》りましょう。

両端《りょうたん》を引《ひ》き寄《よ》せてかた結《むす》びします。残《のこ》りは長《なが》さに余裕《よゆう》を持《も》って切《き》り取《と》ります。

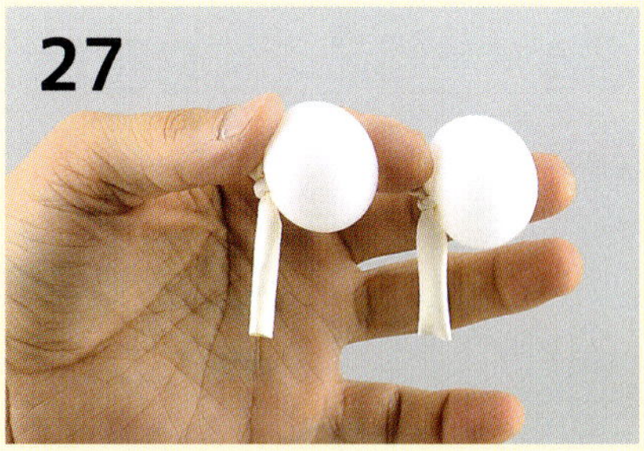

同《おな》じ大《おお》きさでもう１つ作《つく》ります。こちらも残《のこ》りを長《なが》めに切《き》り取《と》ります。

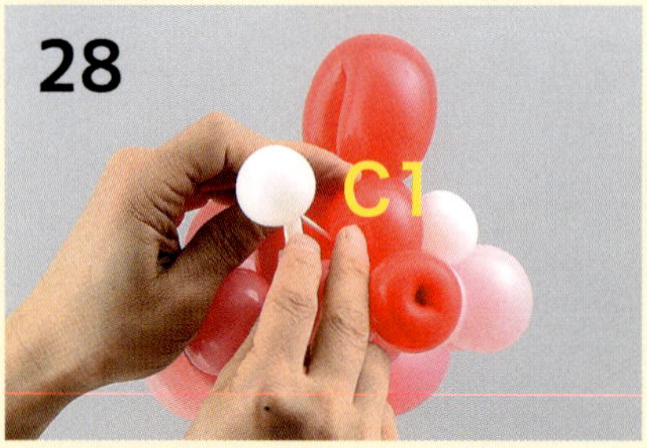

口《くち》のすぐ後《うし》ろ、赤《あか》C1の両脇《りょうわき》にあるすき間《ま》に目玉《めだま》をつけます。片方《かたほう》から白《しろ》のヒモを差《さ》し込《こ》んで引《ひ》っ張《ぱ》り、もう片方《かたほう》のヒモと結《むす》び合《あ》わせます。

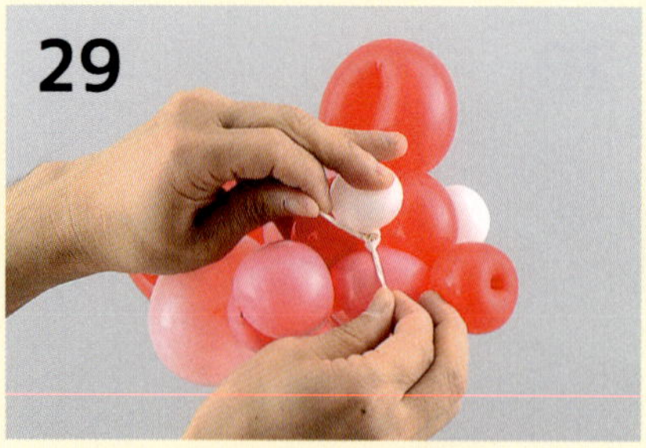

ブラブラしないよう、適度《てきど》に引《ひ》っ張《ぱ》りながら結《むす》び、余分《よぶん》は切《き》ります。

横《よこ》から見《み》たところです。黒目《くろめ》は組《く》み立《た》ててから描《か》きます。

金魚《きんぎょ》だけ作《つく》る場合《ばあい》は、ここで黒目《くろめ》を描《か》いて完成《かんせい》です。

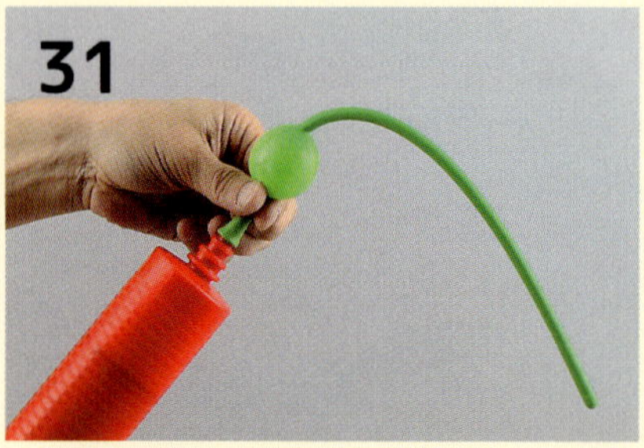

金魚《きんぎょ》を支《ささ》える水草《みずくさ》を作《つく》ります。黄緑《きみどり》をポンプの口《くち》に深《ふか》く差《さ》し込《こ》んでから指《ゆび》で押《お》さえ、空気《くうき》を入《い》れます。

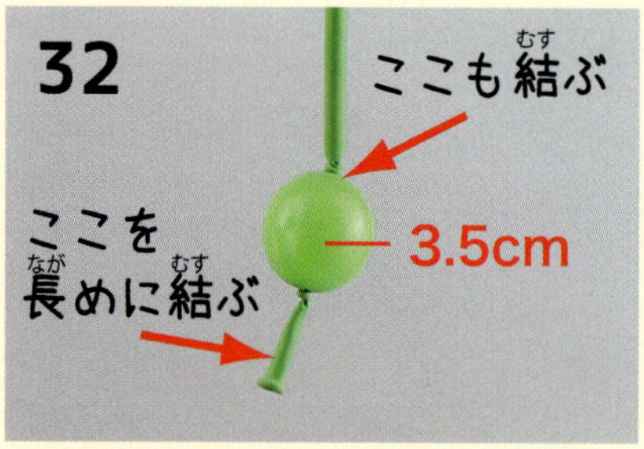

3.5cmのボールになるように少《すこ》しずつ空気《くうき》を抜《ぬ》き、端《はし》から1～2cmの長《なが》さを取《と》って結《むす》びます。もう片方《かたほう》にも結《むす》び目《め》を作《つく》ります。

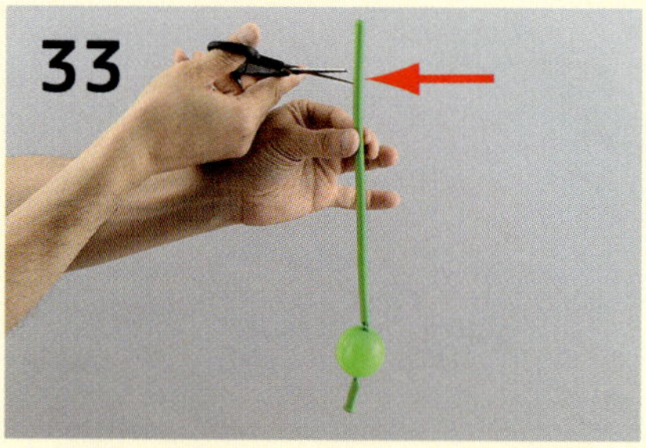

風船《ふうせん》の先端《せんたん》から5cmぐらいの所《ところ》を切《き》り取《と》り、次《つぎ》からはここにポンプを差《さ》し込《こ》んでふくらませます。

3.5cmふくらませて結《むす》び、2つ目《め》のボールを作《つく》ります。

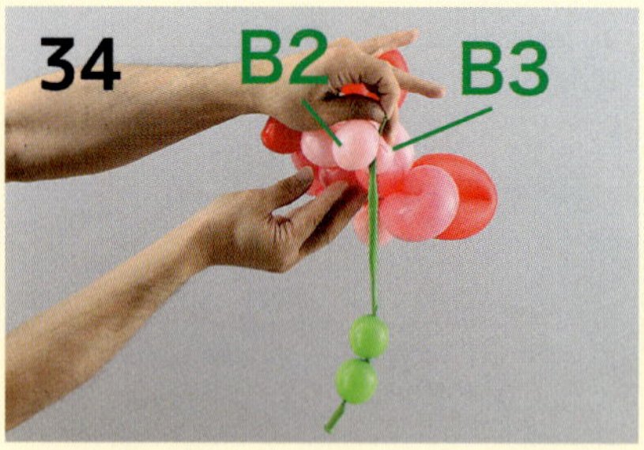

ボール2つができた所《ところ》で、金魚《きんぎょ》の胸《むな》ビレ (B2・B3) のすき間《あいだ》に、黄緑《きみどり》を下《した》から差《さ》し込《こ》んで、

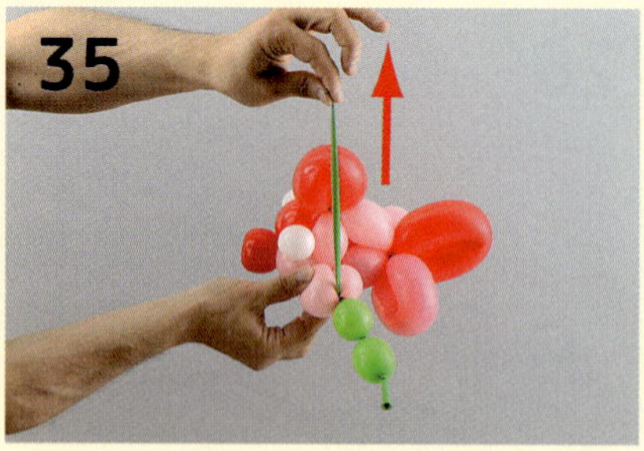

ボールと胸《むな》ビレが接《せっ》する所《ところ》まで通《とお》します。

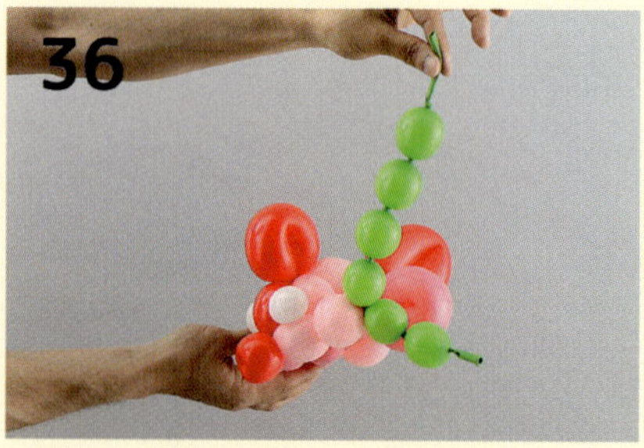

通《とお》した後《あと》は、胸《むな》ビレの上《うえ》にボールを作《つく》っていきます。3.5cmのボールをふくらませては結《むす》ぶ、という作業《さぎょう》を繰《く》り返《かえ》して、4つのボールを作《つく》ります。

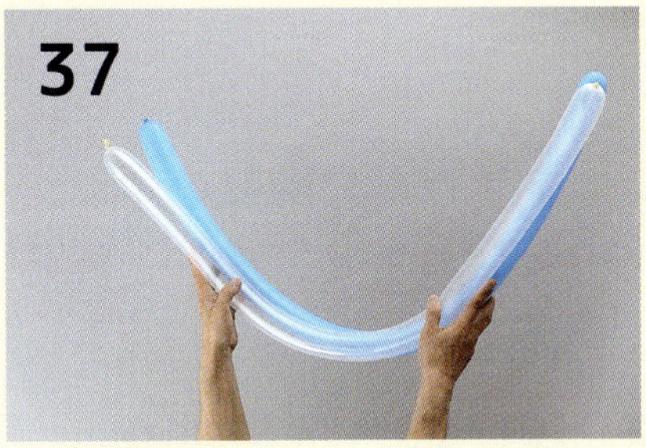

金魚鉢《きんぎょばち》を作《つく》ります。水色《みずいろ》と透明《とうめい》をそれぞれ先端《せんたん》までふくらませ、軽《かる》く空《くう》気《き》を抜《ぬ》いてやわらかくしてから結《むす》びます。

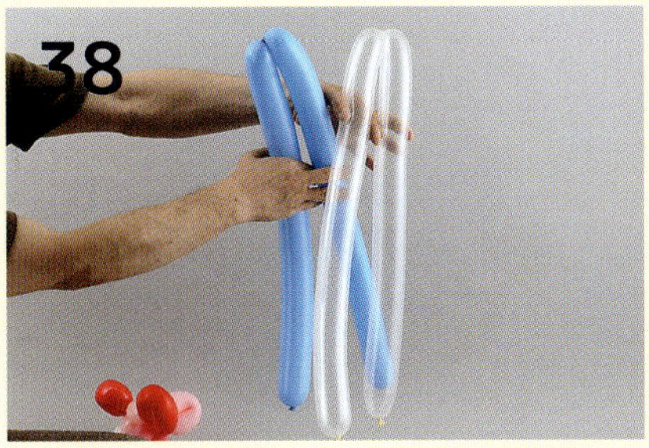

全体《ぜんたい》をつぶして、やわらかさを均一《きんいつ》にしてから真《ま》ん中《なか》でひねり、

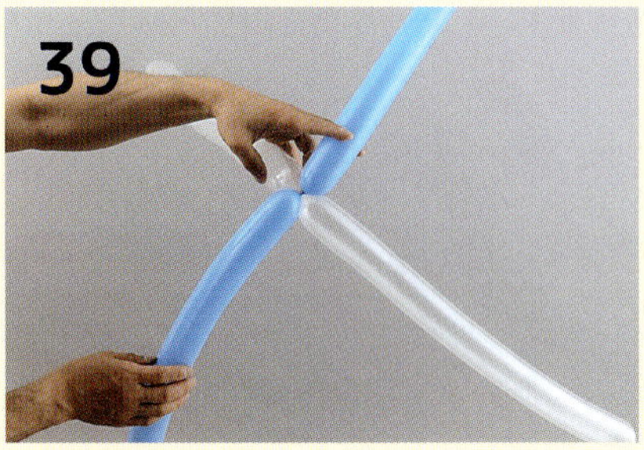

２本《ほん》をひねり合《あ》わせます。ひねり合《あ》わせた部分《ぶひん》は金魚鉢《きんぎょばち》の底《そこ》になります。

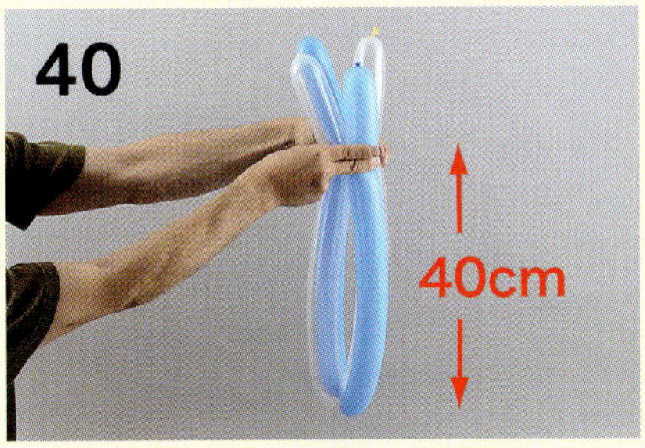

折《お》り曲《ま》げて４本一緒《ほんいっしょ》に持《も》ちます。下《した》から約《やく》40cm ぐらいの長《なが》さでひねります。

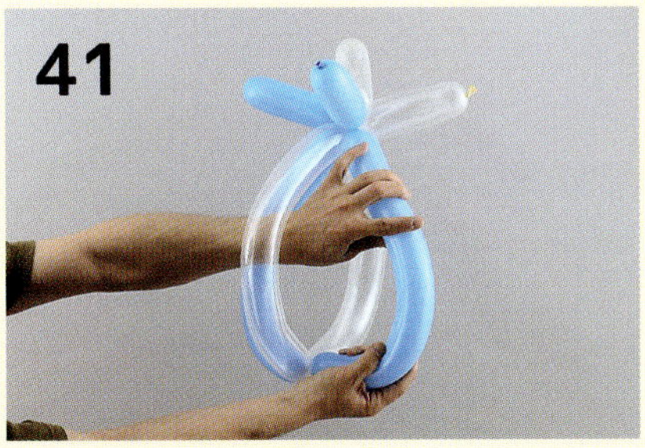

４本《ほん》とも横《よこ》に広《ひろ》げて、ふっくらとした洋梨形《ようなしがた》になるように、１本《ぽん》ずつ曲《ま》げぐせをつけます。

水草《みずくさ》の結《むす》び目《め》(２個側《こがわ》の方《ほう》) を持《も》って、金魚鉢《きんぎょばち》の底《そこ》のひねり目《め》にからめます。

もう片方《かたほう》の結《むす》び目《め》は金魚鉢《きんぎょばち》の上《うえ》にからめます。金魚《きんぎょ》を中《なか》に入《い》れます。水《みず》草《くさ》と金魚鉢《きんぎょばち》に挟《はさ》まれて、金魚《きんぎょ》の姿勢《しせい》が安定《あんてい》します。金魚《きんぎょ》が斜《なな》めになってしまう時《とき》は、金魚鉢《きんぎょばち》のカーブを調整《ちょうせい》して狭《せま》くします。

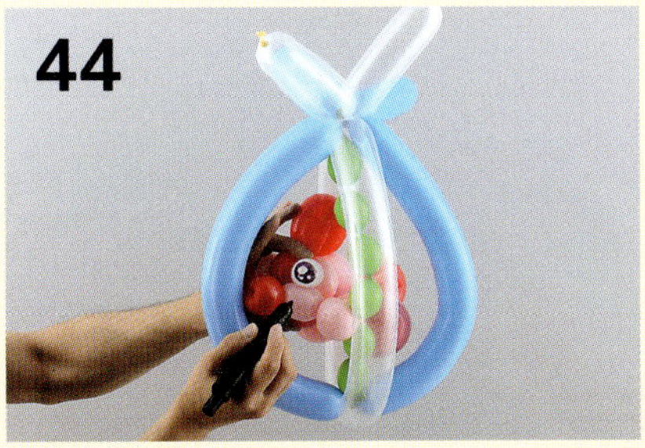

油性《ゆせい》マーカーで金魚《きんぎょ》の目《め》を描《か》きます。黒目《くろめ》を大《おお》きく、かわいく描《か》いてあげましょう。完成《かんせい》です。

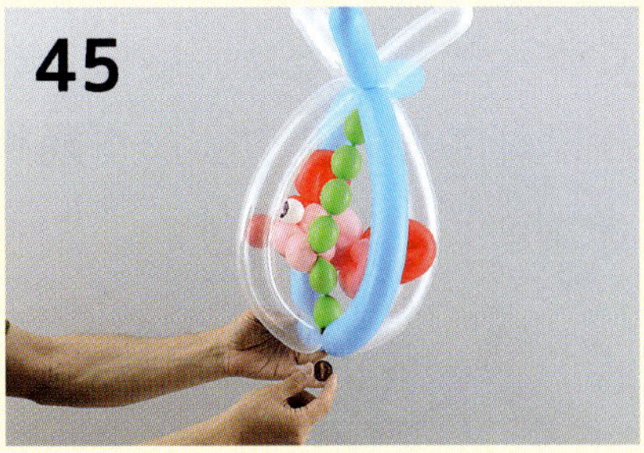

底《そこ》のひねり目《め》にコインなどの重《おも》りをはさむと自立《じりつ》します。金魚《きんぎょ》のいる側《がわ》が重《おも》いので、重《おも》りは場所《ばしょ》を変《か》えて何《なん》枚《まい》かはさんだ方《ほう》がいいでしょう。

袋《ふくろ》入《い》り金魚《きんぎょ》

20cm

かわいい金魚《きんぎょ》が丸《まる》い風船《ふうせん》の中《なか》に入《はい》っている作品《さくひん》です。え？これどうやって作《つく》ったの？
と、不思議《ふしぎ》な感《かん》じがしますね。
透明《とうめい》の風船《ふうせん》は、時間《じかん》がたつとすりガラスのように曇《くも》ってしまいます。できあがったらなるべく日光《にっこう》の当《あ》たらない所《ところ》で保管《ほかん》しましょう。

金魚《きんぎょ》は大《おお》きさをきちんと測《はか》り、できるだけ小《ちい》さく作《つく》りましょう。
大《おお》きく作《つく》ってしまうと、袋《ふくろ》に入《い》れるときにとても大変《たいへん》で、形《かたち》が崩《くず》れてしまうことがあります。

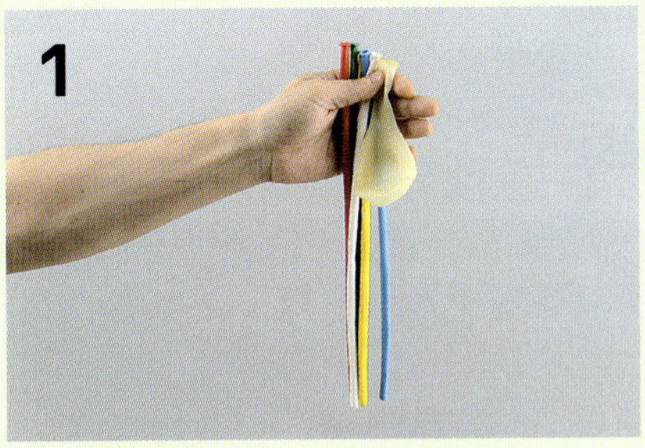

材料《ざいりょう》・260 ツイストバルーン
赤《あか》　1本《ぼん》　・　水色《みずいろ》　1本《ぼん》
白《しろ》　1本《ぼん》　・　黄色《きいろ》　1本《ぼん》
薄緑《うすみどり》　1本《ぼん》
11 インチ丸風船《まるふうせん》　透明《とうめい》　1つ

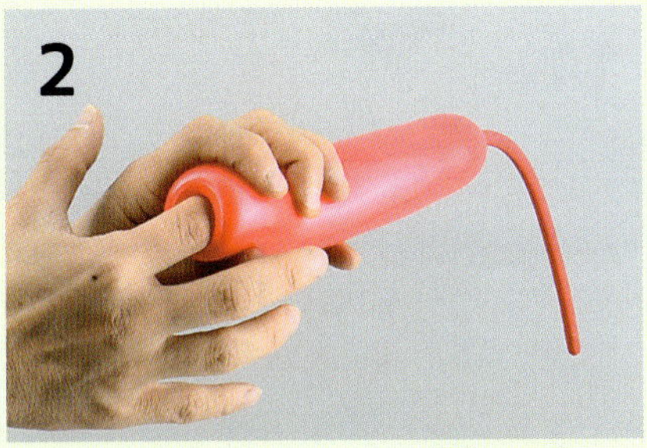

まず、袋《ふくろ》の中《なか》に入《い》れる金魚《きんぎょ》を作《つく》ります。赤《あか》を 20cm ふくらませて結《むす》びます。指《ゆび》で結《むす》び目《め》を内側《うちがわ》に押《お》し込《こ》んでいきます。金魚《きんぎょ》は後《あと》で袋《ふくろ》にいれるため、意識《いしき》して小《ちい》さめに作《つく》っていきましょう。

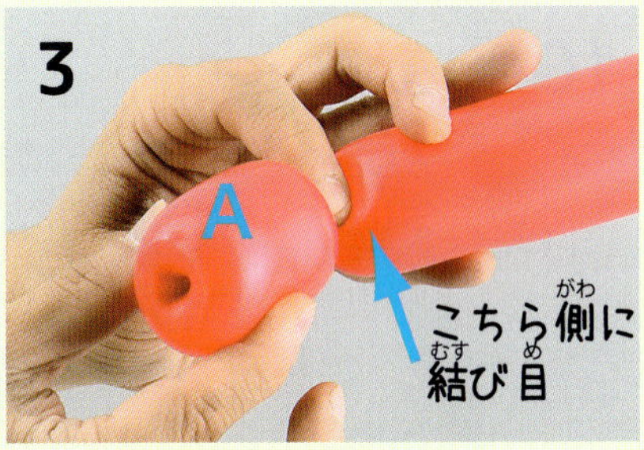

5.5cm の所《ところ》で、外側《そとがわ》から結《むす》び目《め》を押《お》さえて指《ゆび》を抜《ぬ》きます。抜《ぬ》くのがきついときは指《ゆび》を小刻《こきざ》みに回《まわ》したり、別《べつ》の指《ゆび》で剥《は》がし取《と》るようにします。結《むす》び目《め》ごと巻《ま》き込《こ》んでひねります。

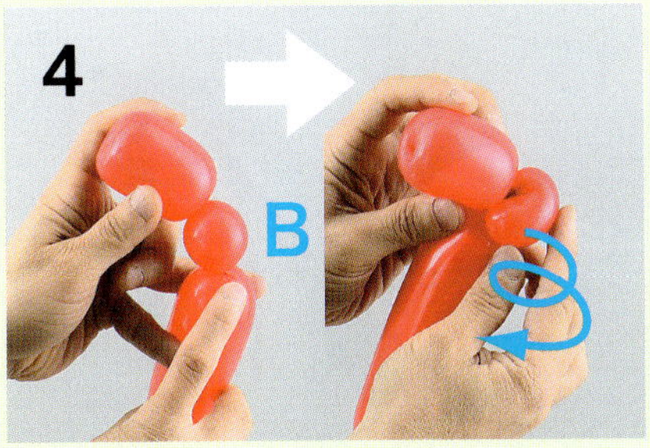

3cm のボール (B) を作《つく》り、そのボールをピンチツイストにします。

もう 1 つ 3cm のボール (C) を作《つく》り、ピンチツイストにします。

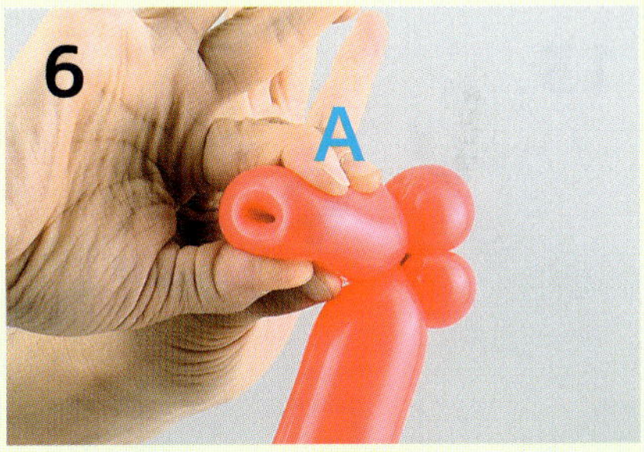

A の端《はし》から 1.5cm ぐらいの所《ところ》をひねります。小《ちい》さくひねるのはコツが必要《ひつよう》ですが、指先《ゆびさき》にぐっと力《ちから》を入《い》れ、狙《ねら》った所《ところ》を一気《いっき》にひねります。

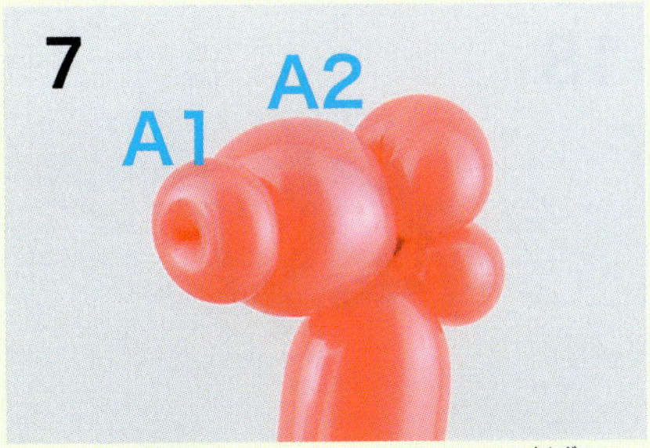

A が分割《ぶんかつ》されて (A1・A2)、金魚《きんぎょ》の口《くち》ができました。

金魚《きんぎょ》の目玉《めだま》を作ります。白《しろ》を 7cm ふくらませて結《むす》びます。2.5cm のボール (とっても小《ちい》さいボールです) を 2 つひねり、

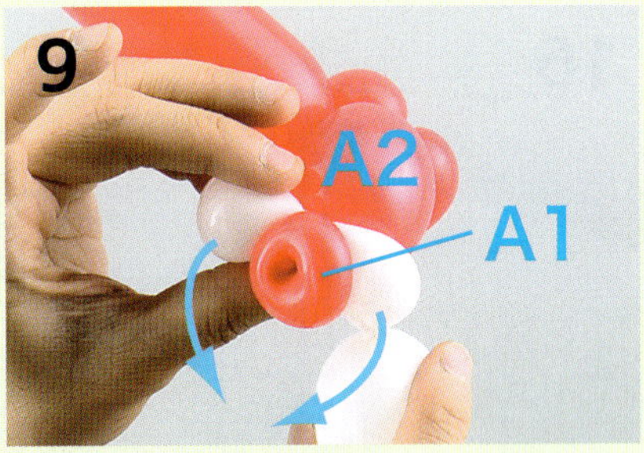

白《しろ》ボール 2 つの間《あいだ》のひねり目《め》を、赤《あか》 A1・A2 のすき間《ま》にはめ込《こ》みます。

袋入《ふくろい》り金魚《きんぎょ》

10

はめ込《こ》んだ後《あと》、いったん結《むす》び目《め》をからめて合《あ》わせます。からめた所《ところ》を押《お》さえて残《のこ》りをしぼませ、ボールがほどけないように結《むす》び合《あ》わせます。口《くち》巻《ま》きと余分《よぶん》は切《き》り取《と》ります。

11

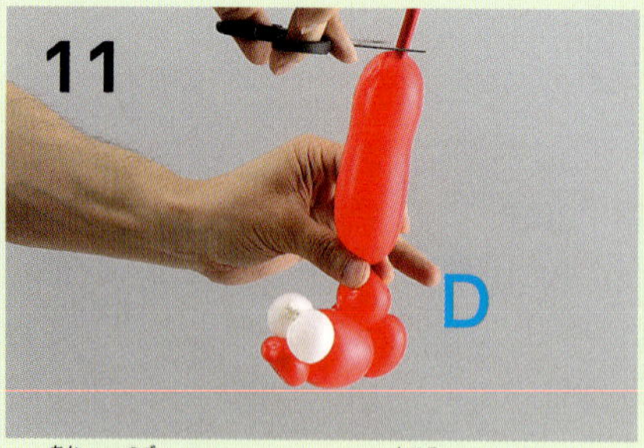

赤《あか》の続《つづ》きを 2.5cm の所《ところ》(D) でひねります。残《のこ》りはしぼませて結《むす》び、余《よ》分《ぶん》は切《き》り取《と》ります。

12

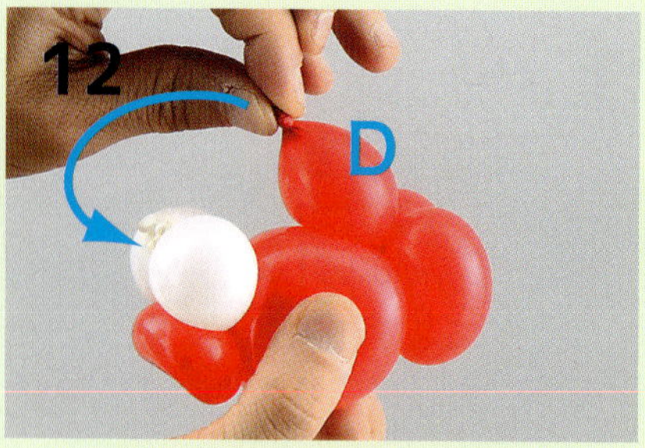

Dの結《むす》び目《め》を引《ひ》っ張《ぱ》り、上《うえ》からかぶせるようにして、目玉《めだま》２つの間《あいだ》にからめます。ここは金魚《きんぎょ》の背《せ》びれになります。

13

油性《ゆせい》マーカーで目玉《めだま》を描《か》きます。黒《くろ》目《め》を大《おお》きめに、かわいい感《かん》じに描《か》きましょう。

14

水草《みずくさ》を作《つく》ります。薄緑《うすみどり》の口巻《くちま》きと先《せん》端《たん》を切《き》り落《お》として筒状《つつじょう》にします。それをハサミで切《き》り開《ひら》きます。
よく切《き》れるハサミを使《つか》いましょう。

15

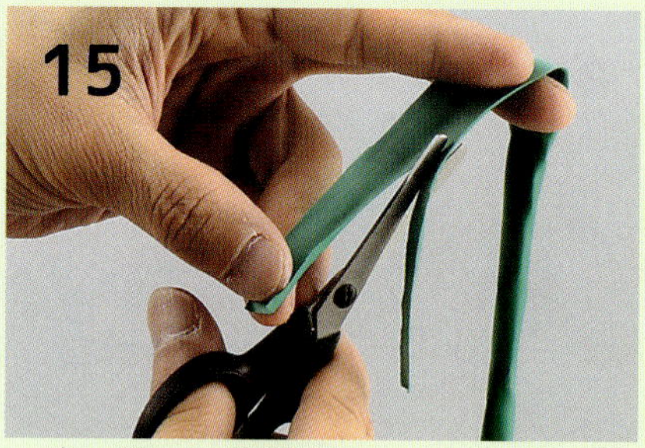

切《き》り開《ひら》いた長方形《ちょうほうけい》を、さらに縦《たて》３本《ぼん》に切《き》ります。多少《たしょう》よれよれに切《き》れてしまってもかまいません。片手《かたて》でピンと引《ひ》っ張《ぱ》りながら切《き》るようにするとうまくいきます。

16

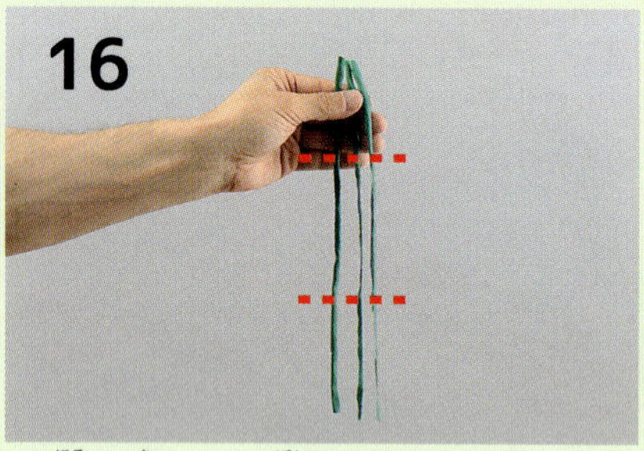

細《ほそ》く切《き》った３本《ぼん》を、３つに切《き》り分《わ》けます。

17

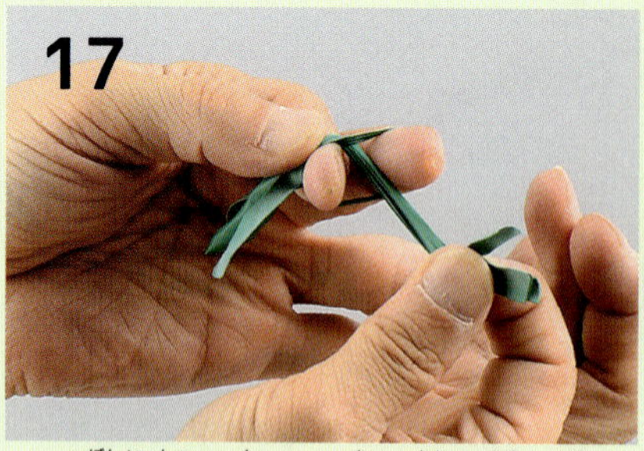

３本《ぼん》一緒《いっしょ》に持《も》ち、真《ま》ん中《なか》に結《むす》び目《め》ができるように結《むす》びます。

18

水草《みずくさ》ができました。

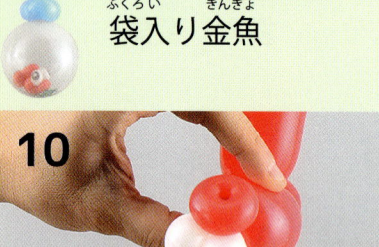

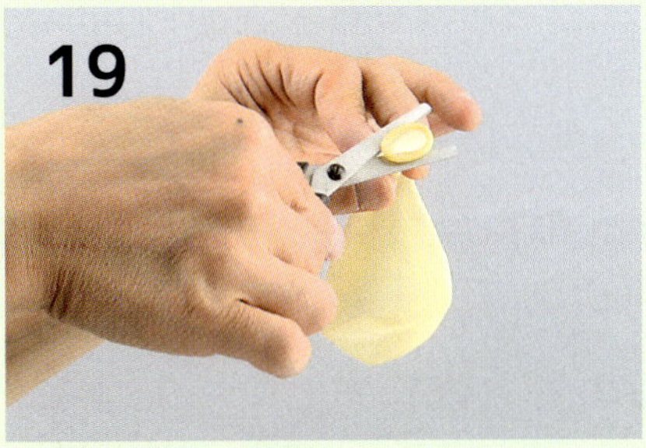

丸《まる》い風船《ふうせん》の口巻《くちま》きを切《き》り取《と》ります。口巻《くちま》きは、後《あと》で風船《ふうせん》をしばるのに使《つか》います。口《くち》が広《ひろ》げやすいように、長《なが》く残《のこ》ったネックも少《すこ》し切《き》ります。
ネックはメーカーによって違《ちが》います。切《き》り取《と》る長《なが》さは実践《じっせん》で探《さが》しましょう。

丸《まる》い風船《ふうせん》の中《なか》に、まず水草《みずくさ》を入《い》れます。次《つぎ》に風船《ふうせん》の口《くち》を力《ちから》いっぱい広《ひろ》げながら、金魚《きんぎょ》を押《お》し込《こ》みます。

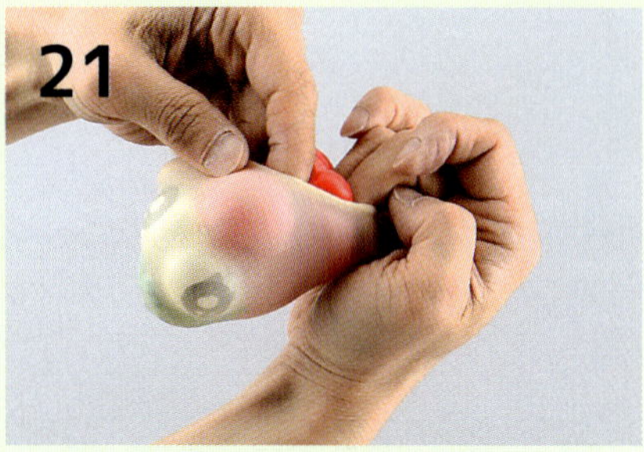

指先《ゆびさき》で風船《ふうせん》の口《くち》を広《ひろ》げつつ、動《うご》かせる指《ゆび》を使《つか》って金魚《きんぎょ》を押《お》し込《こ》んでいきます。かなり力《ちから》が必要《ひつよう》です。うまく入《はい》らなくても、コツをつかむまで何《なん》回《かい》か挑戦《ちょうせん》してみましょう。

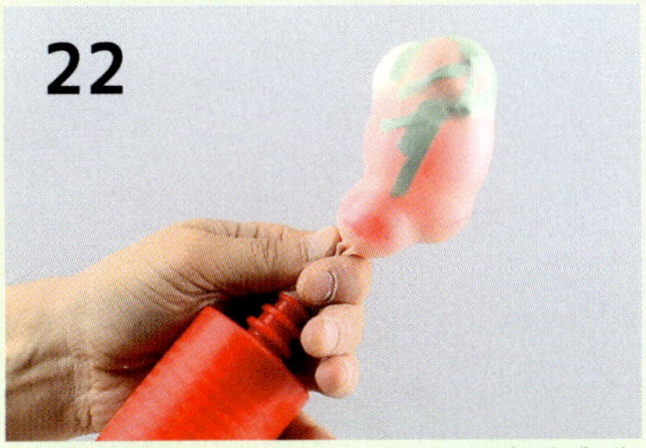

口《くち》が広《ひろ》がってしまっても、無理矢理《むりやり》寄《よ》せ集《あつ》めて、空気《くうき》を入《い》れてしまいます。空気《くうき》が入ってすき間《ま》ができると金魚《きんぎょ》が中《なか》に入《はい》りやすくなります。

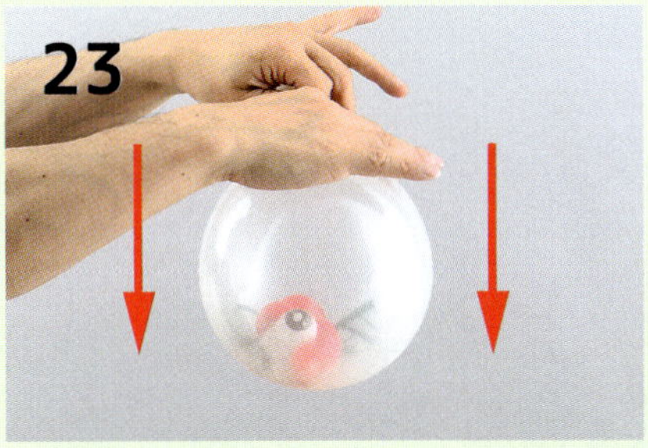

直径《ちょっけい》 17～18cm(小《ちい》さいです)になるぐらい空気《くうき》を入《い》れたら、空気《くうき》を先《せん》端側《たんがわ》に移動《いどう》させて透明度《とうめいど》を上《あ》げます。

19 で切《き》り取《と》った口巻《くちま》きを使《つか》い、輪《わ》ゴムを使《つか》うように丸《まる》い風船《ふうせん》をしばります。口巻《くちま》きを使《つか》わず、風船《ふうせん》を直接《ちょくせつ》結《むす》んでしまう方法《ほうほう》でもかまいません。楽《らく》にできる方《ほう》を選《えら》んでください。

袋《ふくろ》の持《も》ち手《て》を付《つ》けます。黄色《きいろ》に軽《かる》く空気《くうき》を吹《ふ》き入《い》れてから結《むす》びます。両《りょう》端《たん》をかた結《むす》びして丸《まる》くします。透明《とうめい》と結《むす》び合《あ》わせます。

水色《みずいろ》を 15cm ふくらませて結《むす》びます。両端《りょうたん》を結《むす》び合《あ》わせて丸《まる》くします。余分《よぶん》は切《き》り取《と》ります。口巻《くちま》きも切《き》り取《と》ってすっきりさせましょう。

水色《みずいろ》の穴《あな》に黄色《きいろ》を通《とお》し、透明《とうめい》な風船《ふうせん》の所《ところ》までずらして取《と》り付《つ》けます。おつかれさまでした !! 完成《かんせい》です。

ウニ

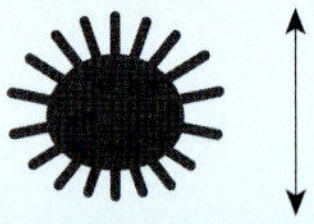

20cm

大《おお》きさ 20cm のムラサキウニです。クラゲやヒトデ、カニやタコなど、たくさんの海《うみ》の生《い》き物《もの》たちといっしょに作《つく》って楽《たの》しんでください。
この作品《さくひん》、ウニとして真面目《まじめ》に作《つく》ってあるんですが、出来上《できあ》がってみると、なんだか小《ちい》さいお子《こ》さんのボール投《な》げ用《よう》にもウケちゃいそうだなぁと・・・

ウニ

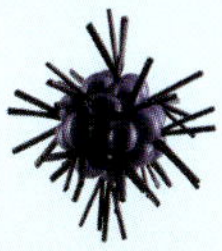

材料《ざいりょう》・260 ツイストバルーン
濃紫《こいむらさき》　14本《ほん》

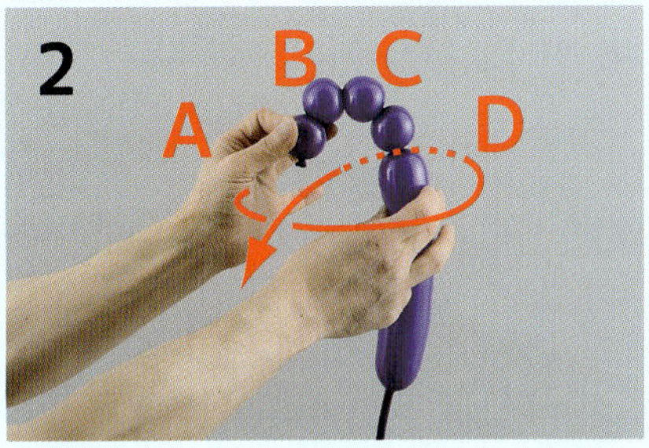

濃紫《こいむらさき》を 25cm の長《なが》さにふくらませて結《むす》びます。3cm のボールを4つひねります。結《むす》び目《め》をぐるっとDのひねり目《め》にからめ、

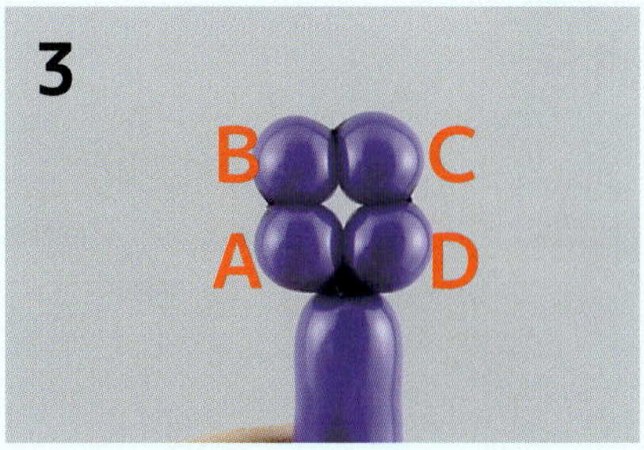

AとDの間《あいだ》から引《ひ》き出《だ》して固定《こてい》します。

3cm のボールを8つひねります。ひねりがほどけないように、ボールとボールの間《あいだ》をしっかりひねりましょう。

1から8のボールを輪《わ》にしてひねり合《あ》わせます。

解説《かいせつ》の写真《しゃしん》は色《いろ》を変《か》えてわかりやすくしていますが、実際《じっさい》は全部《ぜんぶ》濃紫《こいむらさき》です。まず、Aと1・2を合《あ》わせます。

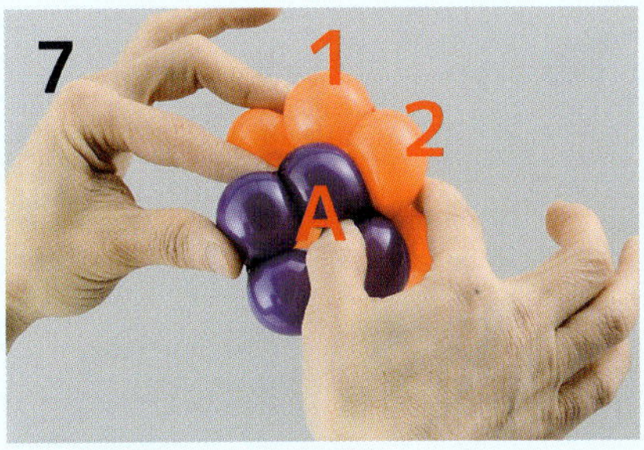

折《お》り曲《ま》げて、輪《わ》を重《かさ》ねて持《も》ちます。

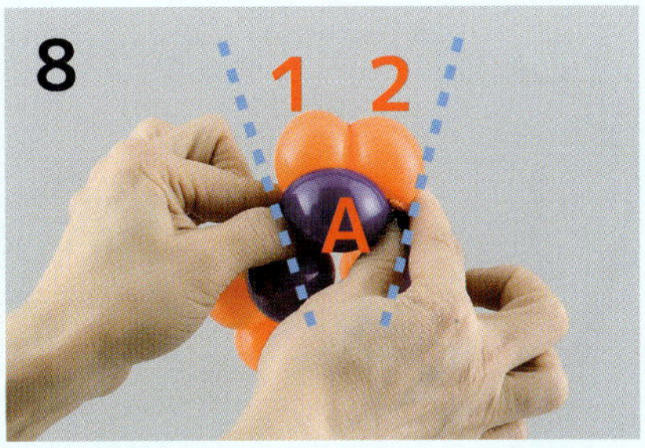

手前《てまえ》のAと後《うし》ろの1・2、前後《ぜんご》を入《い》れ替《か》えるような感《かん》じで、

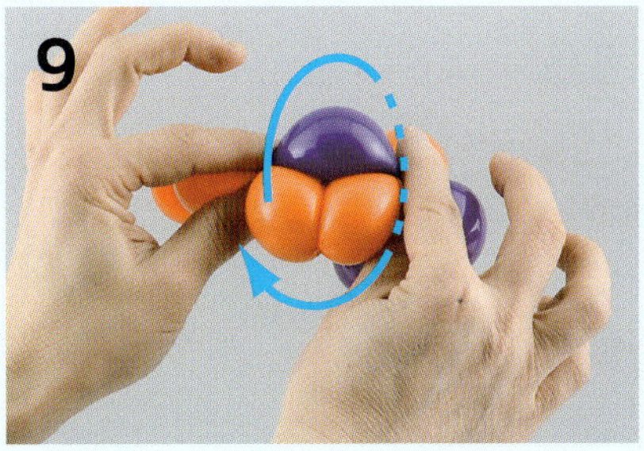

回転《かいてん》させてまとめます。

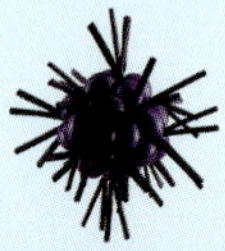

ウニ

A・１・２の３つが合体《がったい》しました。次《つぎ》は隣《となり》のボールではなく、Cと５・６を持《も》ち、

回転《かいてん》させてまとめます。

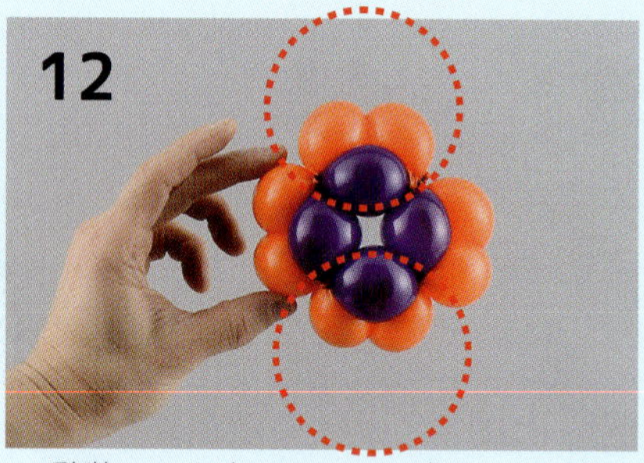

点線《てんせん》の２ヶ所《しょ》をひねり合《あ》わせる事《こと》で、全体《ぜんたい》がつながりました。これでウニの体《からだ》の半球《はんきゅう》ができました。

残《のこ》りはひねり目《め》をしっかり押《お》さえながらしぼませて結《むす》び、余分《よぶん》は切《き》り取《と》ります。

もう１つ同《おな》じ物《もの》を作《つく》ります。

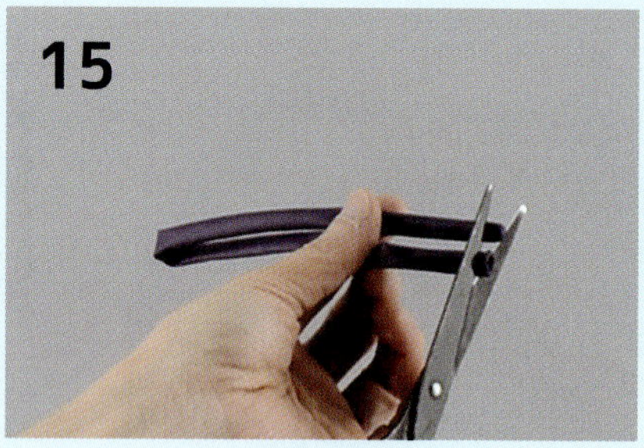

ウニのトゲを作《つく》ります。ふくらませていない風船《ふうせん》の、口巻《くちま》きと先端《せんたん》をカットします。

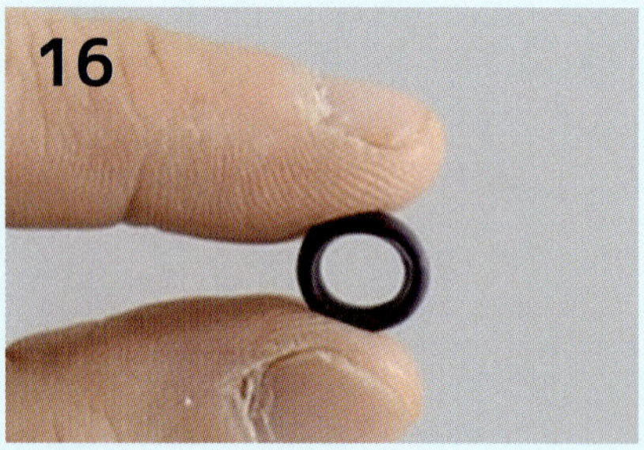

カットした口巻《くちま》きは、後《あと》で輪《わ》ゴムとして使《つか》います。捨《す》てずに取《と》っておきましょう。

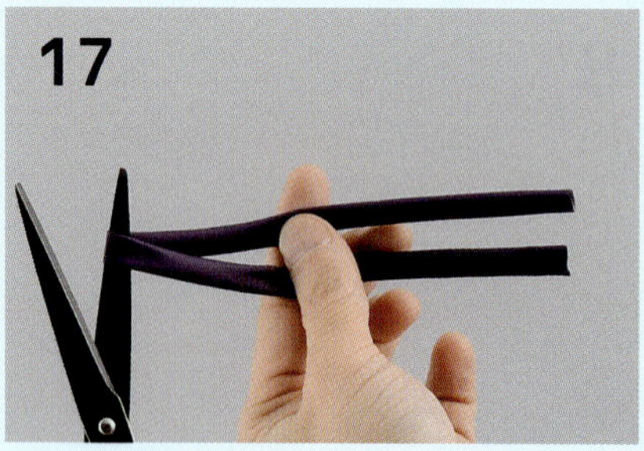

１本《ぽん》を半分《はんぶん》にカットします。

トゲが２本《ほん》できました。

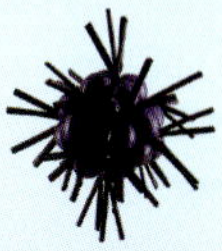

ツイストバルーン 12 本分《ほんぶん》、カットした本数《ほんすう》で言《い》うと全部《ぜんぶ》で 24 本《ほん》のトゲを作《つく》っておきます。

トゲを生《は》やします。手順《てじゅん》としては、最初《さいしょ》にボール４つの交点《こうてん》(矢印《やじるし》の４ヶ所《しょ》) に取《と》り付《つ》け、次《つぎ》にボール２つのひねり目《め》(星印《ほしじるし》の４ヶ所《しょ》) に通《とお》して半球《はんきゅう》をつなげていきます。

さっそく生《は》やしていきましょう。トゲ２本《ほん》を持《も》ち、ボール４つの交点《こうてん》に通《とお》します。引《ひ》っ張《ぱ》って同《おな》じ長《なが》さにそろえ、

切《き》り取《と》ってあった口巻《くちま》きを、広《ひろ》げてはめ、

根元《ねもと》までずらして取《と》り付《つ》けます。

１ヶ所《しょ》できました。残《のこ》りの交点《こうてん》にも同様《どうよう》に取《と》り付《つ》けます。

もう片方《かたほう》の半球《はんきゅう》にもトゲを取《と》り付《つ》けます。
次《つぎ》に、半球《はんきゅう》をつなげていきます。ボール２つのひねり目《め》(星印《ほしじるし》) にトゲ２本《ほん》を通《とお》し、もう片方《かたほう》のひねり目《め》(星《ほし》印《じるし》) にも通《とお》します。

すき間《ま》ができないようによく引《ひ》っ張《ぱ》り、口巻《くちま》きを根元《ねもと》まではめて取《と》り付《つ》けます。
全部《ぜんぶ》で４ヶ所《しょ》、同《おな》じ手順《てじゅん》で半球《はんきゅう》のフチをつなげます。

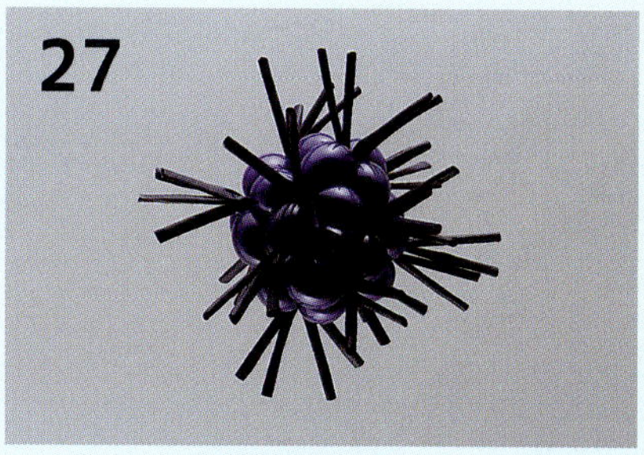

きれいな球体《きゅうたい》になりました。完成《かんせい》です。

ヒトデ

★ 23cm

ふくらませる前《まえ》に、結《むす》び目《め》を作《つく》って3つに切《き》り分《わ》ける作業《さぎょう》をします。切《き》る場所《ばしょ》を間違《まちが》えないように注意《ちゅうい》して切《き》りましょう。

ヒトデ

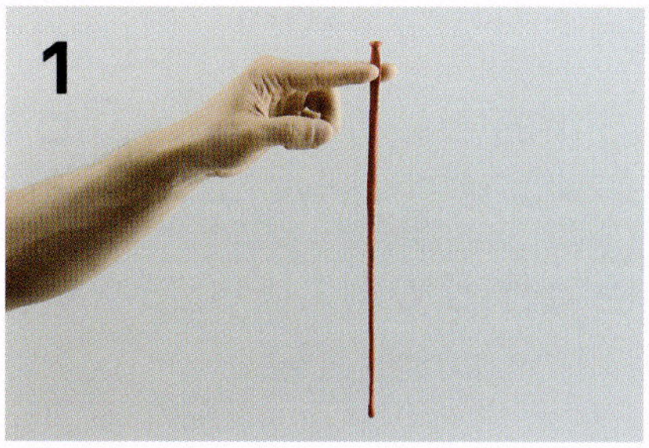

材料《ざいりょう》・260ツイストバルーン
赤《あか》　1本《ぽん》

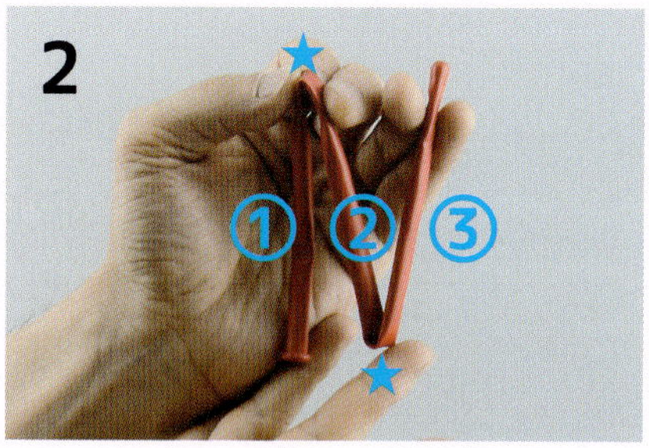

ふくらませる前《まえ》に、三等分《さんとうぶん》になるように折《お》り曲《ま》げます。曲《ま》げた所《ところ》2ヶ所《しょ》に結《むす》び目《め》 ★ を作ります。

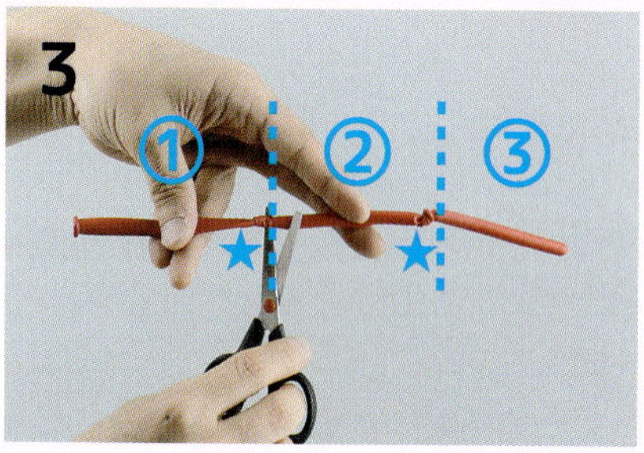

3つに切《き》り分《わ》けます。口巻《くちま》き側《がわ》から先端側《せんたんがわ》に向《む》かって、結《むす》び目《め》 ★ を越《こ》えたすぐ横《よこ》を切《き》っていきます。

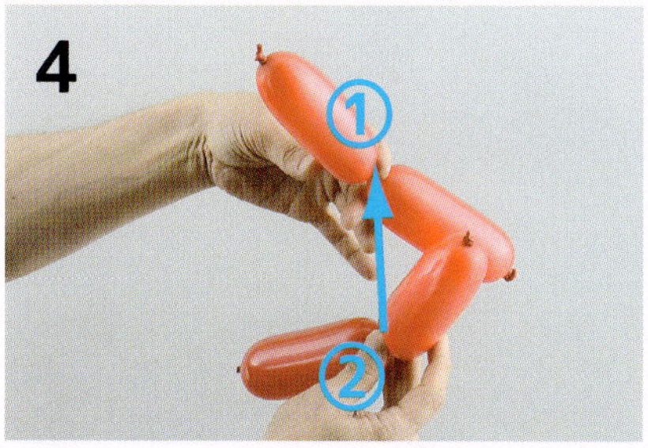

切《き》り分《わ》けた ①と ②を、20cm の長《なが》さにふくらませて結《むす》びます。真《ま》ん中《なか》でひねってからひねり合《あ》わせます。ヒトデの腕《うで》が4本《ほん》できました。

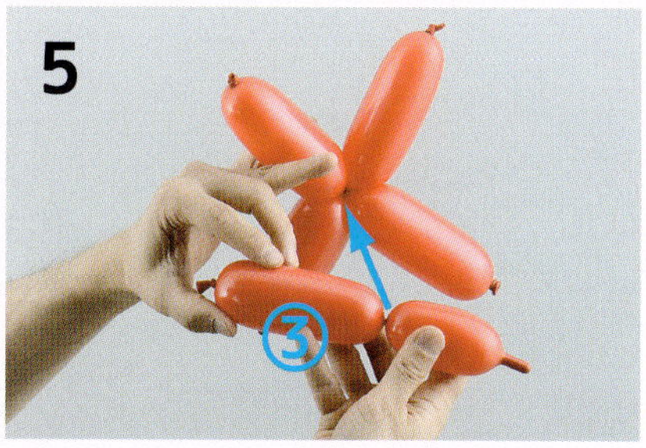

③ は 17cm の長《なが》さにふくらませて結《むす》びます。先《さき》に作《つく》った腕《うで》の長《なが》さに合《あ》わせてひねり、合体《がったい》させて5本《ほん》の腕《うで》にします。

残《のこ》った先端側《せんたんがわ》を3分割《ぶんかつ》するようにひねります。空気《くうき》が送《おく》られて先《さき》までふくらみます。

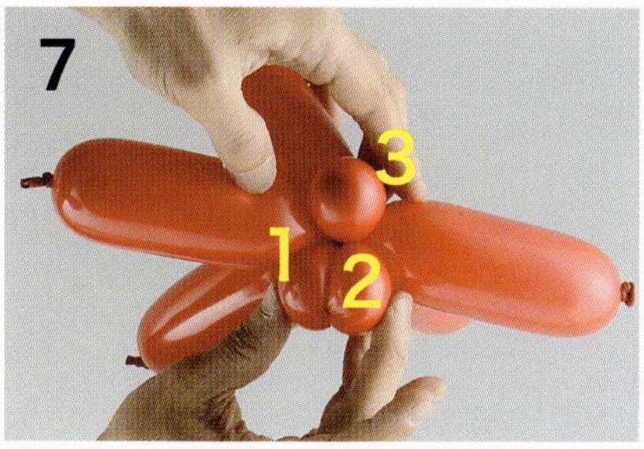

1と2をまとめてひねり合《あ》わせます。ひねり合《あ》わせた1・2のペアは、ヒトデの口《くち》になります。

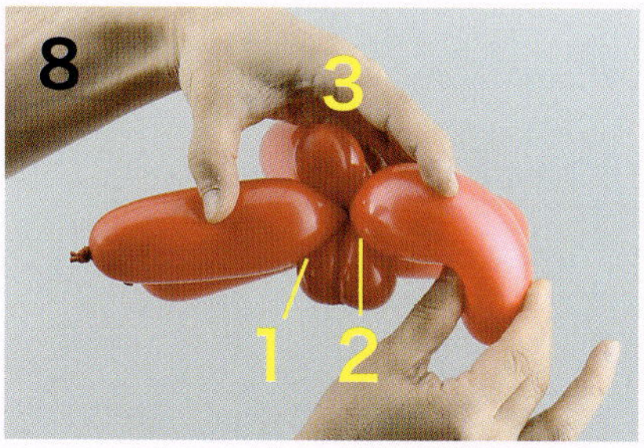

3のボールがある方《ほう》が表側《おもてがわ》、1・2のペアがある方《ほう》が裏側《うらがわ》になります。それぞれが腕《うで》の中央《ちゅうおう》におさまるように位置《いち》を整《ととの》えます。腕《うで》が裏側《うらがわ》にカーブするように、1本《ぽん》1本《ぽん》曲《ま》げぐせをつけます。

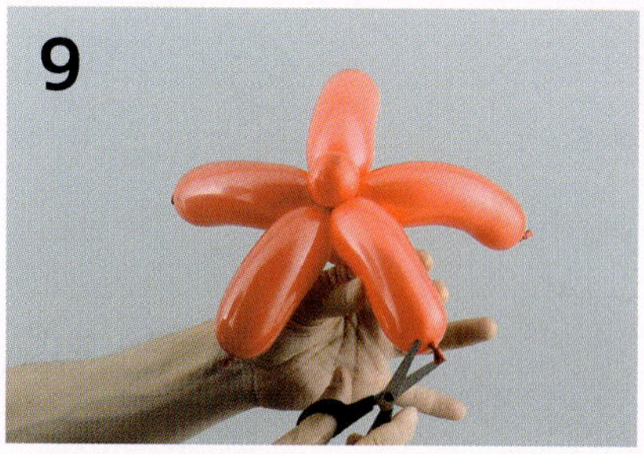

結《むす》び目《め》の先《さき》が長《なが》く残《のこ》っている時《とき》は切《き》り取《と》ります。これで完成《かんせい》です。

フナムシ

21cm

触角《しょっかく》の作《つく》り方《かた》がおもしろいフナムシです。
1本《ぽん》を使《つか》い尽《つ》くす方法《ほうほう》が、なかなか秀逸《しゅういつ》。
いろいろな色《いろ》で作《つく》って遊《あそ》んでください。

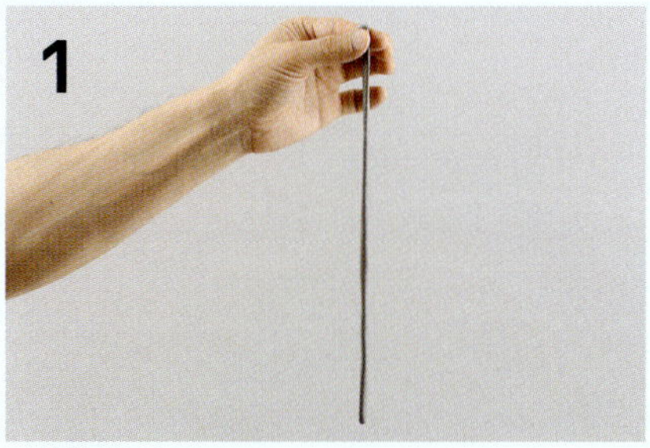

材料《ざいりょう》・260 ツイストバルーン
灰色《はいいろ》　1本《ぽん》

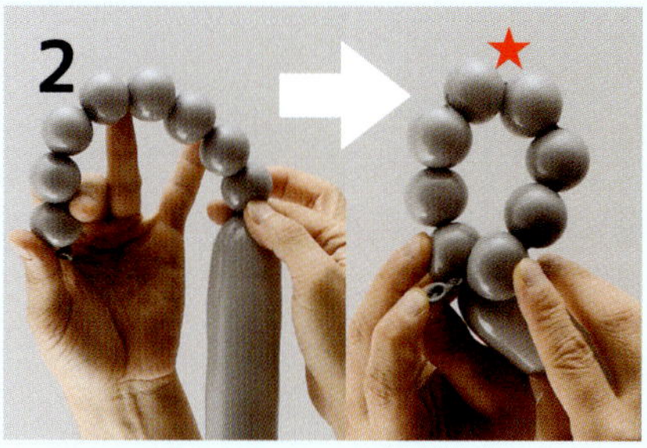

20cm ふくらませて結《むす》びます。2.5cm のボール (かなり小《ちい》さいです) を8つひねります。結《むす》び目《め》を最《さい》後《ご》にひねった所《ところ》に巻《ま》き付《つ》け、ボールのすき間《ま》から引《ひ》き出《だ》して固定《こてい》します。

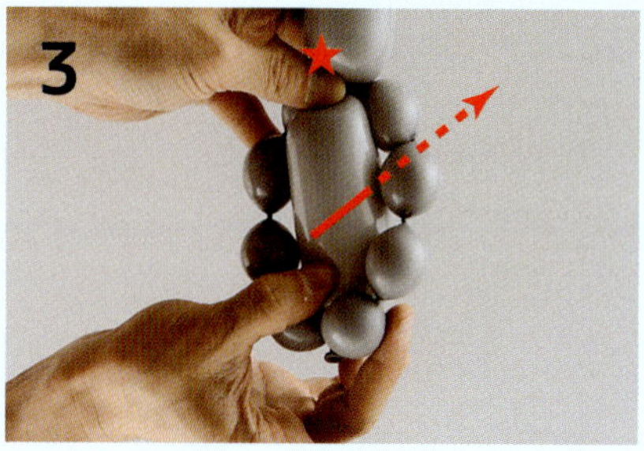

9 cm の長《なが》さでひねり、ボールが4個《こ》・4個《こ》に分かれるひねり目《め》★ に合《あ》わせて重《かさ》ねます。9 cm を奥《おく》に押《お》し込《こ》み、ボールは手前側《てまえがわ》に持《も》って来《き》ます。足《あし》と体《からだ》が合体《がったい》しました。

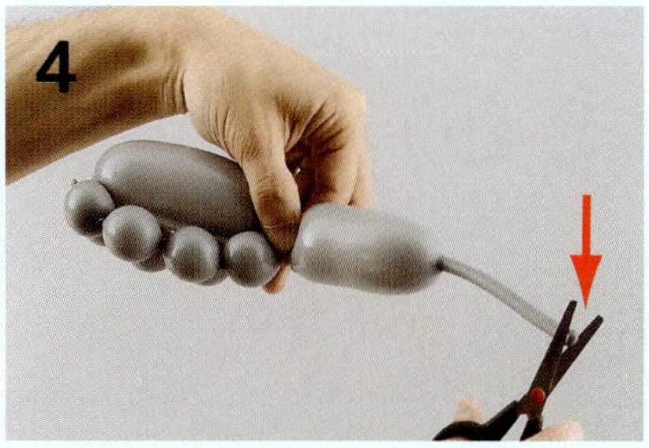

残《のこ》りは先端《せんたん》にハサミを入《い》れてしぼませます。

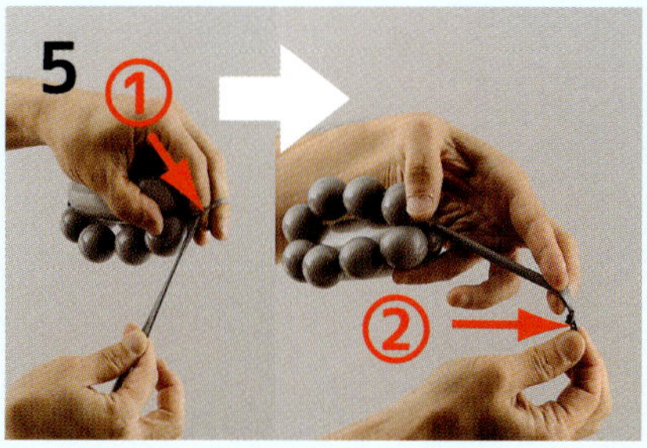

しぼませた元《もと》の所《ところ》と、先端《せんたん》に結《むす》び目《め》を作《つく》ります。

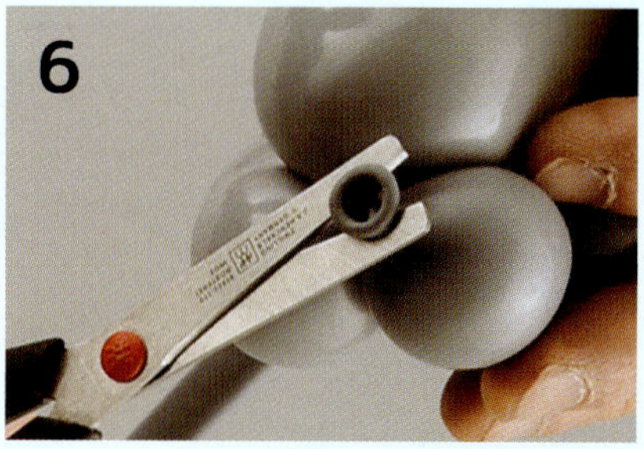

フナムシのお尻側《しりがわ》にある口巻《くちま》きを切《き》り取《と》ります。切《き》り取《と》るのはドーナツ状《じょう》の口巻《くちま》きだけです。すぐそばの結《むす》び目《め》を切《き》ってしまわないように気《き》を付《つ》けましょう。

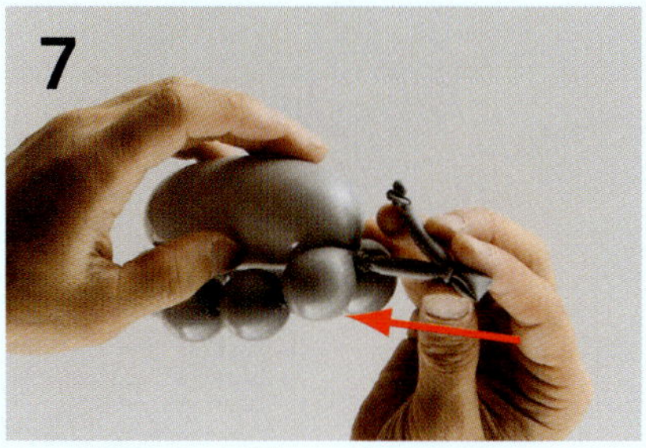

しぼませた部分《ぶぶん》を二《ふた》つ折《お》りにします。折《お》り曲《ま》げた所《ところ》から、切《き》り取《と》った口巻《くちま》きを輪《わ》ゴムのようにはめて、体《からだ》に突《つ》き当《あ》たるまでずらします。

しぼませた部分《ぶぶん》の折《お》り目《め》を、ハサミで切《き》ります。フナムシの触角《しょっかく》ができました。

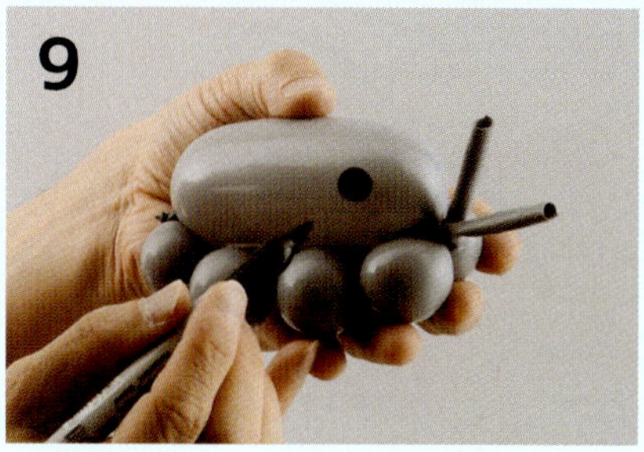

油性《ゆせい》マーカーで目《め》を描《か》いて完成《かんせい》です。

カニ

15cm

カニさんの体《からだ》は、空気《くうき》を最後《さいご》まで使《つか》い切《き》る１本作《ぽんづく》りです。
空気《くうき》の配分《はいぶん》がポイントになります。最初《さいしょ》はうまくできないかもしれませんが、何回《なんかい》か作《つく》ってみると「ひねり終《お》わり」を考《かんが》えながら配分《はいぶん》ができるようになります。
うまくできない時《とき》は１本《ぽん》にこだわらず、途中《とちゅう》でもう１本継《ぽんつ》ぎ足《た》して作《つく》りましょう。

カニ

材料《ざいりょう》・260ツイストバルーン
赤《あか》　1本《ぽん》　・　ピンク　1本《ぽん》

赤《あか》を17cm残《のこ》してふくらませ結《むす》びます。やわらかくつぶしながらひねる人と、張《は》りを持《も》たせてひねる人《ひと》では大《おお》きな差《さ》ができます。17cmは参考程度《さんこうていど》と考《かんが》え、自分《じぶん》なりの長《なが》さを見《み》つけてください。

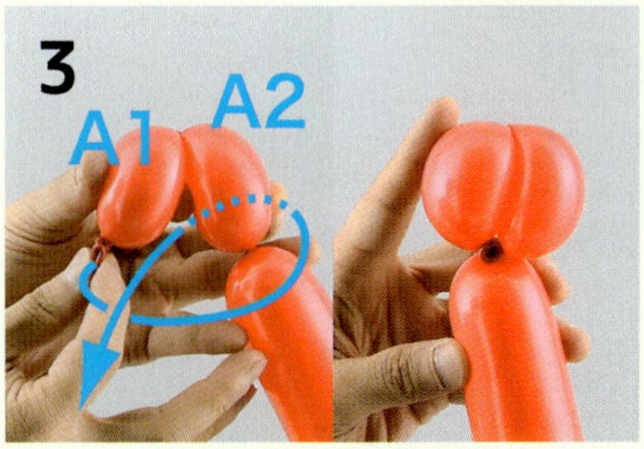

5.5cmを2つ(A1・A2)ひねり、折《お》り曲《ま》げます。結《むす》び目《め》を引《ひ》っ張《ぱ》ってA2のひねり目《め》にからめ、A1・A2のすき間《ま》から引《ひ》き出《だ》して固定《こてい》します。ここはカニのハサミになります。

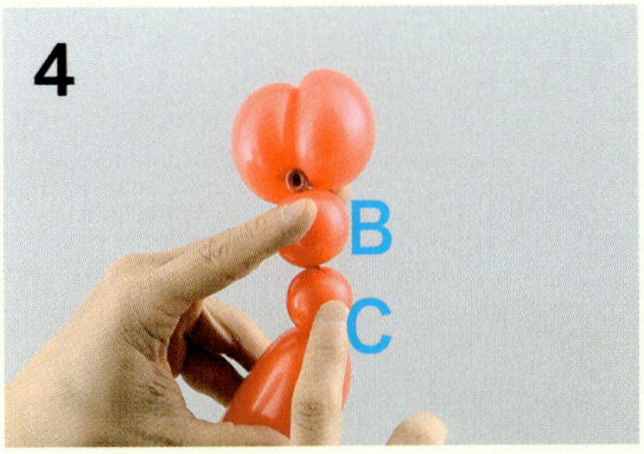

3cmのボール(B)・2.5cmのボール(C)と2つをひねり、

Cの方《ほう》をピンチツイストにします。

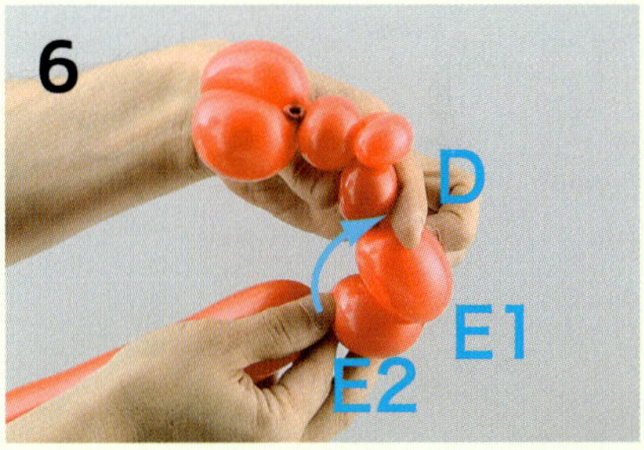

3cm1つ(D)、5cmを2つ(E1・E2)ひねり、E1とE2を、

ひねり合《あ》わせます。ここはカニの足《あし》になります。

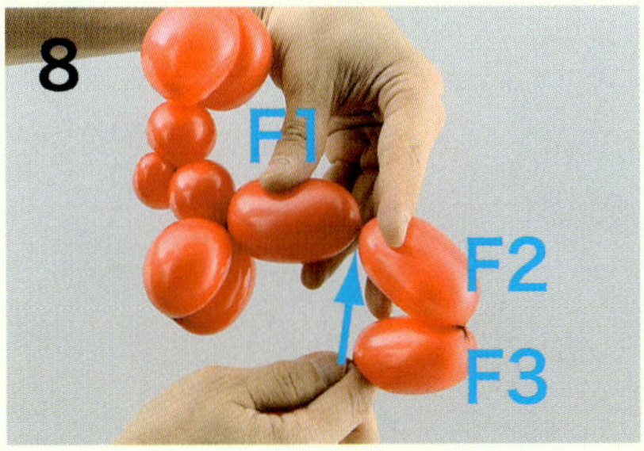

6.5cmを3つ(F1・F2・F3)ひねり、F2とF3をひねり合《あ》わせます。

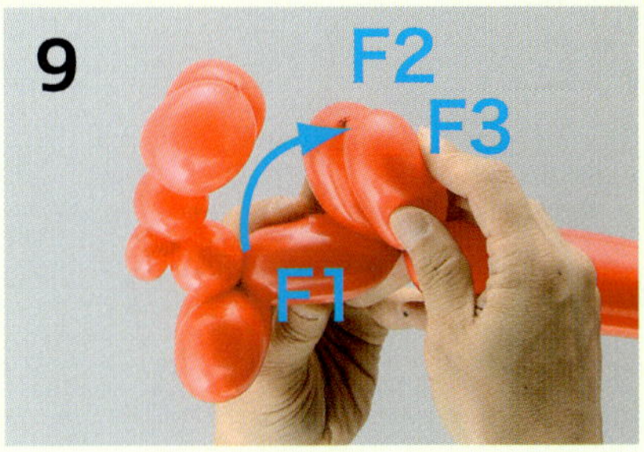

ひねり合《あ》わせたF2・F3に、F1を重《かさ》ねて、

カニ

２本《ほん》 (F2・F3) のすき間《ま》に F1 をくぐらせて、反対側《はんたいがわ》へ突《つ》き抜《ぬ》けさせます。これで３本《ぼん》がまとまりました。

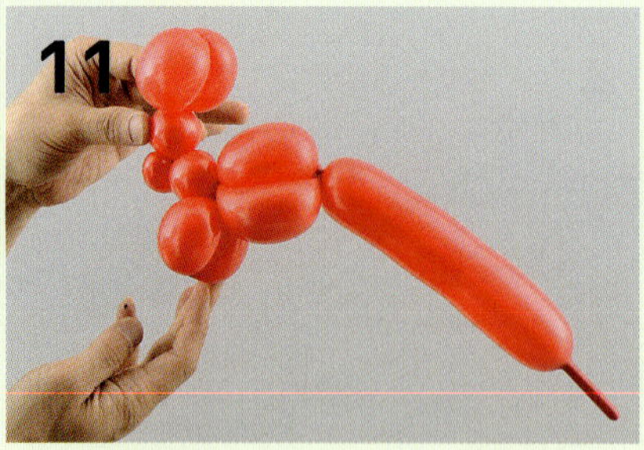

カニの体《からだ》までできました。残《のこ》りはもう片方《かたほう》の足《あし》とハサミです。空気《くうき》の残《のこ》りも考《かんが》えながら、微妙《びみょう》に長《なが》さややわらかさを調整《ちょうせい》して作《つく》っていきましょう。

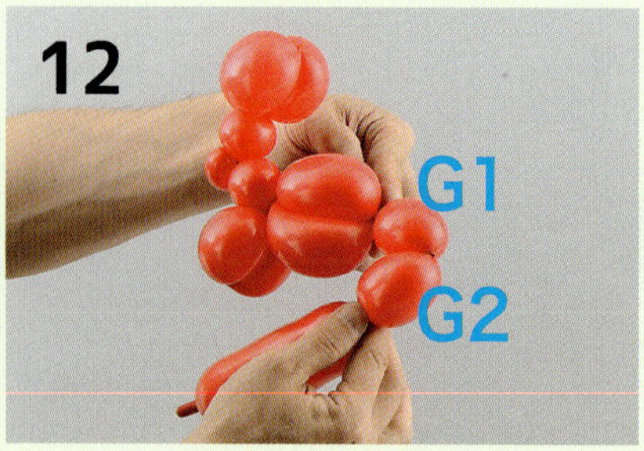

5cm を２つ (G1・G2) ひねり、

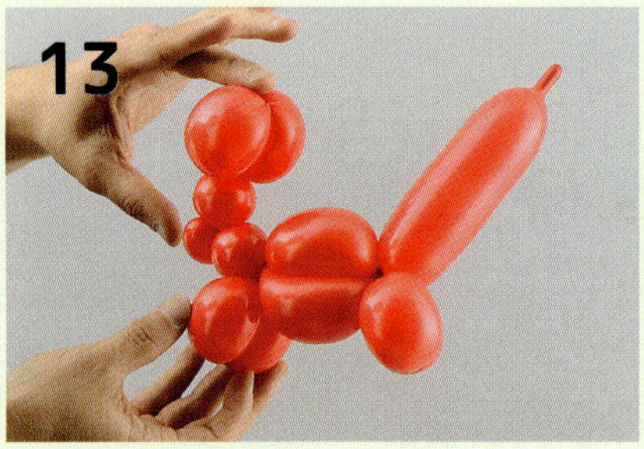

２つをひねり合《あ》わせて足《あし》を作《つく》ります。

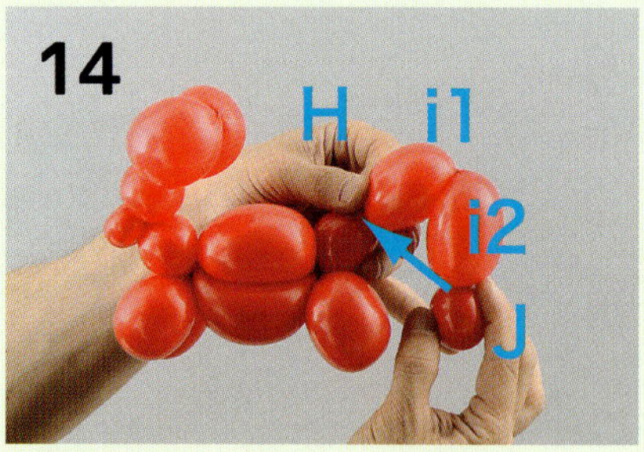

3cm(H) をひねり、残《のこ》りはハサミ (i1・i2) と小《ちい》さいボール (J) で完成《かんせい》です。空気《くうき》の残《のこ》り具合《ぐあい》でハサミとボール (J) の大《おお》きさは変《か》わってきます。

最初《さいしょ》に作《つく》ったハサミと大《おお》きさが揃《そろ》わなくてもかまいません。シオマネキという種類《しゅるい》は、左右《さゆう》でハサミの大《おお》きさが違《ちが》います。「これはシオマネキだもん」と言《い》い張《は》りましょう。

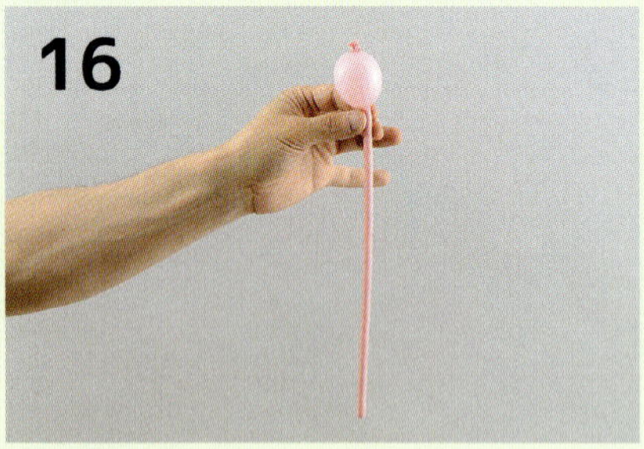

目玉《めだま》を作《つく》ります。ピンクを４cm ふくらませて結《むす》びます。

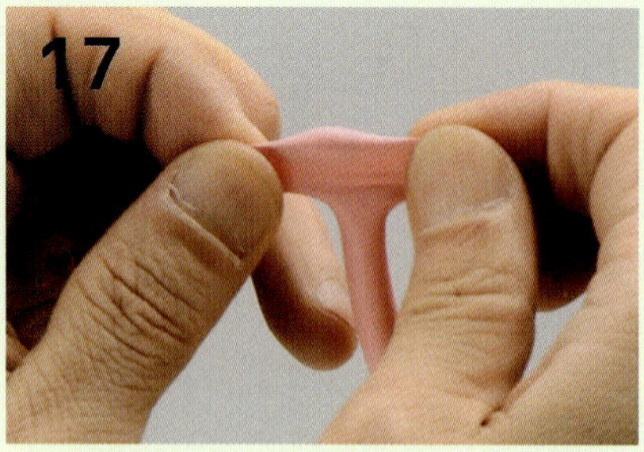

ふくらませた方《ほう》と反対側《はんたいがわ》、先端部分《せんたんぶぶん》を両手《りょうて》でつまんで「びよーん」と引《ひ》き伸《の》ばしておきます。伸《の》ばした所《ところ》は弱《よわ》くなるので、この部分《ぶぶん》だけがふくらみやすくなります。

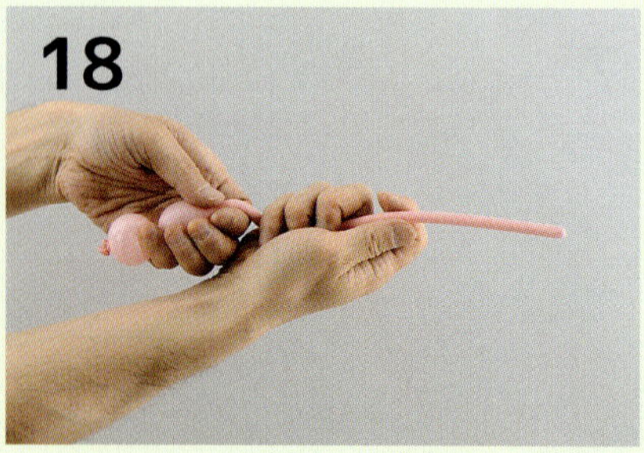

ふくらませた所《ところ》を２分割《ぶんかつ》し、先端《せんたん》に近《ちか》い方《ほう》のボールだけ、ぐっと一気《いっき》につぶします。この時《とき》、途中《とちゅう》がふくらんでしまわないように、もう片方《かたほう》の手《て》で軽《かる》く握《にぎ》って保護《ほご》します。

19

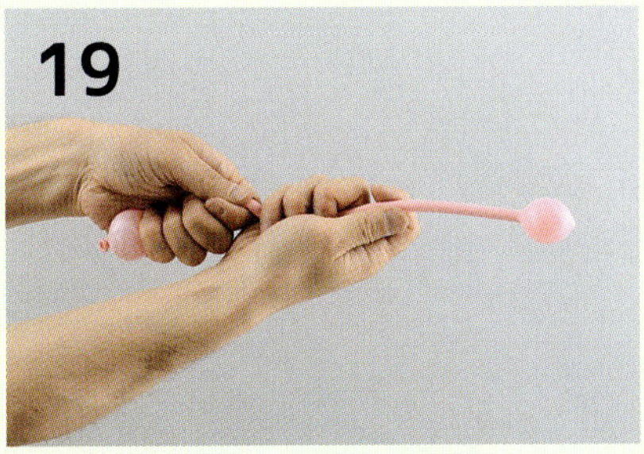

つぶした空気《くうき》が一気《いっき》に先端《せんたん》にワープします。この手法《しゅほう》は、プードルの尻《しっ》尾《ぽ》をポコン！とふくらませる時《とき》にも使《つか》えます。うまくできなかった時《とき》は、少《すこ》しずつ移動《いどう》させましょう。

20

空気《くうき》を調整《ちょうせい》して両方《りょうほう》の大《おお》きさを揃《そろ》えます。先端《せんたん》の空気《くうき》は戻《もど》りやすいので、ふくらんでいる所《ところ》のすぐそばに、

21

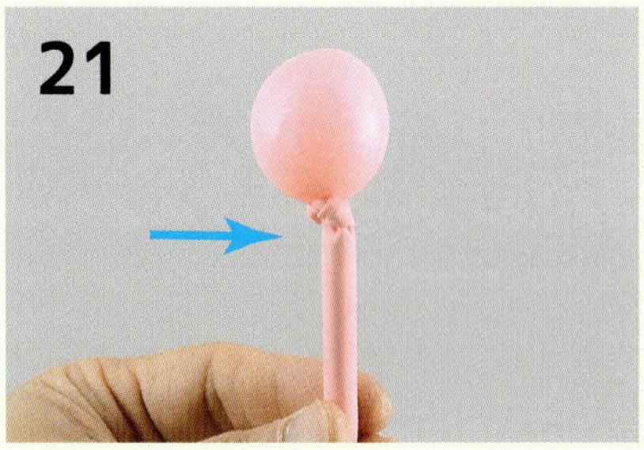

結《むす》び目《め》を作ります。

22

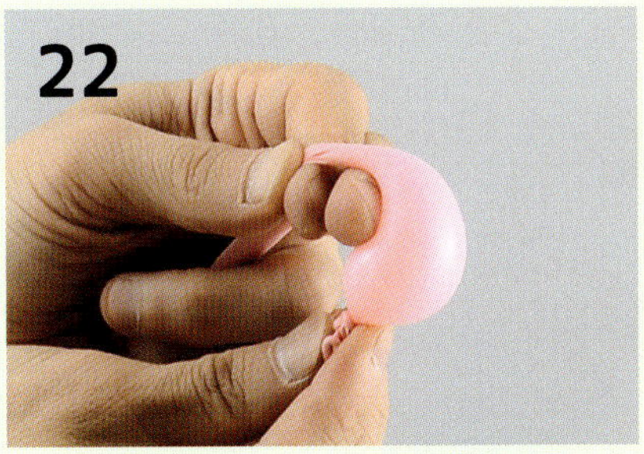

口巻《くちま》き側《がわ》のボールは、両端《りょうたん》を結《むす》び合《あ》わせます。

23

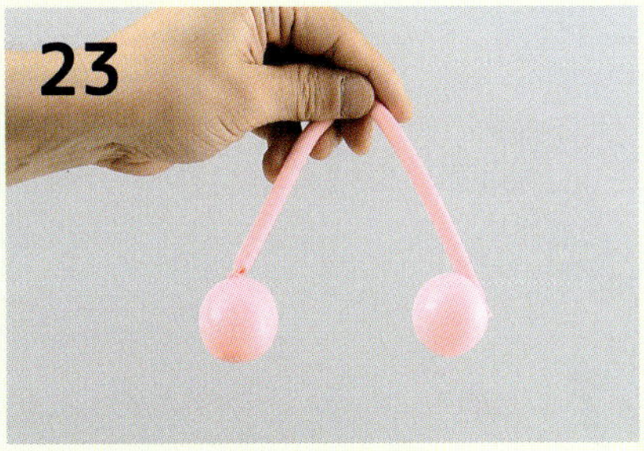

２つ折《お》りにして持《も》ち、

24

ピンクの折《お》り曲《ま》げた部分《ぶぶん》を上《うえ》から差《さ》し込《こ》み、２本《ほん》と１本《ぽん》のすき間《ま》から下《した》側《がわ》に引《ひ》き出《だ》します。

25

ピンクのふくらんでいない部分《ぶぶん》が裏《うら》になるように、体《からだ》を回《まわ》して位置《いち》を整《ととの》えます。カニの体《からだ》３本《ぼん》のうち、真《ま》ん中《なか》の１本《ぽん》が顔《かお》になります。油性《ゆせい》マーカーで口《くち》などを描《か》きましょう。ピンクの目玉《めだま》にも黒目《くろめ》を描《か》きます。

26

完成《かんせい》です。裏側《うらがわ》のピンクに腕《うで》を通《とお》すと、カニブレスレットになります。

27

手《て》の甲《こう》に付《つ》け、指《ゆび》を動《うご》かして横歩《よこある》きさせてあげてもかわいいです。

ヤドカリ

15cm

ピンクの体《からだ》・薄茶色《うすちゃいろ》の貝《かい》・白《しろ》の目玉《めだま》の3つは、少《すこ》し作《つく》って組《く》み合《あ》わせ、また少《すこ》し作《つく》って組《く》み合《あ》わせと、同時進行《どうじしんこう》で制作《せいさく》していきます。今《いま》作《つく》っているこの部分《ぶぶん》は、どこにどう収《おさ》まるのか？パズルのような作《つく》り方《かた》の過程《かてい》も楽《たの》しんでいただけると嬉《うれ》しいです。

ヤドカリ

材料《ざいりょう》・260 ツイストバルーン
薄茶《うすちゃ》 1本《ぽん》 ・ ピンク 1本《ぽん》
白《しろ》 1本《ぽん》 ・ 山吹色《やまぶきいろ》 2本《ほん》
赤《あか》 1本《ぽん》

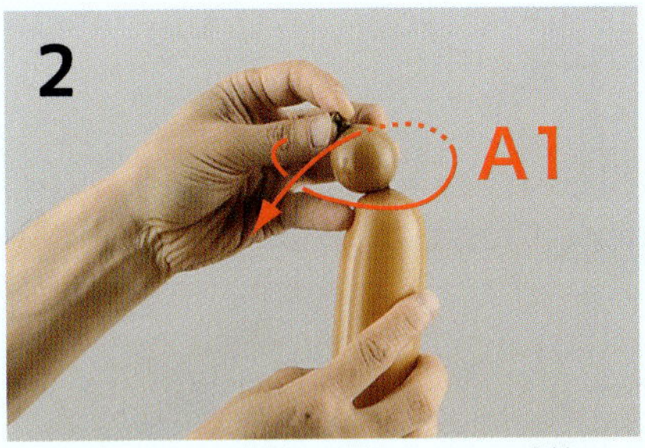

ヤドカリの貝殻《かいがら》を作《つく》ります。薄茶《うすちゃ》を18cm 残《のこ》してふくらませて結《むす》びます。3cm のボール (A1) をひねります。

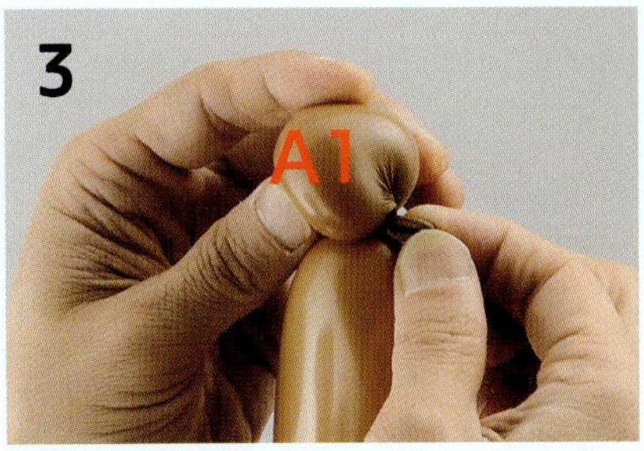

結《むす》び目《め》を引《ひ》っ張《ぱ》ってぐるっとひねり目《め》にからめ、からめた穴《あな》から引《ひ》き出《だ》します。これでボールがほどけなくなりました。

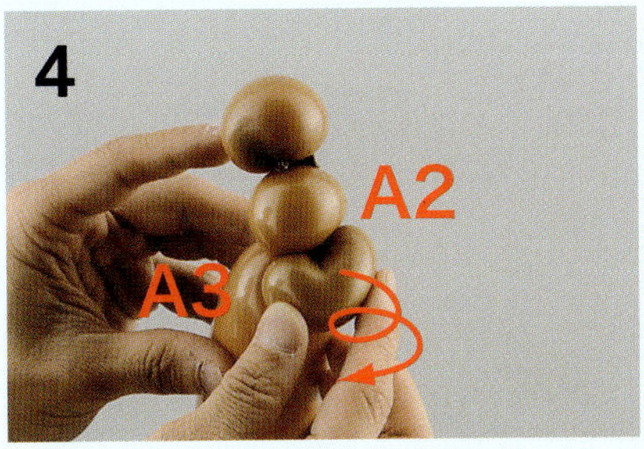

3cm のボールを2つ (A2・A3) ひねり、A3 の方《ほう》をピンチツイストにします。

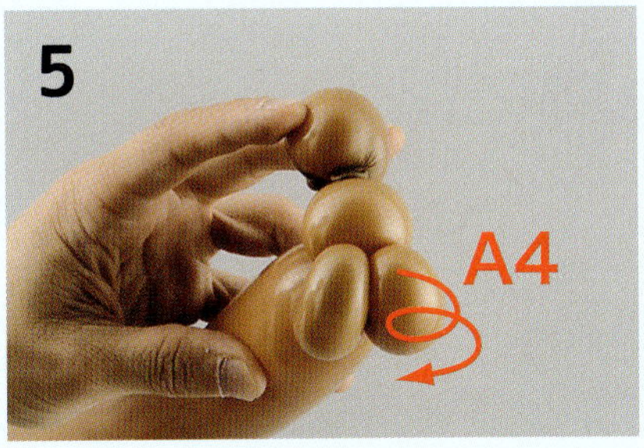

もう1つ、3cm のボール (A4) をひねり、ピンチツイストにします。

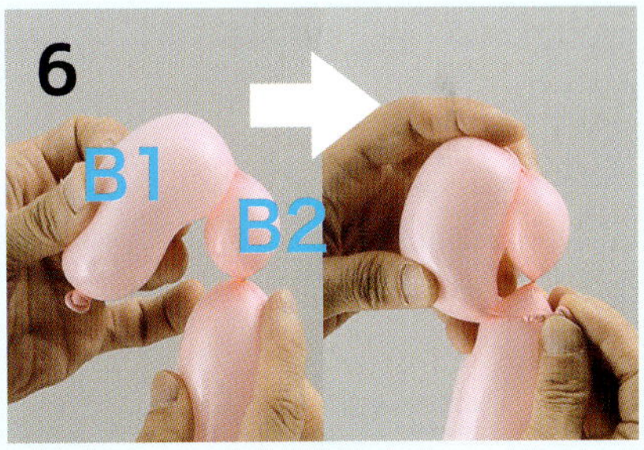

ピンクを18cm 残《のこ》してふくらませ結《むす》びます。7cm(B1) と 3cm(B2) をひねります。口巻《くちま》きを引《ひ》っ張《ぱ》ってB2 のひねり目《め》にからめ、B1 と B2 の間《あいだ》から引《ひ》き出《だ》して固定《こてい》します。

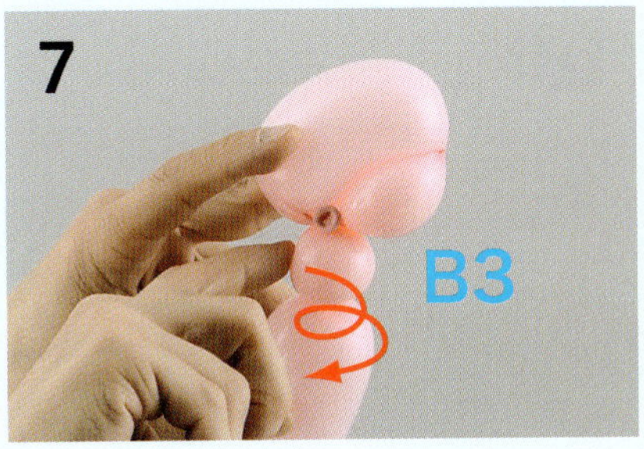

2.5cm のボールをピンチツイスト (B3) にします。ヤドカリのハサミができました。

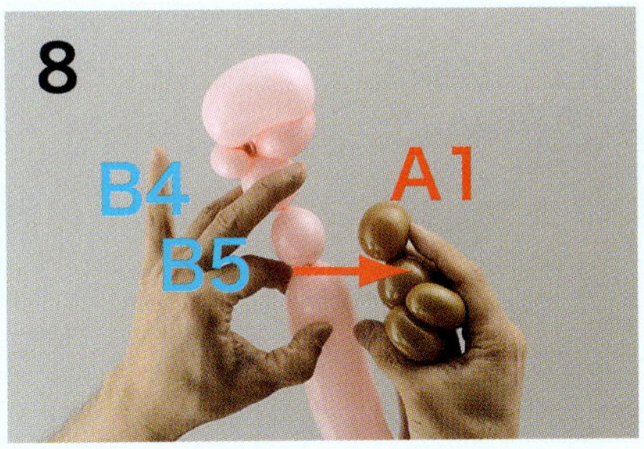

ピンクで3cm のボールを2つ (B4・B5) ひねります。ひねりが戻《もど》らないように押《お》さえながら、2つ目《め》のボール (B5) を、A1 のひねり目《め》とからめて合体《がったい》させます。

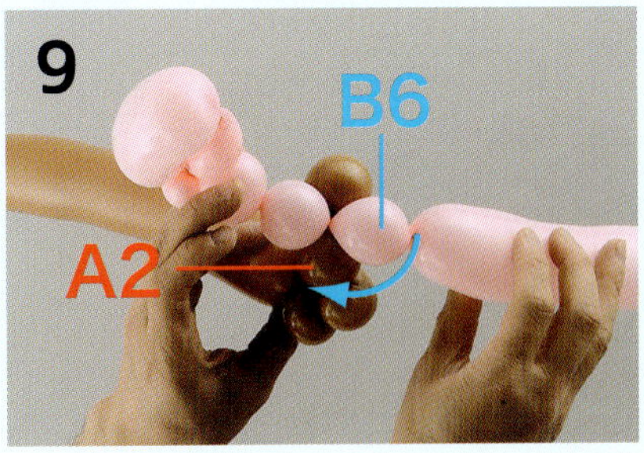

ピンクでもう1つ3cm(B6) をひねり、A2 と重《かさ》ねてひねり合《あ》わせます。ここは薄茶《うすちゃ》とピンクで二重《にじゅう》になる所《ところ》です。この時《とき》も、もう片方《かたほう》の手《て》でB4・B5 のひねりがほどけないように押《お》さえています。

ヤドカリ

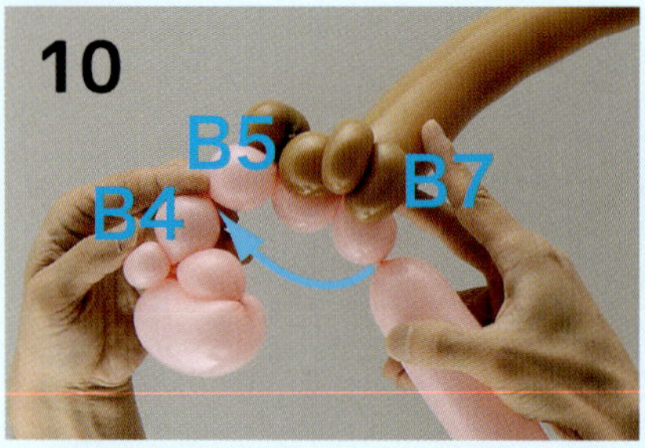

もう1つ3cm(B7) をひねり、片手《かたて》で押《お》さえていた B4 と B5 のひねり目《め》にからめます。

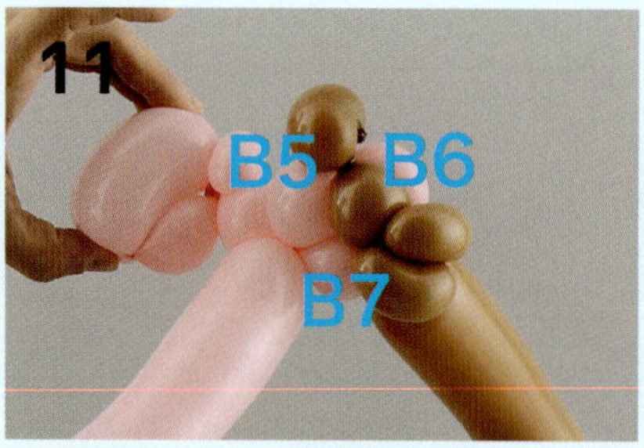

B5・B6・B7 で三角形《さんかくけい》ができました。

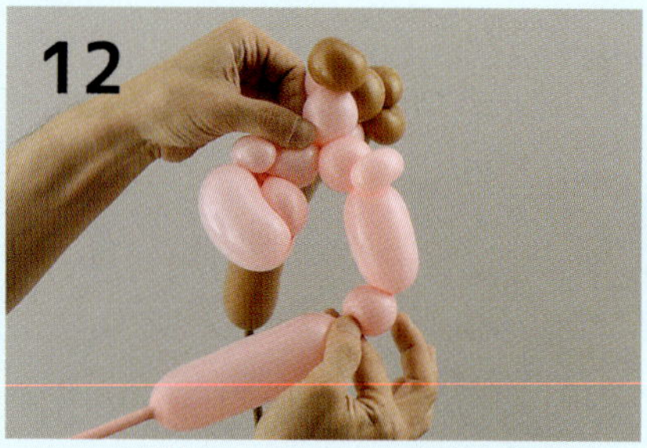

もう片方《かたほう》のハサミを、逆《ぎゃく》の手順《てじゅん》で作《つく》っていきます。3cm のボール・2.5cm のピンチツイストの後《あと》に、7cm・3cm をまとめてひねります。

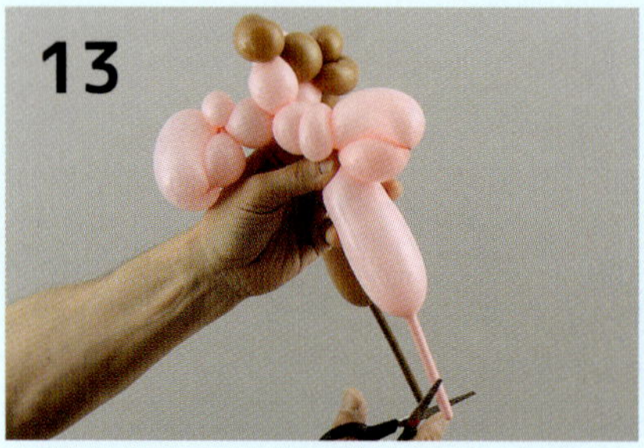

残《のこ》りはひねり目《め》を押《お》さえてしぼませます。結《むす》び目《め》を作《つく》ってとめ、余分《よぶん》は切《き》り取《と》ります。

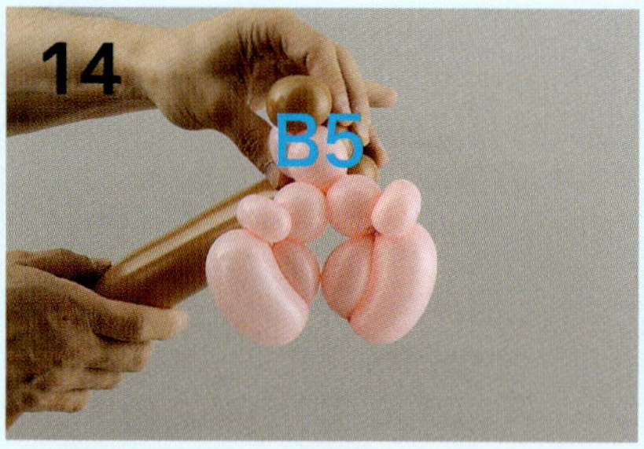

ハサミは B5 の両側《りょうがわ》に来《く》るように、位置《いち》を整《ととの》えておきます。

ヤドカリの目玉《めだま》を作《つく》ります。白《しろ》を3.5cm ふくらませて結《むす》びます。

真《ま》ん中《なか》でひねり、折《お》り曲《ま》げて、

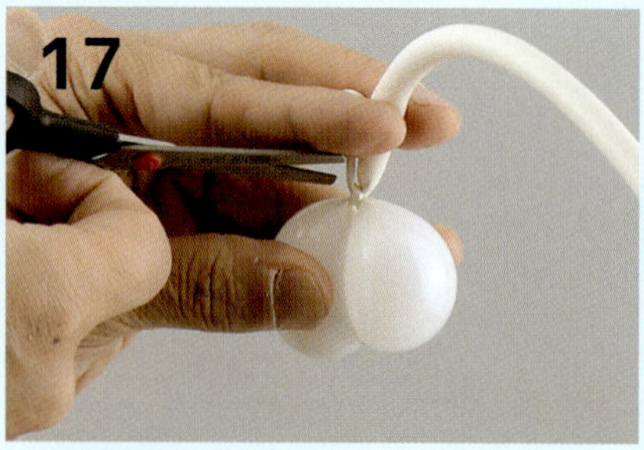

両端《りょうたん》を結《むす》び合《あ》わせます。残《のこ》りは切《き》り取《と》ります。

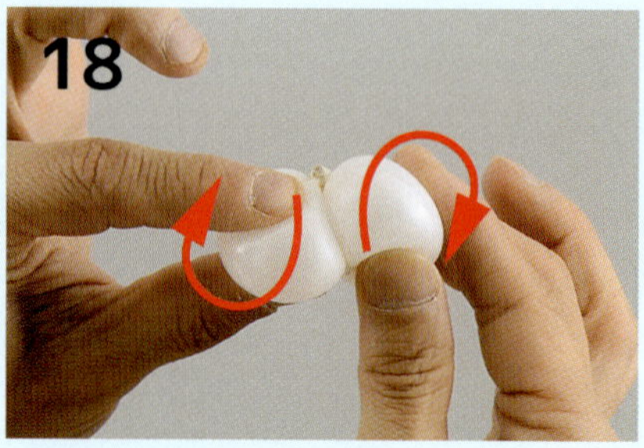

ボール2つを互《たが》い違《ちが》いにひねって、ピンチツイスト2つにします。

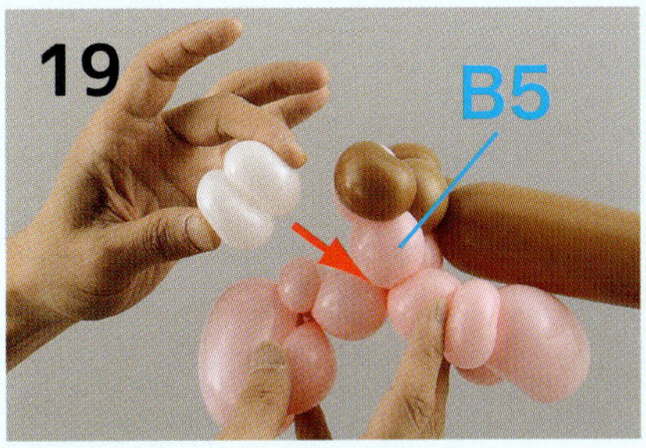

これをハサミの付《つ》け根《ね》に、

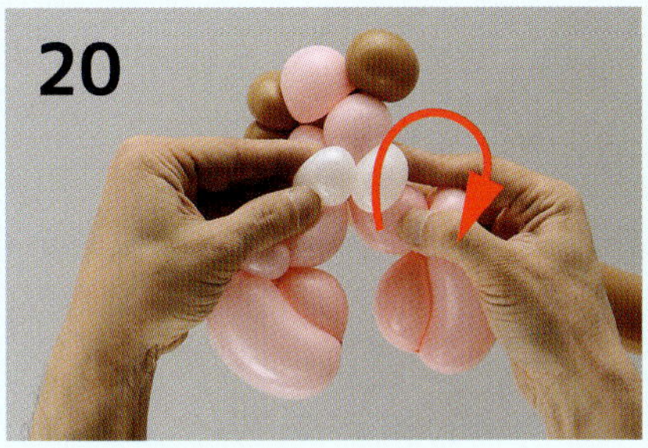

からめて取《と》り付《つ》けます。

目玉《めだま》がきれいに並《なら》ぶように、形《かたち》を整《ととの》えます。

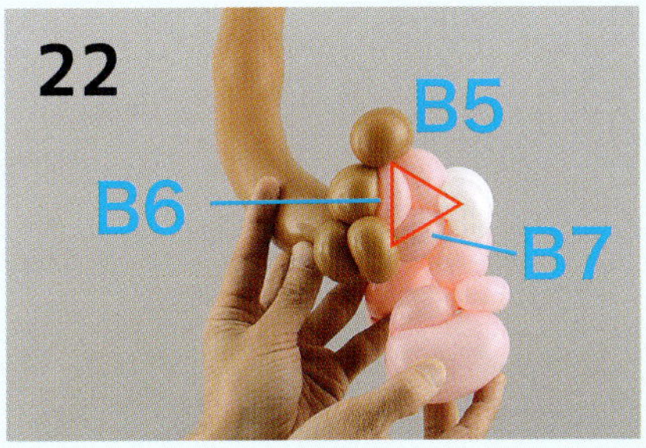

これは横《よこ》から見《み》た所《ところ》です。B5・B6・B7 が、目玉《めだま》と薄茶《うすちゃ》の間《あいだ》で図《ず》のような三角形《さんかくけい》になっているのを確認《かくにん》してください。

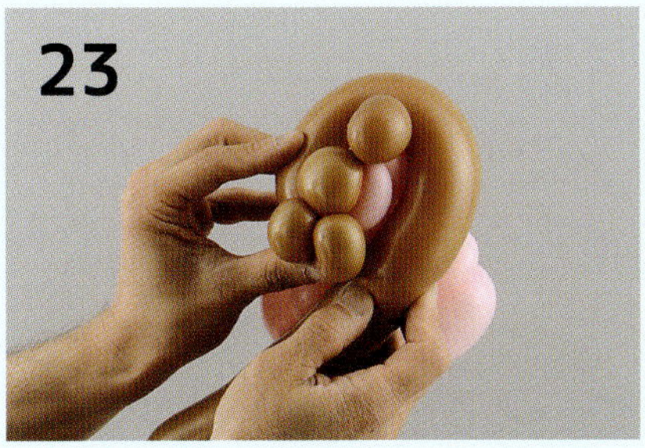

ここから巻《ま》き貝《がい》を作《つく》っていきます。薄茶《うすちゃ》を握《にぎ》ってつぶし、少《すこ》しやわらかくしてから、ぐるっと1周《しゅう》させて長《なが》さを決《き》めます。あまりキツキツに巻《ま》かないように注意《ちゅうい》しましょう。

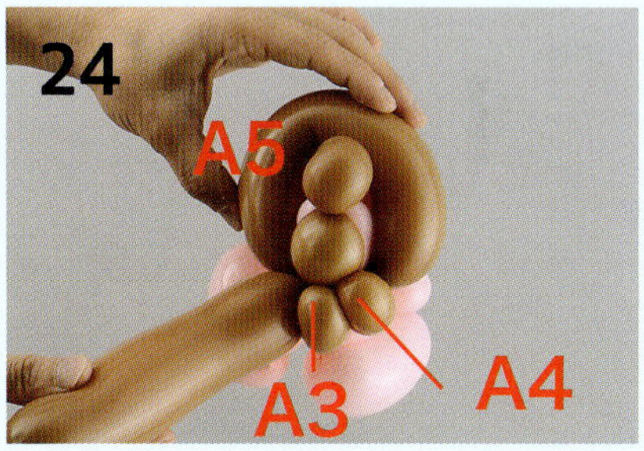

A3・A4 のピンチツイストにひねり合《あ》わせます。巻《ま》き貝《がい》の大《おお》きい円《えん》(A5) ができました。

もう1周《しゅう》、つぶして空気《くうき》を抜《ぬ》きながら小《ちい》さめに巻《ま》き付《つ》け、

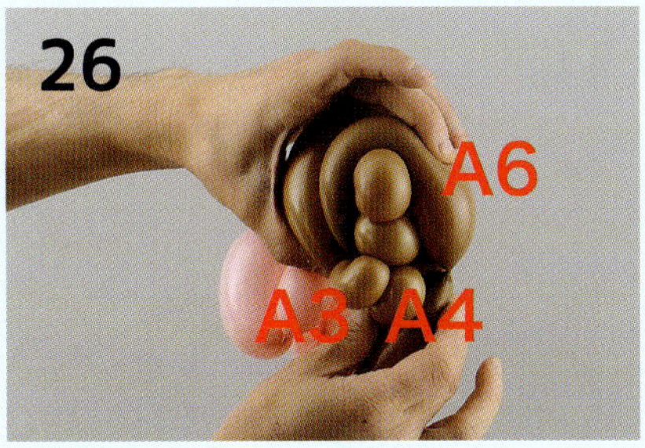

A3・A4 のピンチツイストにひねり合《あ》わせます。巻《ま》き貝《がい》の小《ちい》さい円《えん》(A6) ができました。

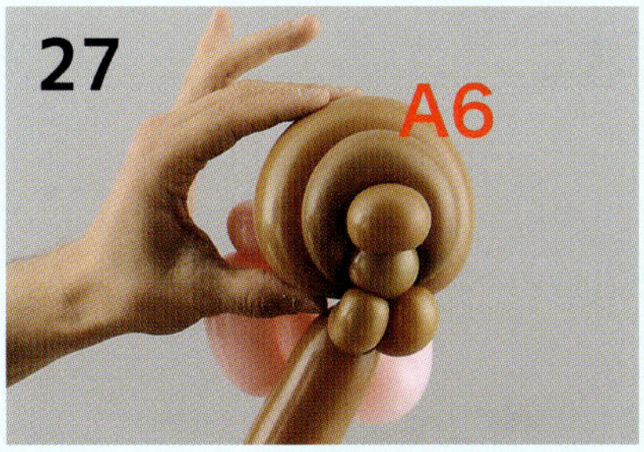

もし、A6 を巻《ま》く前《まえ》に空気《くうき》が足《た》りなくなっていたら、薄茶《うすちゃ》の先端《せんたん》にハサミを入れてポンプで空気《くうき》を足《た》し、先《せん》端《たん》を結《むす》んでから作業《さぎょう》をします。

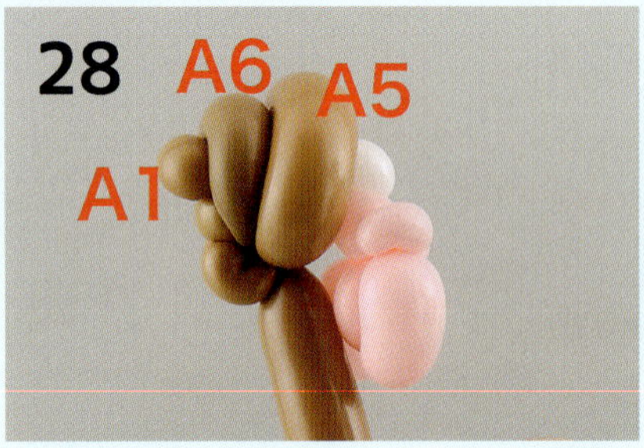

横《よこ》から見《み》た所《ところ》です。A1とA5の間《あいだ》に、空気《くうき》を抜《ぬ》きながらA6をはめ込《こ》んであります。きれいな貝《かい》の形《かたち》になっていますね。薄茶《うすちゃ》の残《のこ》りはしぼませて結《むす》び、余分《よぶん》は切《き》り取《と》ります。

山吹色《やまぶきいろ》2本《ほん》を、先端《せんたん》から7cmの所《ところ》で切《き》り取《と》ります。

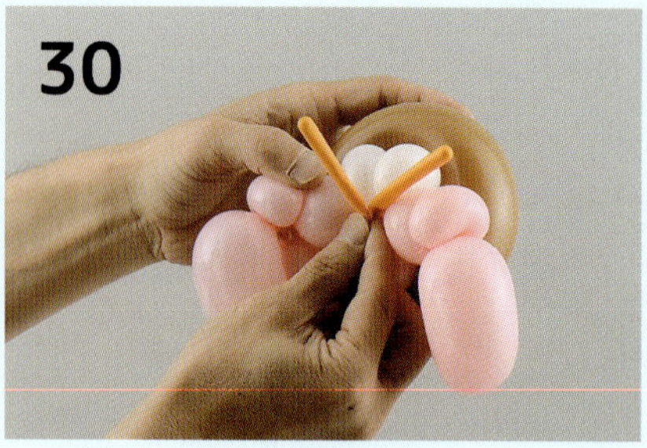

2本《ほん》を、目《め》の下《した》のすき間《ま》にはめ込《こ》みます。

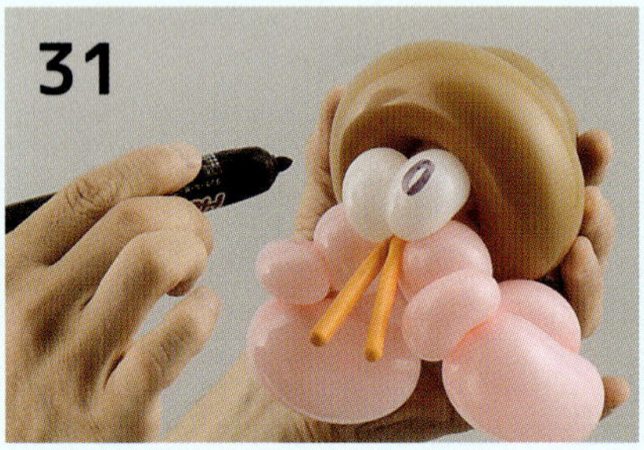

黒目《くろめ》を油性《ゆせい》マーカーで描《か》きます。

イソギンチャクを作《つく》ります。赤《あか》を4.5cmふくらませて結《むす》びます。

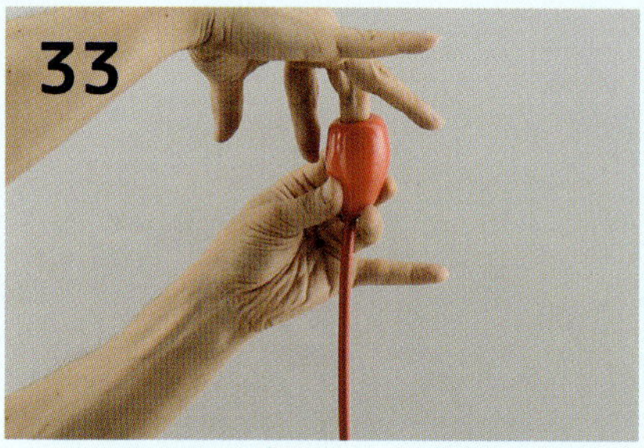

結《むす》び目《め》に指《ゆび》を当《あ》てて、内側《うちがわ》に押《お》し込《こ》んでいきます。

ふくらんでいない所《ところ》まで押《お》し込《こ》んだら、外側《そとがわ》から結《むす》び目《め》を押《お》さえて指《ゆび》を抜《ぬ》き、

内側《うちがわ》にある結《むす》び目《め》を巻《ま》き込《こ》むようにして、結《むす》びます。

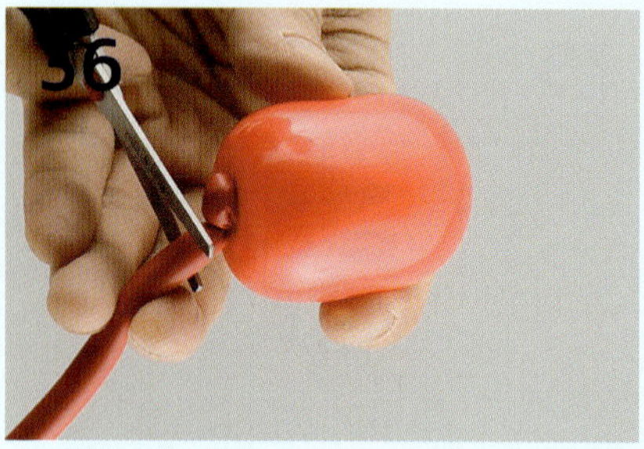

残《のこ》りは切《き》り取《と》ります。切《き》り取《と》った残《のこ》りで触手《しょくしゅ》を作《つく》ります。捨《す》てずにとっておきましょう。

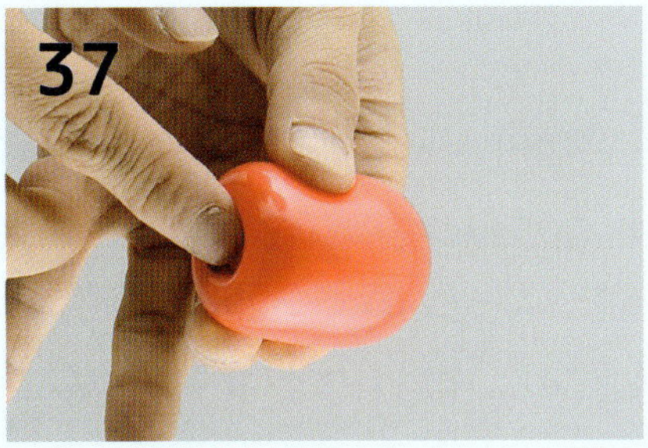

ぽっこりとした出《で》べそのような結《むす》び目《め》は、内側《うちがわ》に押《お》し戻《もど》して隠《かく》します。

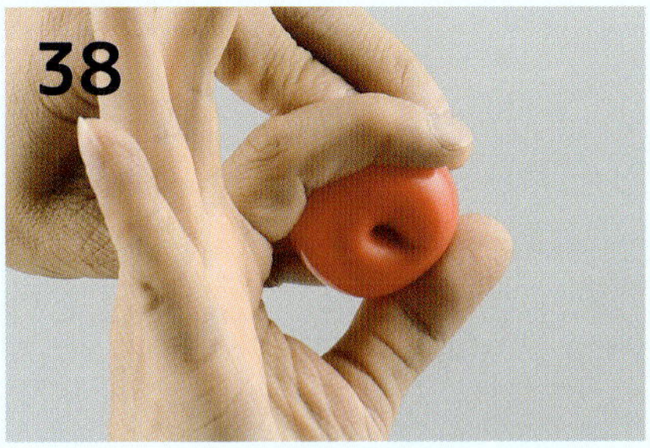

端《はし》から2cmの所《ところ》でひねります。小《ちい》さくひねるので大変《たいへん》ですが、指先《ゆびさき》に力《ちから》を入《い》れて思《おも》い切《き》りよくひねりましょう。

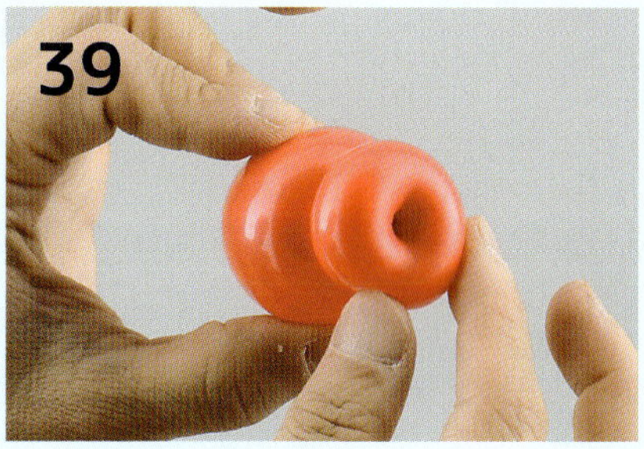

イソギンチャクの体《からだ》ができました。

イソギンチャクの触手《しょくしゅ》を作《つく》ります。解説《かいせつ》36で切《き》り取《と》った残《のこ》りを使《つか》います。まず先端《せんたん》を切《き》り取《と》り、筒状《つつじょう》にします。ハサミで切《き》り開《ひら》き、細長《ほそなが》い1枚《まい》にします。

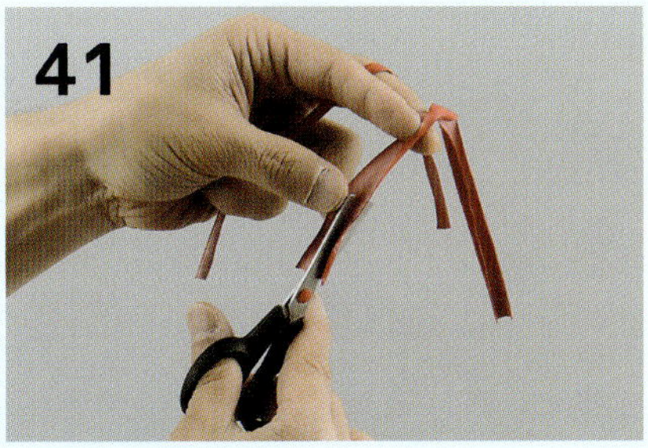

それを細《ほそ》く3つに切《き》り分《わ》けます。刃《は》のにぶったハサミだとうまく切《き》れません。よく切《き》れるハサミを使《つか》いましょう。

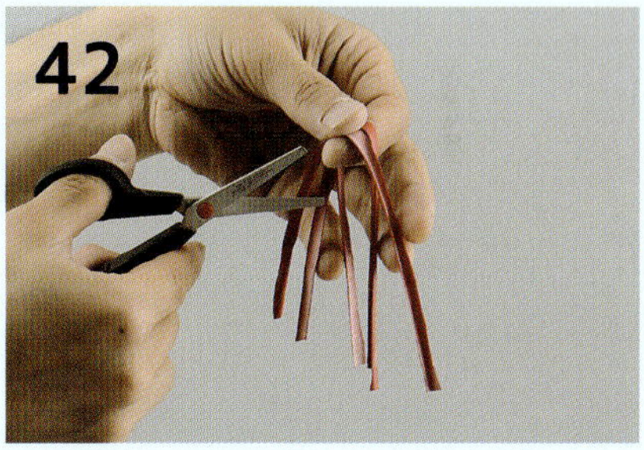

切《き》り分《わ》けた3本《ぼん》を、半分《はんぶん》の長《なが》さにします。

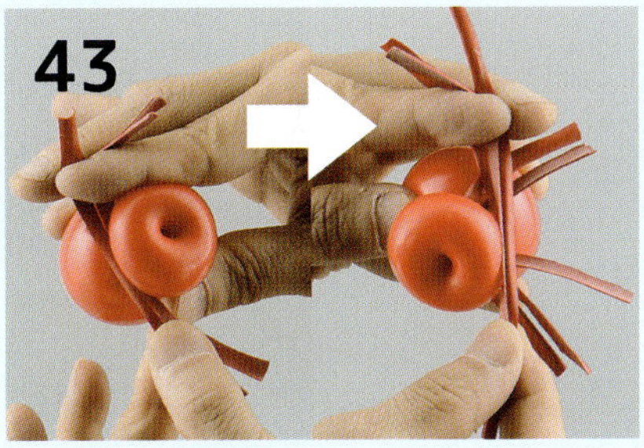

まず3本《ぼん》を持《も》ち、イソギンチャクのすき間《ま》にはめ込《こ》みます。反対側《はんたいがわ》から残《のこ》りの3本《ぼん》をはめ込《こ》み、触手《しょくしゅ》が放射《ほうしゃ》状《じょう》になるように形《かたち》を整《ととの》えます。

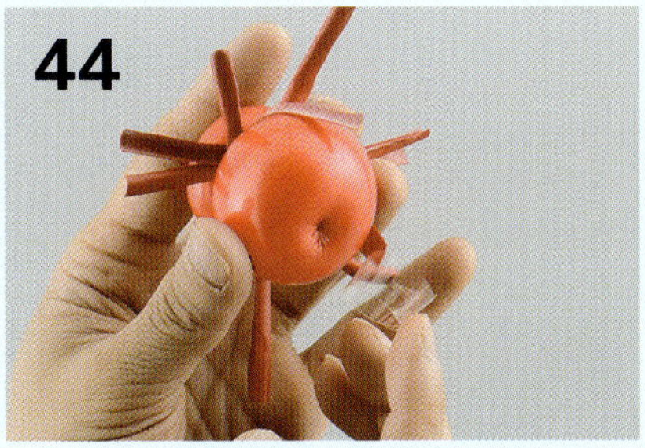

セロハンテープの粘着面《ねんちゃくめん》を外側《そとがわ》にして輪《わ》を作《つく》り、イソギンチャクのお尻《しり》に貼《は》り付《つ》けます。

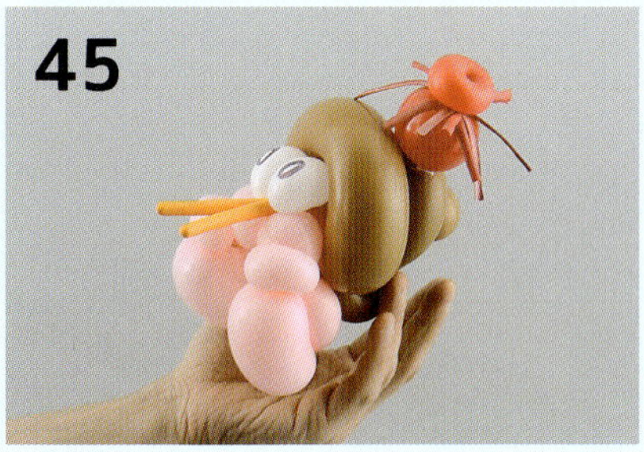

貝殻《かいがら》にイソギンチャクをくっ付《つ》けます。お疲《つか》れさまでした!! 完成《かんせい》です。

クラゲ

30cm

ポイントは「やわらかく」
水色《みずいろ》で作《つく》ったパーツのすき間《ま》に透明《とうめい》を埋《う》め込《こ》んだり、曲《ま》げグセをつけたりと、風船《ふうせん》の形《かたち》を大《おお》きく変《か》える作業《さぎょう》があります。やわらかくしてからひねりましょう。
見《み》た目《め》より難易度《なんいど》が高《たか》めですが、技《ぎ》
法《ほう》のおもしろさが味《あじ》わえる作品《さくひん》です。

クラゲ

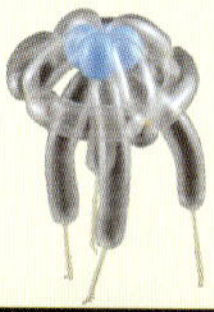

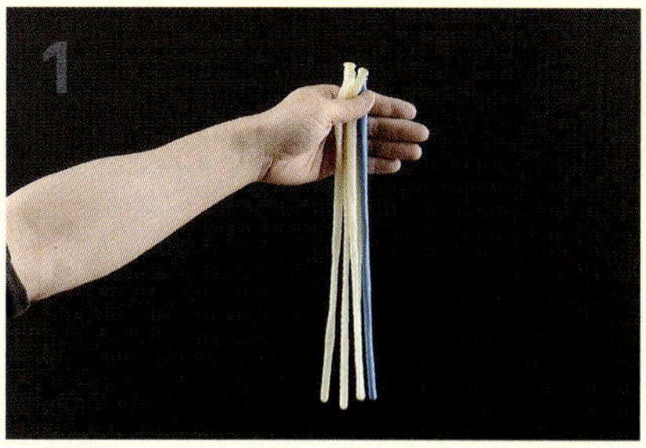

材料《ざいりょう》・260 ツイストバルーン
透明《とうめい》　4本《ほん》　・　水色《みずいろ》　　1本《ぼん》

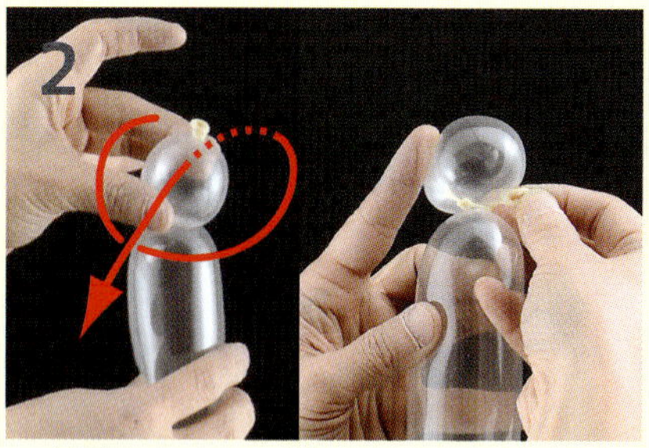

透明《とうめい》を 18cm 残《のこ》してふくらませ、結《むす》びます。3.5cm のボールをひねります。結《むす》び目《め》をぐるっとひねり目《め》にからめ、引《ひ》き出《だ》して固定《こてい》します。同《おな》じものを4本作《ほんつく》ります。

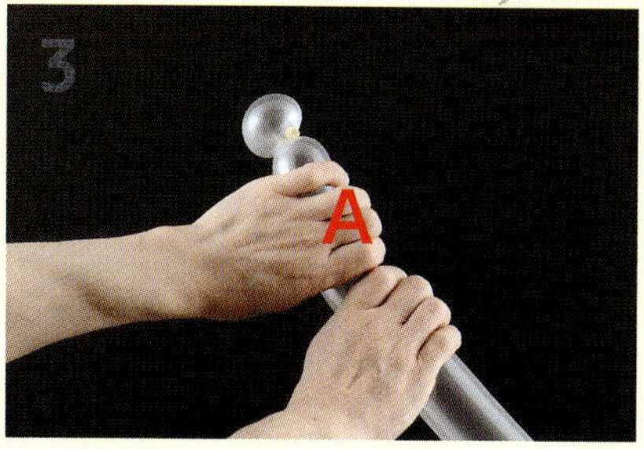

1本目《ぼんめ》(A) を両手《りょうて》で握《にぎ》ってやわらかくしてから、

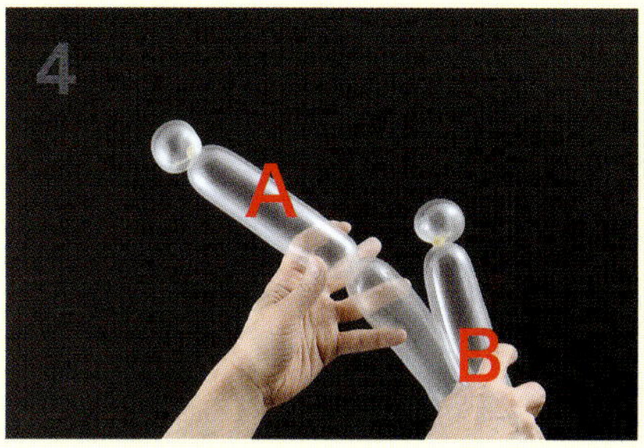

15cm ひねり、そこへ次の1本《ぼん》(B) をひねり合《あ》わせます。

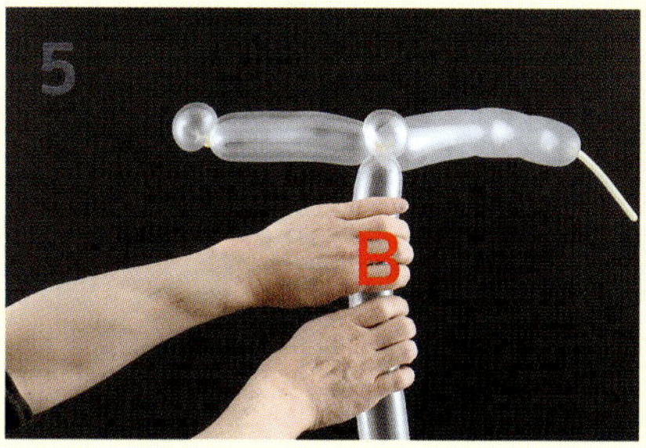

Bも両手《りょうて》で握《にぎ》ってやわらかくしてから、15cm ひねります。そこへ次《つぎ》の1本《ぼん》をひねり合《あ》わせます。

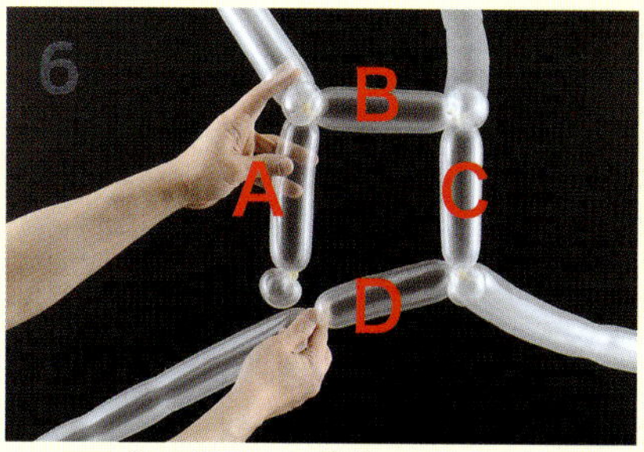

この繰《く》り返《かえ》しで次々《つぎつぎ》とひねり合《あ》わせていきます。最後《さいご》のDは、Aとひねり合《あ》わせて四角《しかく》い形《かたち》にします。ここはクラゲの笠《かさ》のフチになります。

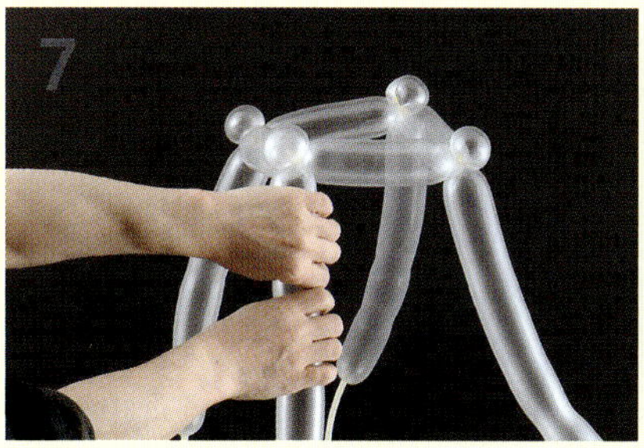

角《かど》から出《で》ている4本《ほん》も、握《にぎ》ってやわらかくしておきます。

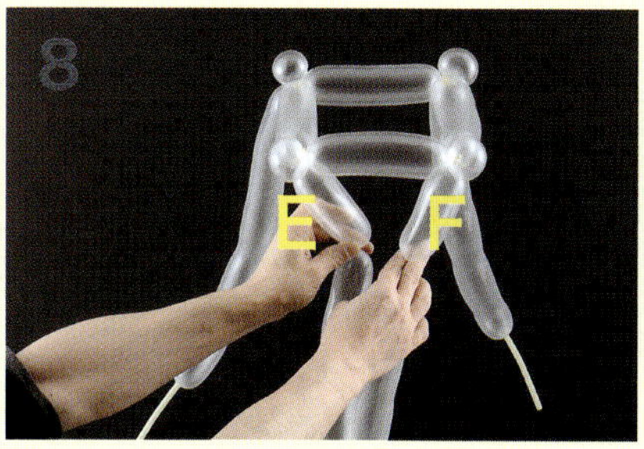

それぞれ 10cm ひねって、まず2本 (E・F) をひねり合《あ》わせます。

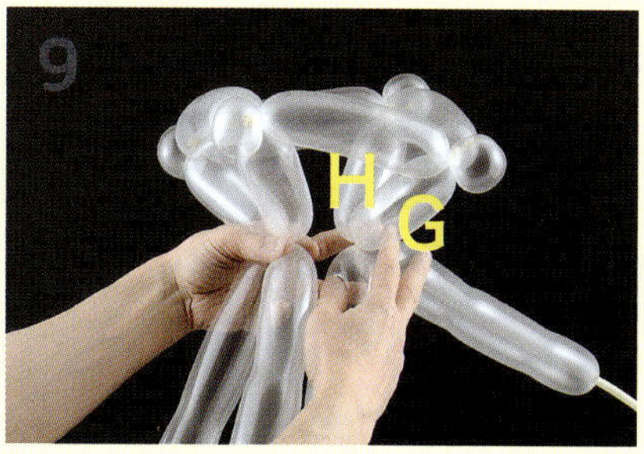

残《のこ》りの2本《ほん》(G・H) も 10cm でひねり合《あ》わせてから、

クラゲ

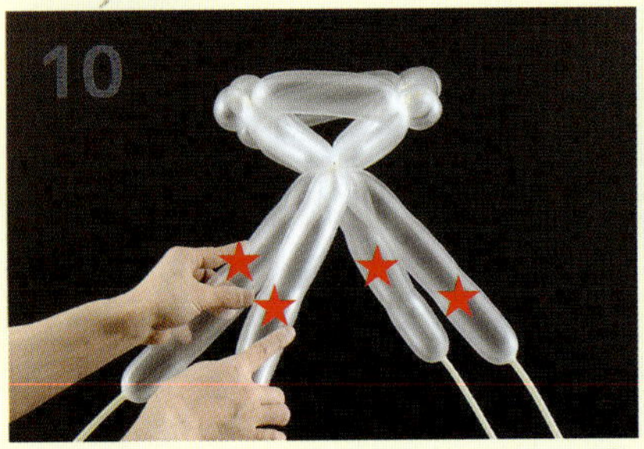

4本《ほん》まとめてひねり合《あ》わせます。同《どう》時《じ》に4本《ほん》ひねるより、きれいにできます。ひねった残《のこ》り★はクラゲの足《あし》(正式《せいしき》には口腕《こうわん》)になります。

クラゲの生殖器部分《せいしょくきぶぶん》を作《つく》ります。水《みず》色《いろ》を30cmの長《なが》さにふくらませて結《むす》びます。やわらかくつぶしながら、

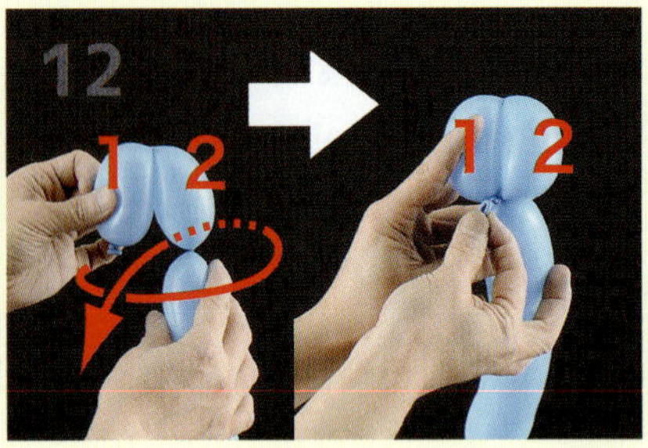

6cmを2つ(1・2)ひねります。折《お》り曲《ま》げて、結《むす》び目《め》をぐるっとひねり目《め》にからめ、1と2の間《あいだ》から引《ひ》き出《だ》して固定《こてい》します。

よくつぶして、やわらかくしてから6cmひねり(3)、先《さき》に作《つく》った1と2の上《うえ》に重《かさ》ねます。

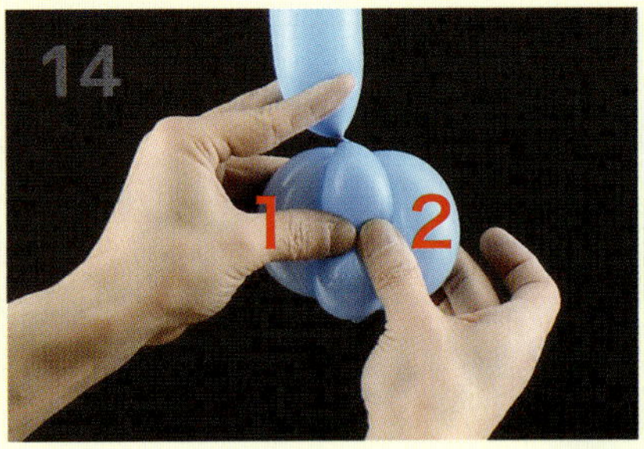

1と2の間《あいだ》を広《ひろ》げながら、3を裏側《うらがわ》まで押《お》し込《こ》みます。これで3つがまとまりました。

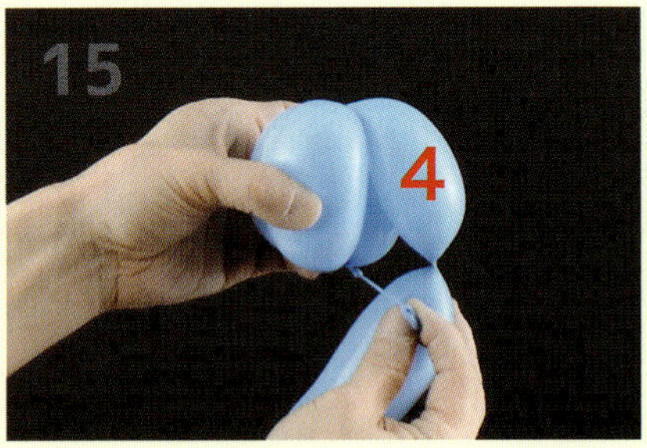

よくつぶして、やわらかくしてから6cmひねり(4)、重《かさ》ねます。結《むす》び目《め》を引《ひ》っ張《ぱ》って4のひねり目《め》にからめてとめます。4つがまとまりました。残《のこ》りはしぼませて結《むす》び、余分《よぶん》は切《き》り取《と》ります。

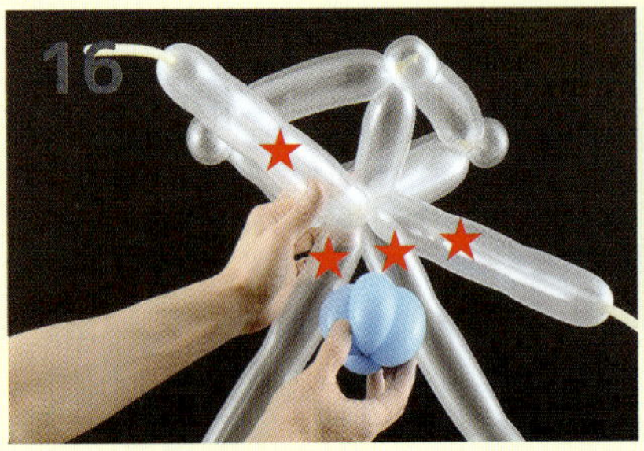

ここから組《く》み合《あ》わせていきます。水《みず》色《いろ》を、クラゲの足《あし》★の下《した》に持《も》っていきます。

透明《とうめい》の足《あし》を細《ほそ》くつぶして、水色《みずいろ》のすき間《ま》にはめ込《こ》んで下《した》まで持《も》ってきます。4ヶ所《しょ》のすき間《ま》にそれぞれ1本《ぽん》ずつはめ込《こ》んだら、

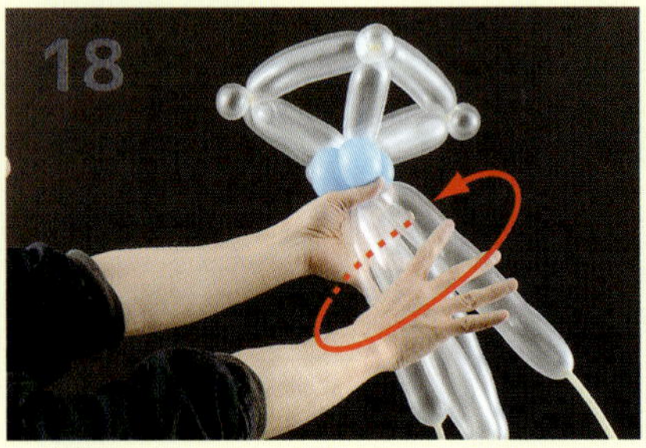

水色《みずいろ》の下《した》で、4本《ほん》をまとめてひねります。

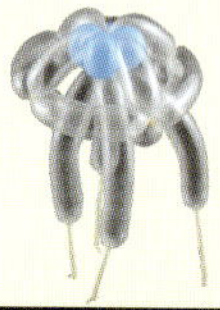

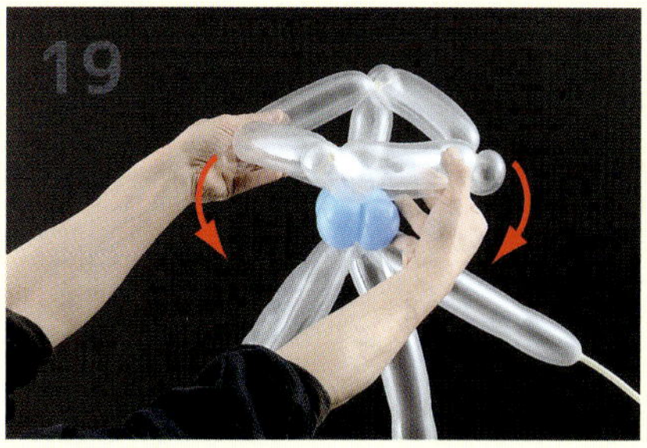

次《つぎ》に、笠《かさ》の部分《ぶぶん》を下《さ》げます。

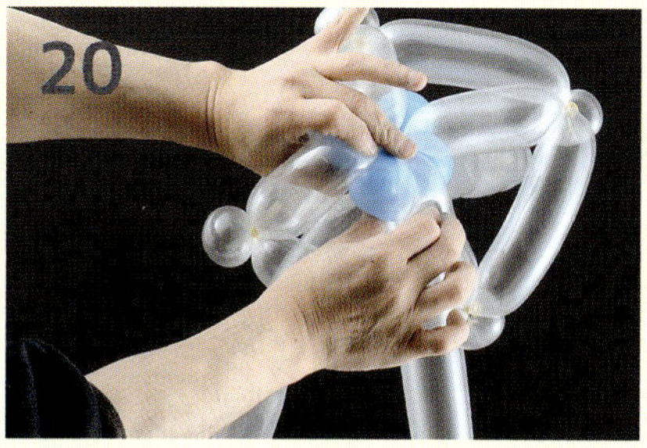

透明《とうめい》の笠《かさ》と水色《みずいろ》を合体《がったい》させます。透《とう》明《めい》をつぶしながら、水色《みずいろ》の上部《じょうぶ》に1本《ぽん》ずつ埋《う》め込《こ》んでいきます。

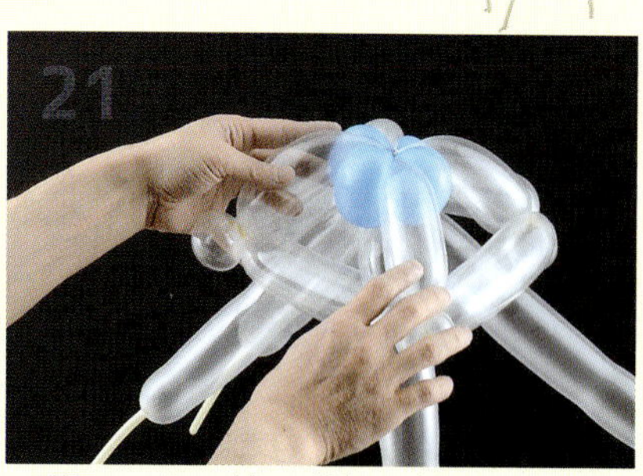

横《よこ》から見《み》た時《とき》に透明《とうめい》の高《たか》さと水色《みずいろ》の高《たか》さが同《おな》じになるぐらい、斜《なな》め横《よこ》に埋《う》め込《こ》む感《かん》じです。割《わ》れそうでドキドキしますが、やわらかく作《つく》ってあれば大丈夫《だいじょうぶ》です。

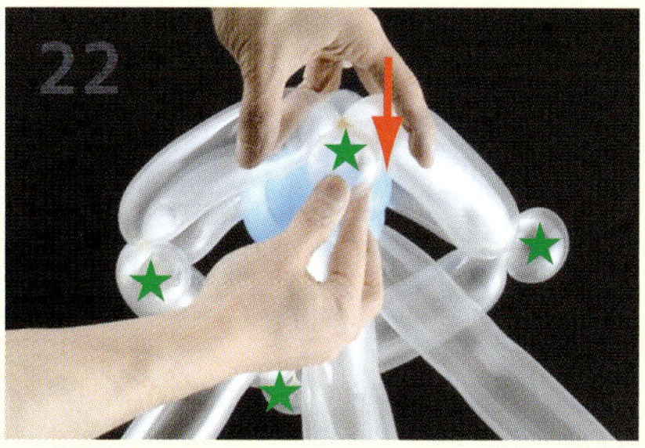

交点《こうてん》にあるボール ★ は、笠《かさ》の下側《したがわ》に移動《いどう》させます。

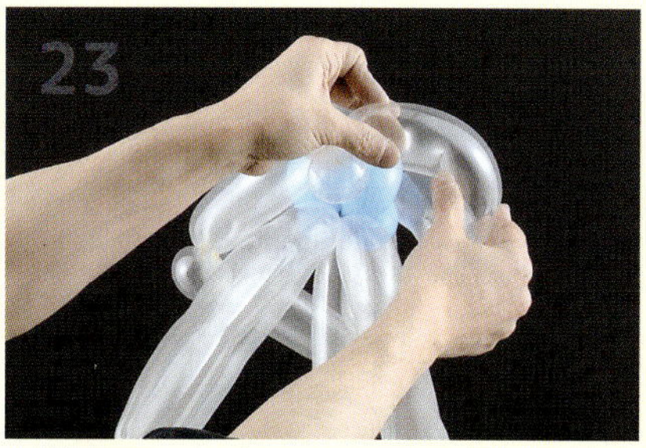

笠《かさ》のフチを持《も》ってぐいっとしならせ、1本《ぽん》ずつ曲《ま》げぐせをつけます。水色《みずいろ》に埋《う》め込《こ》んだ笠《かさ》の方も、しならせて丸《まる》みをつけます。

フチ全体《ぜんたい》が円《えん》に近《ちか》い形《かたち》になるように、笠《かさ》も横《よこ》から見《み》た時《とき》に半球《はんきゅう》に近《ちか》くなるように、しっかり曲《ま》げぐせをつけましょう。

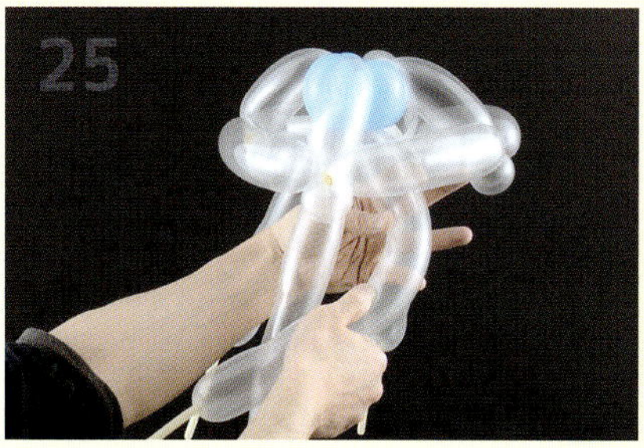

足《あし》は少《すこ》し内側《うちがわ》に曲《ま》がるように、しならせてクセをつけます。

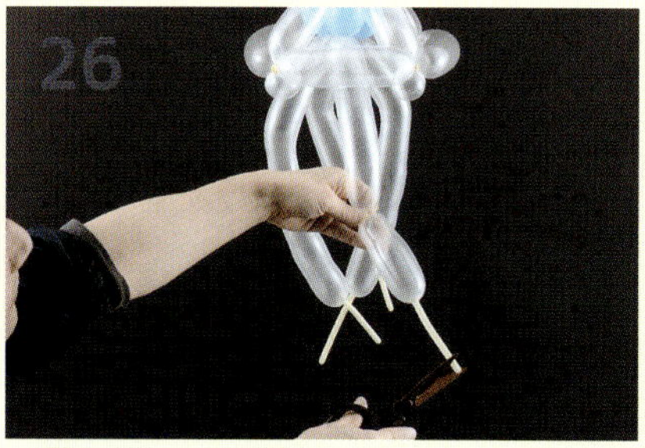

足《あし》の長《なが》さを調整《ちょうせい》します。20cm の長《なが》さでひねり、先端《せんたん》にハサミを入《い》れてしぼませます。先端《せんたん》に結《むす》び目《め》を作《つく》ります。

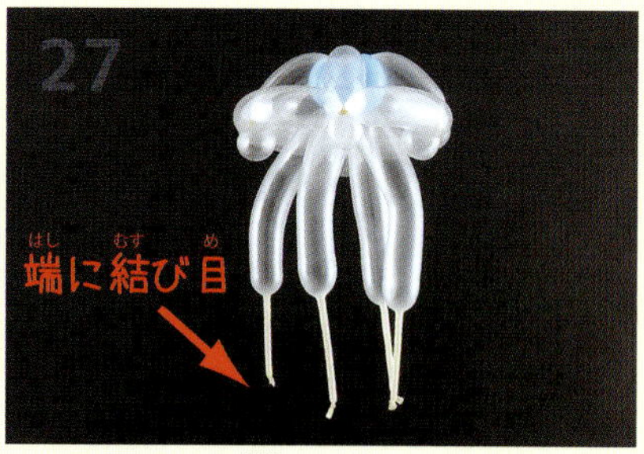

しぼませた部分《ぶぶん》が太《ふと》くレロレロになっている時《とき》は、軽《かる》く引《ひ》っ張《ぱ》って伸《の》ばしてあげると元《もと》の太《ふと》さに戻《もど》ります。向《む》きをいきいきと揃《そろ》えて完成《かんせい》です。

クマノミ

37cm

クマノミとハタゴイソギンチャクです。
クマノミの体《からだ》は、頭《あたま》から尻尾《しっぽ》まで切《き》り貼《は》りしないで作《つく》っています。２色《しょく》のシマシマを表現《ひょうげん》するため、行《い》ったり来《き》たりと少々《しょうしょう》トリッキーな手順《てじゅん》もあります。全部《ぜんぶ》細《こま》かく解説《かいせつ》してありますので安心《あんしん》して挑戦《ちょうせん》してください。質《しつ》の高《たか》いパズルのような作品《さくひん》です。じっくり楽《たの》しんで作《つく》ってください。

イソギンチャクは１本《ぽん》を先《さき》まで使《つか》い切《き》るため、空気《くうき》の調節《ちょうせつ》が必要《ひつよう》です。
クマノミも、けっこう長《なが》さがギリギリです。
足《た》りなくなったら途中《とちゅう》でしぼませ、新《あたら》しい１本《ぽん》と結《むす》び合わせて続《つづ》けましょう。

クマノミ

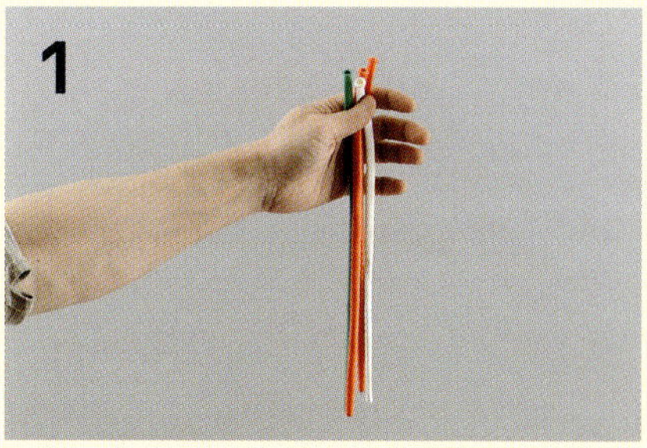

材料《ざいりょう》・260ツイストバルーン
白《しろ》　1本《ぽん》　・　オレンジ　2本《ほん》
薄緑《うすみどり》　1本《ぽん》

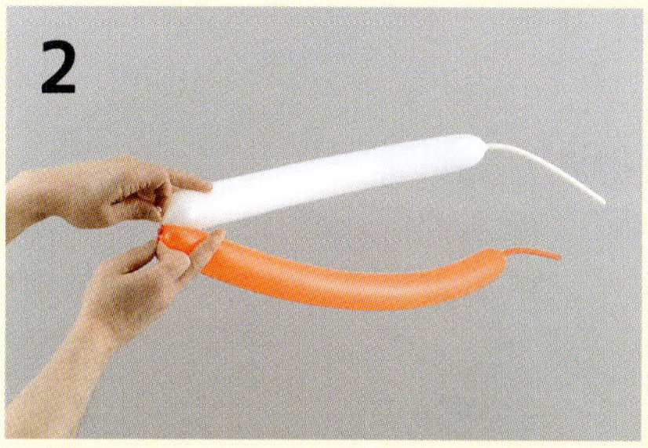

白《しろ》とオレンジを16cm残《のこ》してふくらませ、結《むす》びます。2本《ほん》を結《むす》び合《あ》わせます。

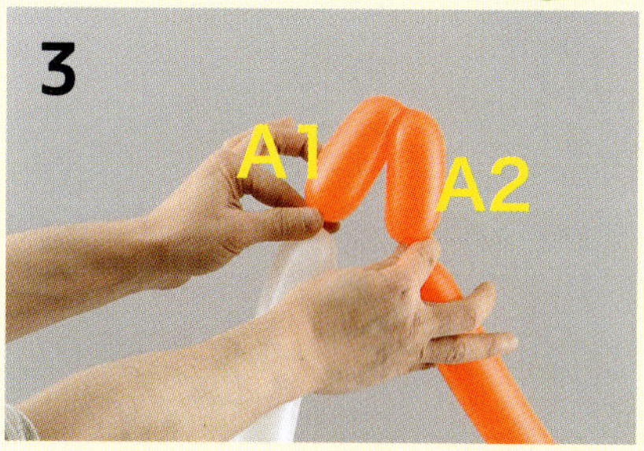

オレンジで9cmを2つ(A1・A2)ひねり、2つを一緒《いっしょ》にひねり合《あ》わせます。

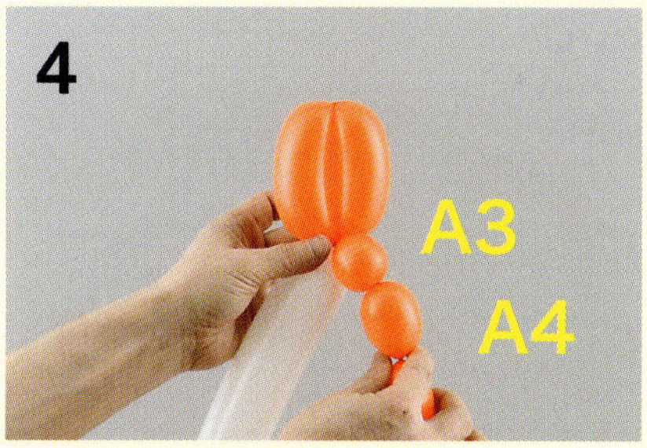

4cm(A3)と5cm(A4)をひねります。ここは後《あと》でひねり戻《もど》しをするため、軽《かる》くひねっておきます。

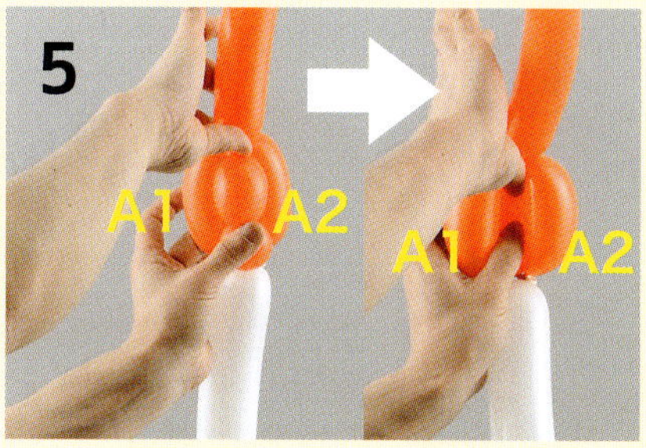

A3・A4を、先《さき》にひねり合《あ》わせたA1・A2に重《かさ》ね、すき間《ま》から反対《はんたい》側《がわ》へ押《お》し込《こ》みます。ひねり目《め》同士《どうし》がかっちりはまり、全部《ぜんぶ》がまとまります。

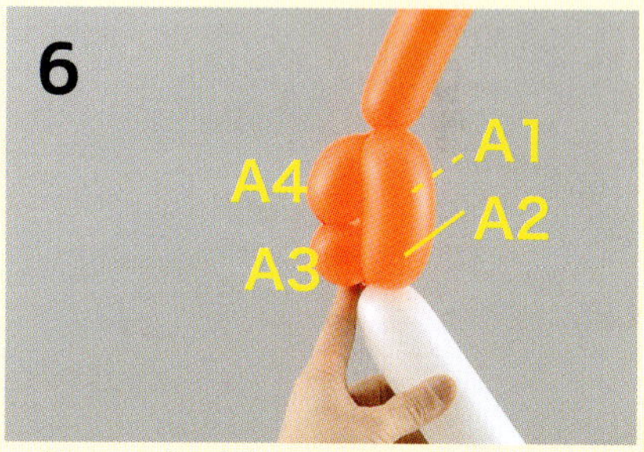

横《よこ》から見《み》た所《ところ》です。ここは顔《かお》になります。

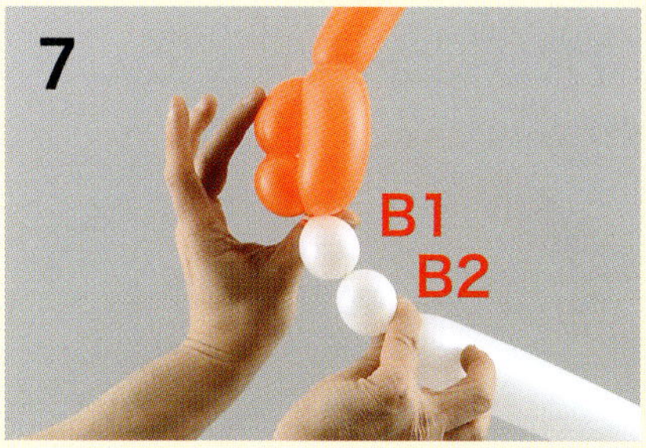

目玉《めだま》を作《つく》ります。白《しろ》で3.5cmを2つ(B1・B2)ひねり、

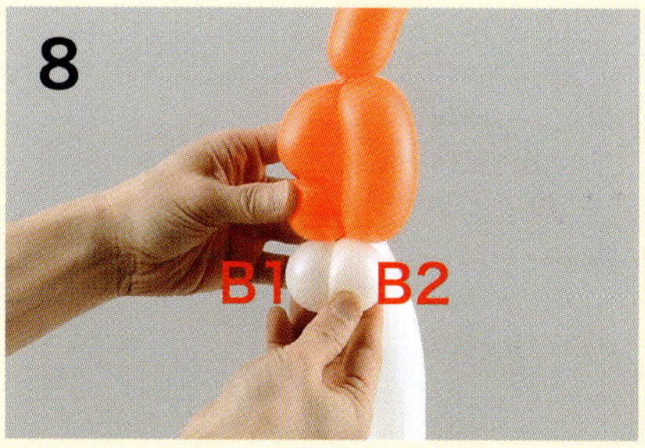

2つを一緒《いっしょ》にひねり合《あ》わせます。

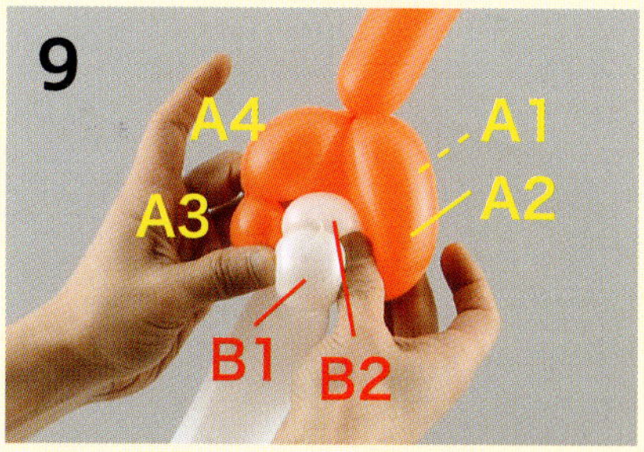

顔《かお》のすき間《ま》を広《ひろ》げて、目玉《めだま》をはめ込《こ》みます。

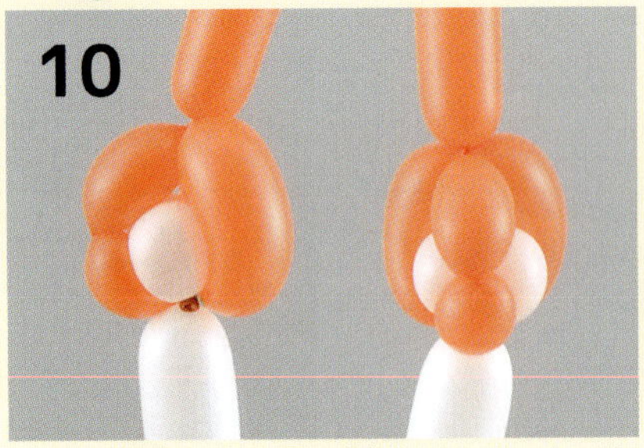

すき間《ま》にきれいに収《おさ》まりました。向《む》かって左《ひだり》が横《よこ》から見《み》た所《ところ》、右《みぎ》が正面《しょうめん》から見《み》た所《ところ》です。

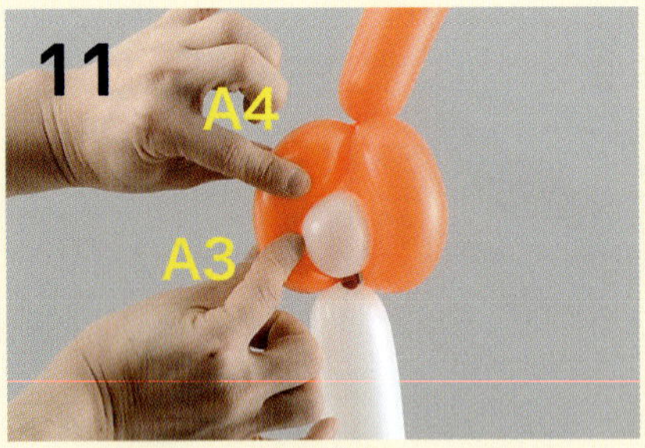

A3・A4 は、逆回転《ぎゃくかいてん》させてひねりを無《な》くす「ひねり戻《もど》し」をします。細《ほそ》くやわらかいカーブになります。

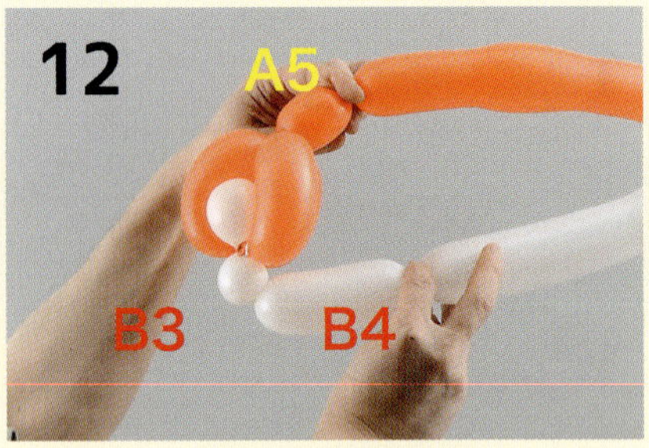

ここから体《からだ》の縞模様《しまもよう》を作《つく》っていきます。オレンジで 4 cm(A5)、白《しろ》で 3 cm(B3) と 10cm(B4) をひねり、

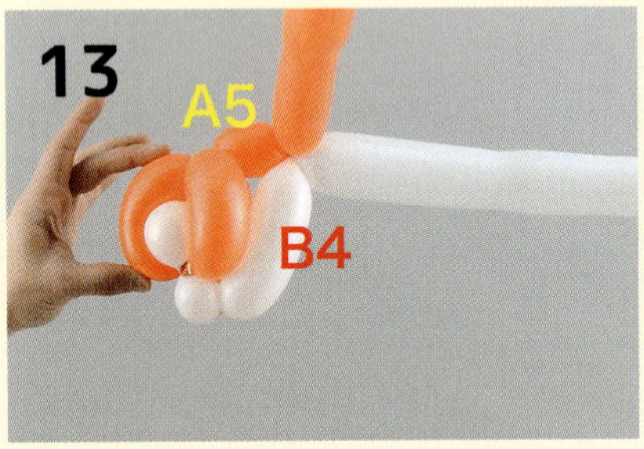

A5 と B4 をひねり合《あ》わせます。

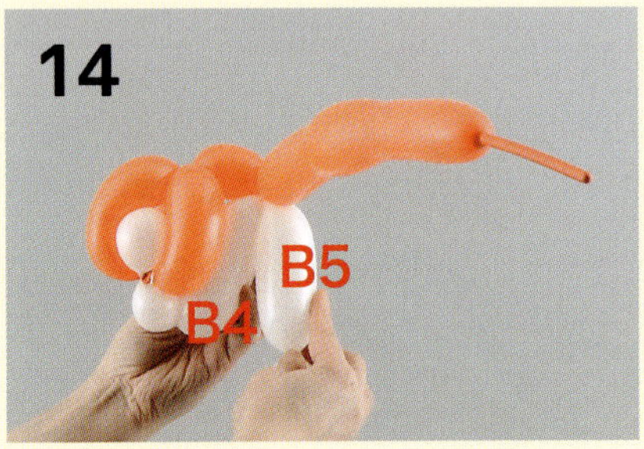

白《しろ》の続《つづ》きに 10cm(B5) をひねり、先《さき》にひねってあった B4 と重《かさ》ねて、

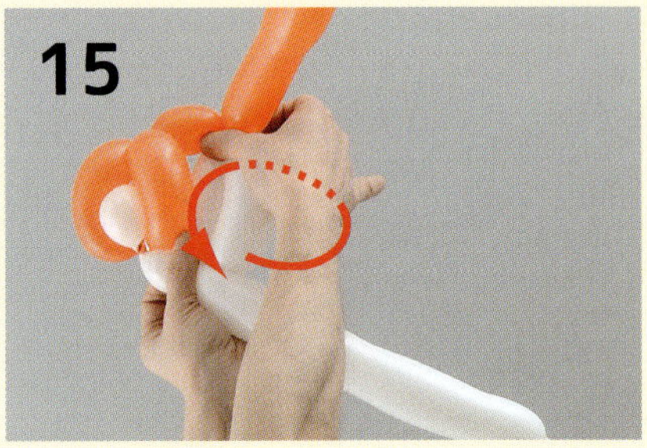

2 つを回転《かいてん》させます。

2 つがまとまり、白《しろ》の縞《しま》1 ができました。

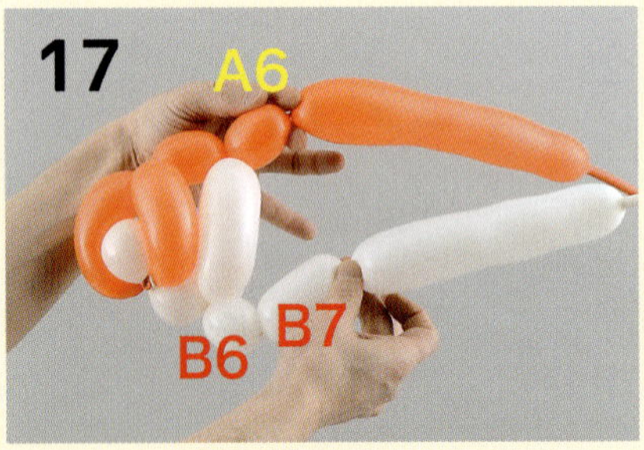

もう 1 つ白《しろ》の縞《しま》を作《つく》ります。オレンジで 5 cm(A6)、白《しろ》で 4 cm(B6) と 7 cm(B7) をひねり、

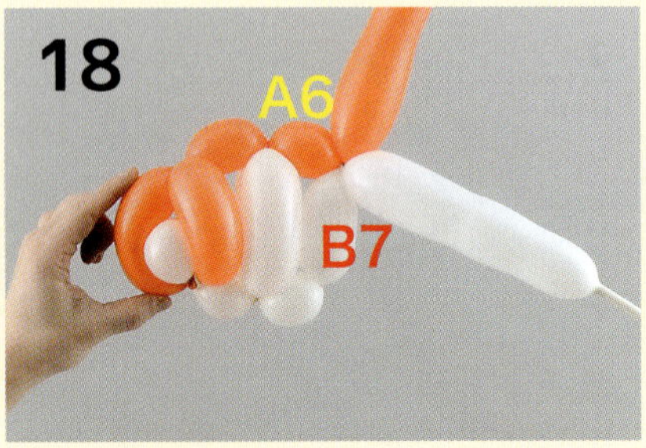

A6 と B7 をひねり合《あ》わせます。

白《しろ》の続《つづ》きに7cm(B8) をひねり、先《さき》にひねってあったB7と重《かさ》ねて、

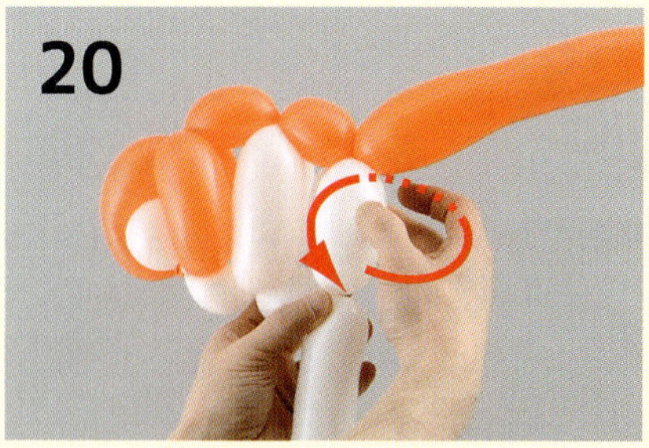

2つを回転《かいてん》させます。

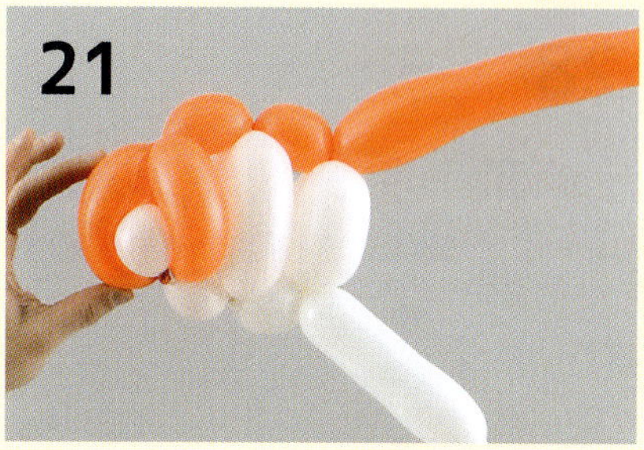

2つがまとまり、白《しろ》の縞《しま》2ができました。

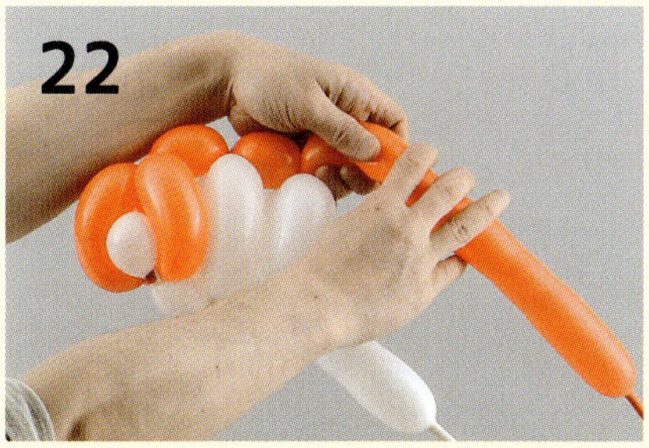

白《しろ》1と白《しろ》2の間《あいだ》にオレンジを入《い》れます。オレンジをつぶして細《ほそ》くしながら、

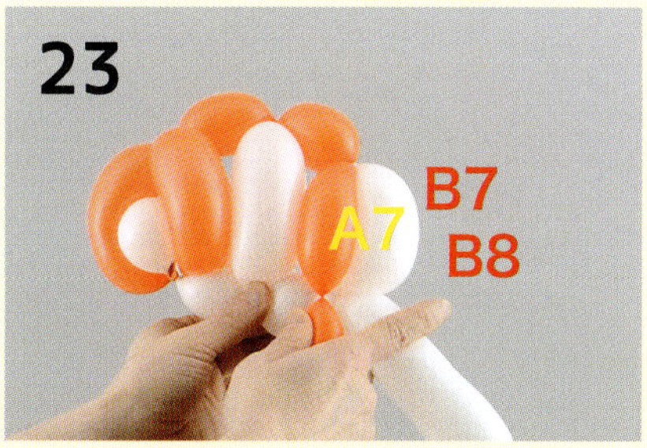

7cm(A7) ひねり、白《しろ》の B7・B8に重《かさ》ねます。

A7・B7・B8の3つを合《あ》わせて回《かい》転《てん》させます。

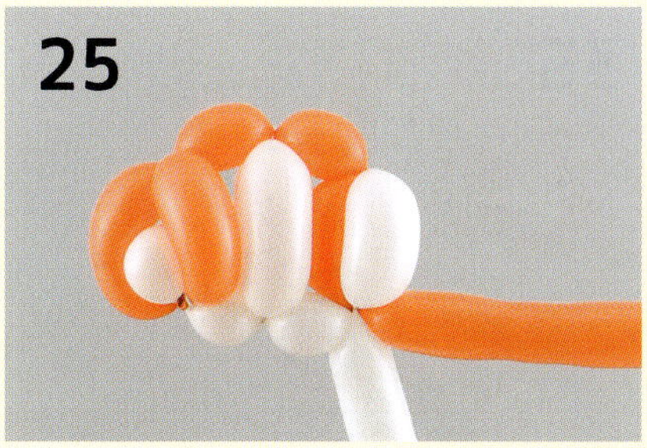

3つがまとまりました。これで白《しろ》1と白《しろ》2の間《あいだ》にオレンジが入《はい》り、縞模《しまも》様《よう》ができました。白《しろ》1と白《しろ》2はそれぞれ二重構造《にじゅうこうぞう》ですが、オレンジは1本《ぼん》だけです。

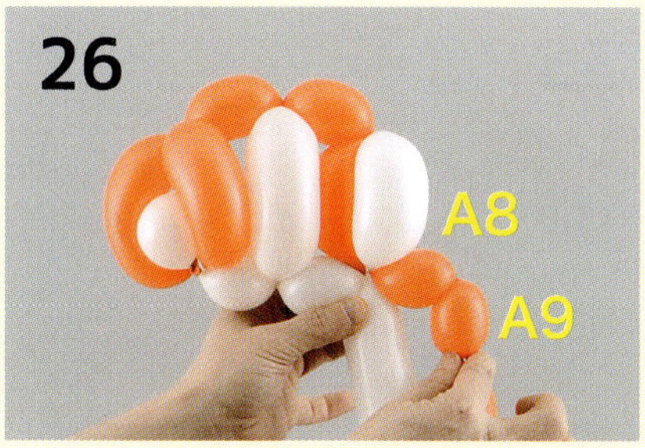

ここから尾《お》を作っていきます。空気《くうき》の残《のこ》りが心配《しんぱい》な方《かた》は、白《しろ》・オレンジともしぼませて、それぞれ新《あたら》しい1本《ぽん》と結《むす》び合《あ》わせてからひねりましょう。オレンジで4cmを2つ (A8・A9) ひねり、

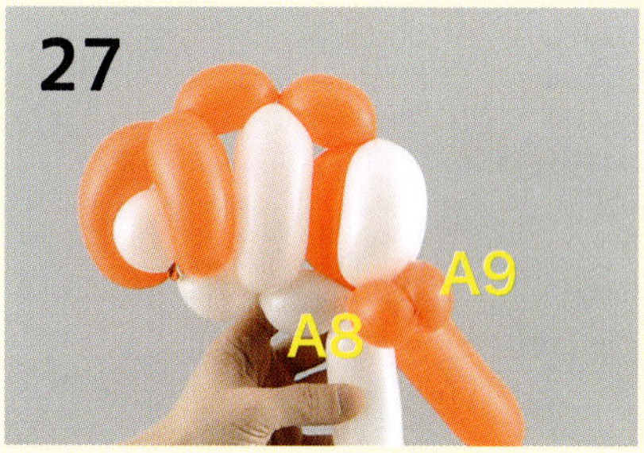

2つを一緒《いっしょ》にひねり合《あ》わせます。

クマノミ

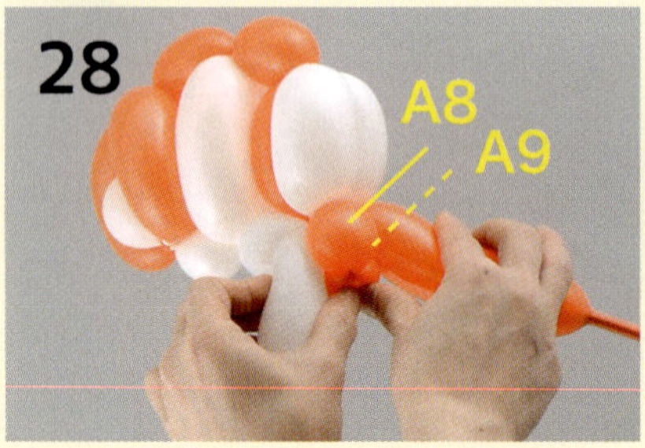

ひねり合《あ》わせたボール２つ (A8・A9) の両側《りょうがわ》に、残《のこ》りの白《しろ》とオレンジを移動《いどう》させます。

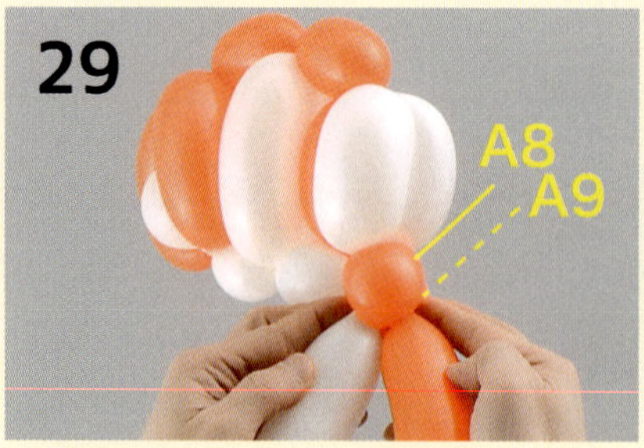

細《ほそ》くつぶしながら A8・A9 のすき間《ま》に、両側《りょうがわ》から埋《う》め込《こ》みます。

２本《ほん》を引《ひ》き寄《よ》せて、

ひねり合《あ》わせます。

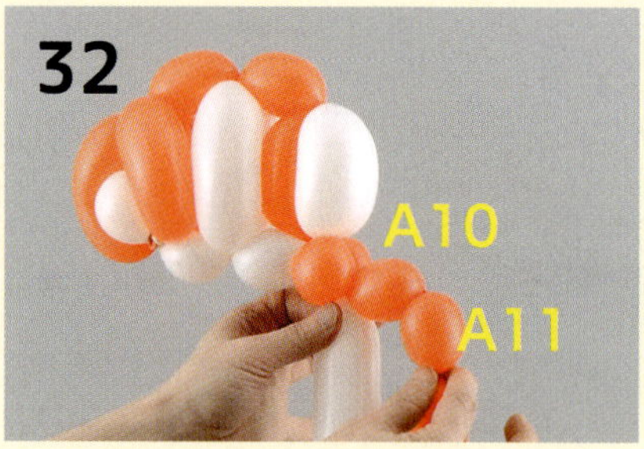

オレンジで４cm を２つ (A10・A11) ひねり、

２つを一緒《いっしょ》にひねり合《あ》わせます。ここは尾《お》ビレの芯《しん》になります。

白《しろ》をつぶして細《ほそ》くします。

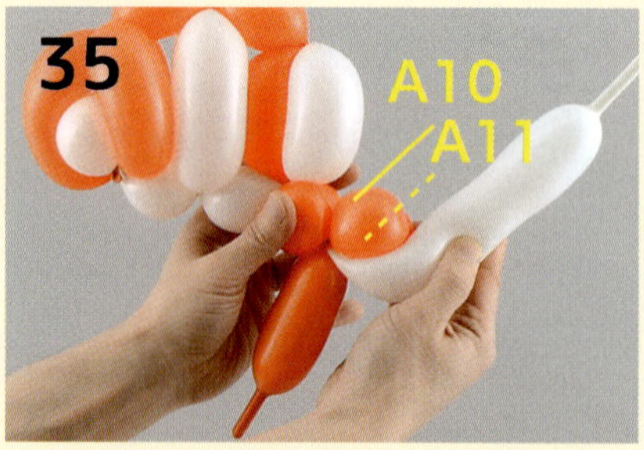

つぶしながら A10･A11 に巻《ま》き付《つ》け、

１周《しゅう》させる長《なが》さを決《き》めます。

1周《しゅう》させてひねり合《あ》わせます。白《しろ》の残《のこ》りはひねり目《め》を押《お》さえてしぼませ、

結《むす》びます。余分《よぶん》は切《き》ります。

尾《お》ビレができました。向《む》かって右《みぎ》は、後《うし》ろから見《み》た所《ところ》です。

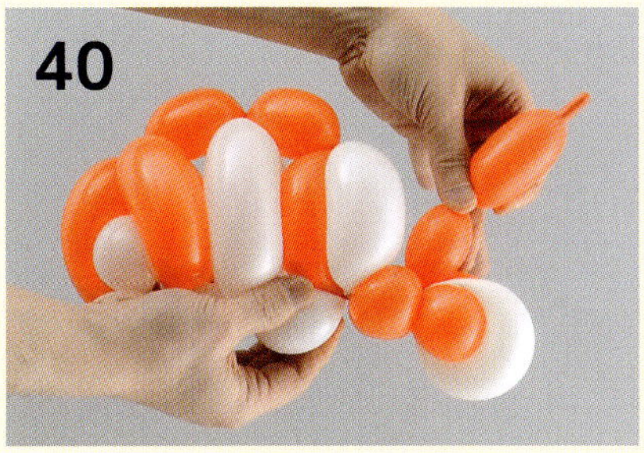

オレンジを4cm ひねり、

残《のこ》りはひねり目《め》を押《お》さえてしぼませ、結《むす》びます。

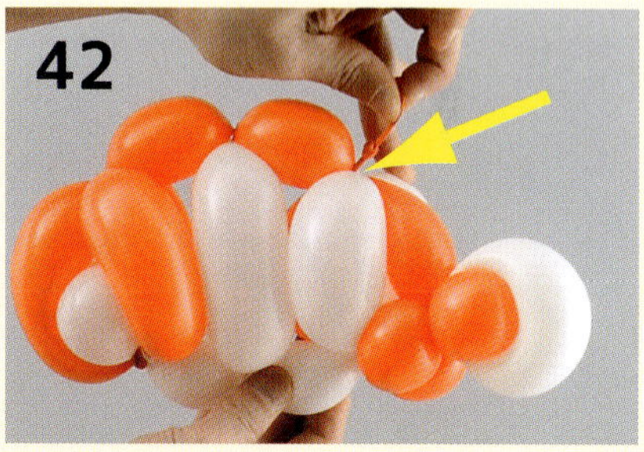

結《むす》び目《め》を引《ひ》っ張《ぱ》って、オレンジと白《しろ》のひねり目《め》にからめて取《と》り付《つ》けます。オレンジの余分《よぶん》は切《き》り取《と》るか、すき間《ま》に埋《う》めて隠《かく》します。

胸《むな》ビレを作《つく》ります。オレンジを20cm ふくらませて結《むす》びます。5 cm で折《お》り曲《ま》げて輪《わ》ひねりを作《つく》ります。結《むす》び目《め》を輪《わ》の中《なか》に通《とお》して固定《こてい》します。

もう1つ5cm の輪《わ》ひねりを作《つく》ります。

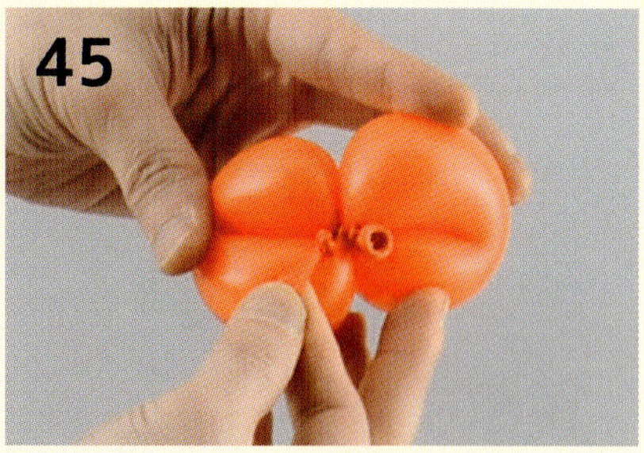

残《のこ》りはしぼませて結《むす》び、余分《よぶん》は切《き》り取《と》ります。結《むす》び目《め》を輪《わ》の中《なか》に通《とお》します。胸《むな》ビレができました。輪《わ》ひねりはくるんとほどけやすいので、片手《かたて》で押《お》さえながら作業《さぎょう》しましょう。

クマノミ

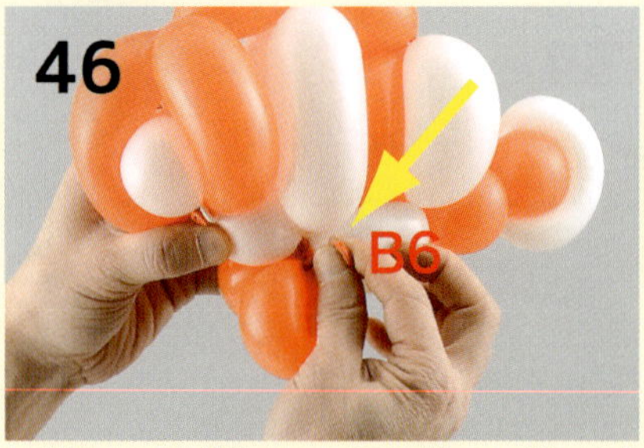

胸《むな》ビレの口巻《くちま》きを引《ひ》っ張《ぱ》り、白《しろ》の縞《しま》1とB6のひねり目《め》にからめて取《と》り付《つ》けます。輪《わ》ひねりを隙間《すきま》にさしこんでひっかけるようにしてもいいです。ここは本当《ほんとう》は腹《はら》ビレの場所《ばしょ》なので、正確《せいかく》には「腹《はら》ビレ」ですね。

油性《ゆせい》マーカーで目《め》とおちょぼ口《ぐち》を描《か》きます。

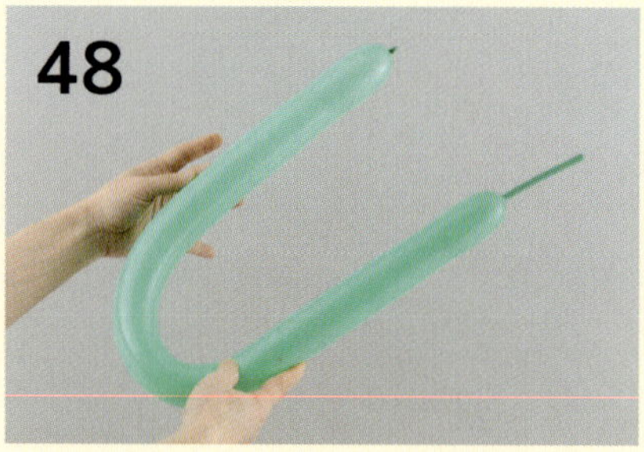

ハタゴイソギンチャクを作《つく》ります。薄緑《うすみどり》を10cm残《のこ》してふくらませ、結《むす》びます。

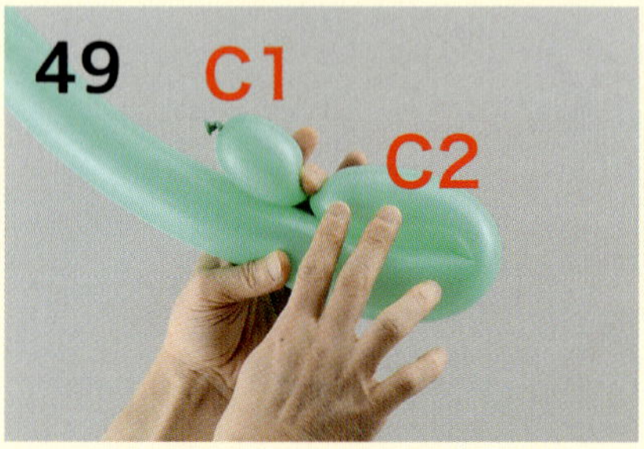

6cmひねり(C1)、続《つづ》けて10cmで折《お》り曲《ま》げ、輪《わ》ひねり(C2)を作《つく》ります。

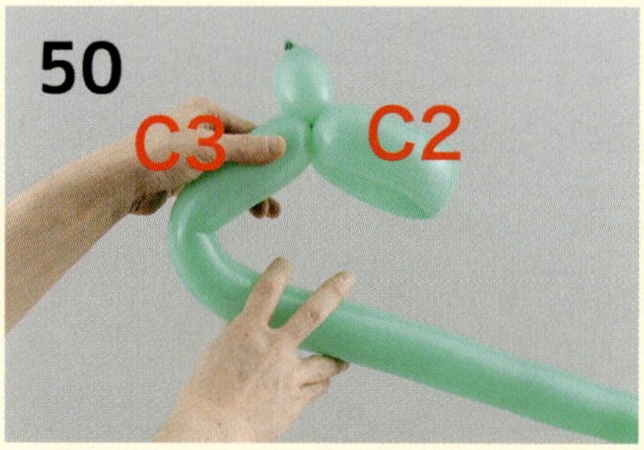

同様《どうよう》に10cmで折《お》り曲《ま》げて輪《わ》ひねり(C3)を作《つく》ります。

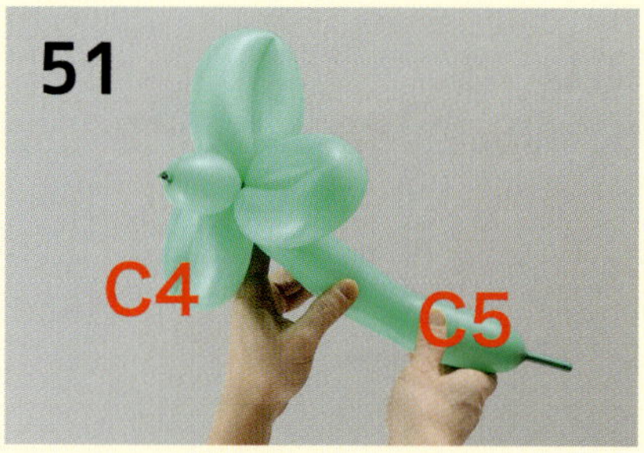

もう1つ同《おな》じサイズでひねり(C4)、全部《ぜんぶ》で3つの輪《わ》ひねりを作《つく》ります。残《のこ》った部分《ぶぶん》(C5)は、

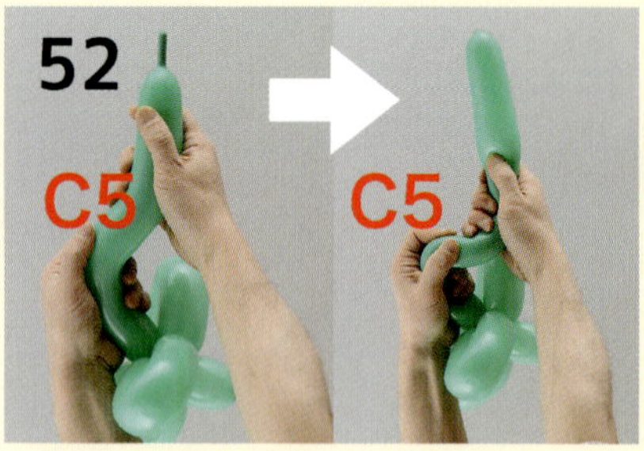

両手《りょうて》でぐっと握《にぎ》り、アルファベットの「S」の形《かたち》になるように曲《ま》げぐせをつけ、先端《せんたん》まで空気《くうき》を送《おく》ります。触手《しょくしゅ》ができました。C5がうまくできない時《とき》はC4で残《のこ》りをしぼませます。別《べつ》の1本《ぽん》でC5の部分《ぶぶん》だけを作《つく》り、付《つ》け足《た》しましょう。

クマノミとイソギンチャクを組《く》み合《あ》わせます。C1の口巻《くちま》きをひっぱり、クマノミの胸《むな》ビレにからめます。

C5をクマノミの後《うし》ろに移動《いどう》させます。全体《ぜんたい》のバランスを整《ととの》えて自立《じりつ》させて完成《かんせい》です。うまく立《た》たない時《とき》は、イソギンチャクのひねり目《め》(立《た》てた時《とき》の底側《そこがわ》)にコインをはさみます。

なつのふうせん

ちゅうい

ふうせんはてんねんのゴムでできています。なつのあついひざしや、ねつにはとてもよわいです。いろがくもったり、われやすくなります。

へやのなかでつくったものをそとにもっていくとこわれることがあります。

つかうまえのふうせんはすずしくてくらいところでほぞんしましょう。

タコ

 4.5cm

ツイストバルーンの口《くち》巻《ま》きはタコの口《くち》に、ふくらませていない所《ところ》は足《あし》にしちゃうという、１本《ぽん》作《つく》りの名作《めいさく》です。
顔《かお》の表情《ひょうじょう》で作品《さくひん》の印象《いんしょう》が違《ちが》ってきます。
お絵《え》描《か》きも一緒《いっしょ》に楽《たの》しんでください。

タコ

材料《ざいりょう》・260 ツイストバルーン
濃《こい》ピンク　1本《ぽん》

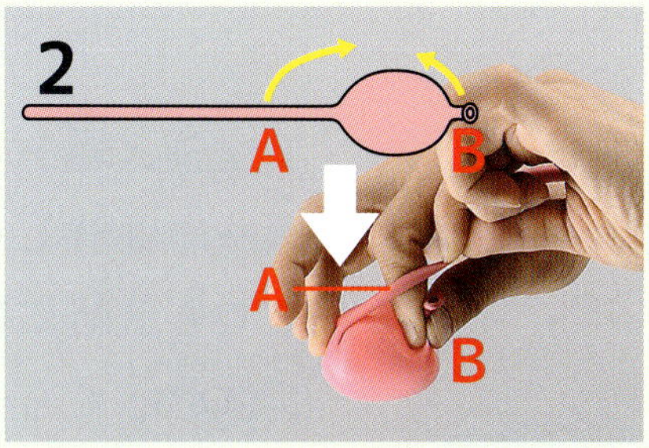

濃《こい》ピンクを5cm の長《なが》さにふくらませます。空気《くうき》が抜《ぬ》けないように口《くち》をしっかり押《お》さえ、ふくらんでいないAの方《ほう》を長《なが》めに持《も》って両端《りょうたん》を引《ひ》き寄《よ》せます。

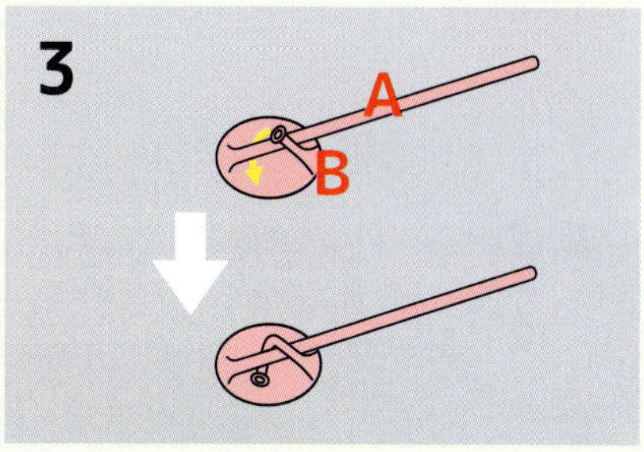

ふくらんでいないAの上に、口巻《くちま》き側《がわ》のBを重《かさ》ねます。Bを下《した》にくぐらせて、軽《かる》くひと結《むす》びします。

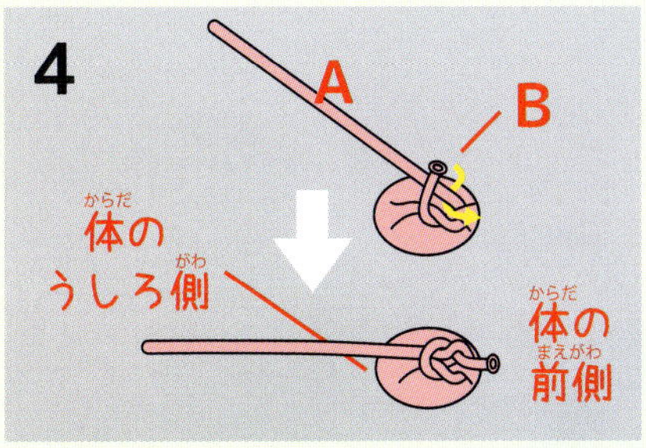

ふくらんでいないAの上に、口巻《くちま》き側《がわ》のBを重《かさ》ねます。Bを下《した》にくぐらせて、もうひと結《むす》びします。これで「本結《ほんむす》び」ができました。この結《むす》び方《かた》をすると、口巻《くちま》きがちゃんとタコの体《からだ》の前方《ぜんぽう》を向《む》きます。

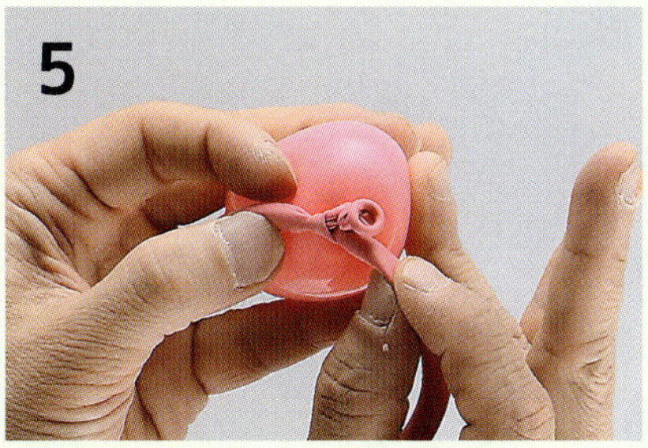

結《むす》び目《め》は、ゆるすぎて空気《くうき》が漏《も》れないように適度《てきど》に締《し》めます。締《し》めすぎると口巻《くちま》きがあっちこっちに向《む》いてしまうので、ちょうど良《よ》い加減《かげん》になるように気《き》を付《つ》けます。

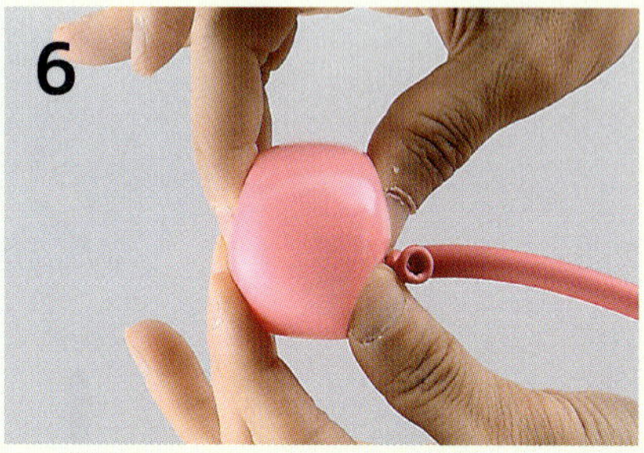

楕円《だえん》にふくらんでいる部分《ぶぶん》をつぶして、丸《まる》に近《ちか》い形《かたち》にします。ここはタコの頭《あたま》になります。これは上《うえ》から見《み》た所《ところ》です。

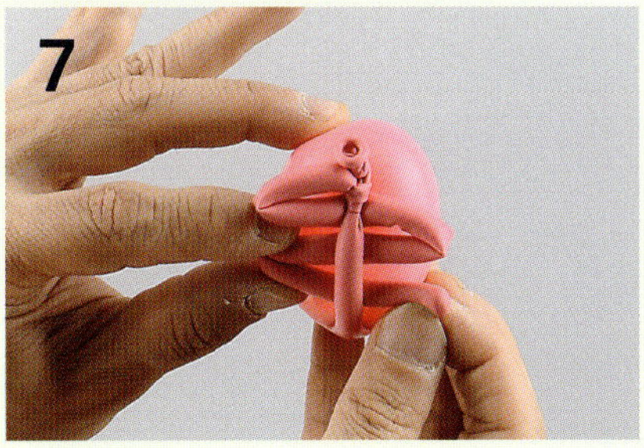

裏側《うらがわ》にして、ふくらんでいない残《のこ》りをジグザグの形《かたち》になるようにはめ込《こ》んでいきます。ここはタコの足《あし》になります。

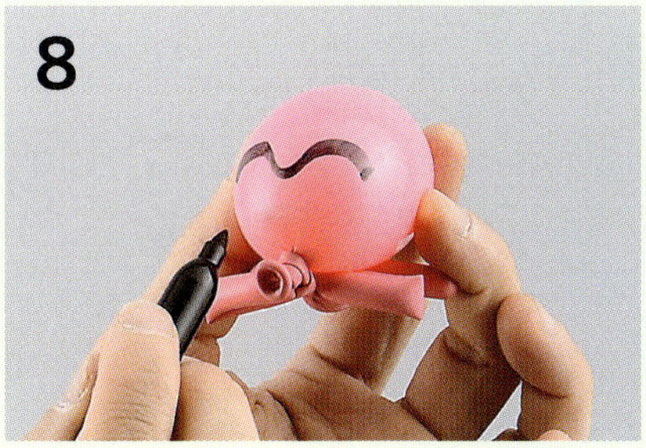

油性《ゆせい》マーカーで顔《かお》や、足《あし》の吸盤《きゅうばん》を描《か》きます。

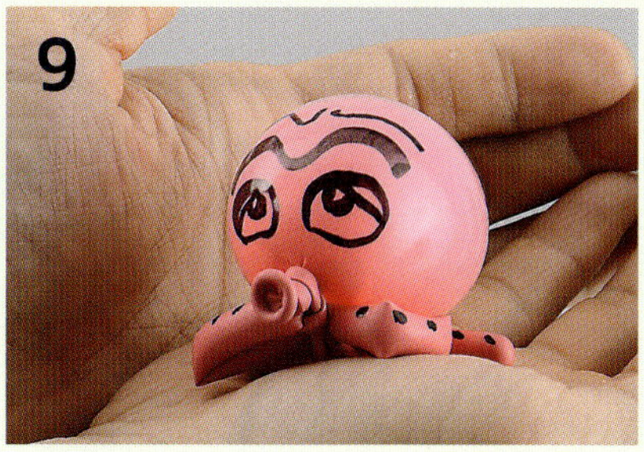

完成《かんせい》です。顔《かお》はキラキラの目《め》にしたり、リボンを描《か》いたり ?? お好《この》みで色々《いろいろ》な表情《ひょうじょう》にしてあげてください。

クジラ帽子《ぼうし》

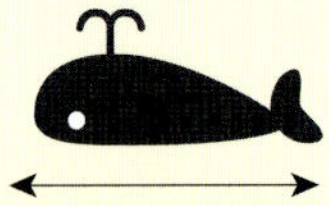

60cm

エックス編《あ》みでクジラの体《からだ》を作《つく》ります。編《あ》み方《かた》は詳《くわ》しく解説《かいせつ》していますので、初《はじ》めてでも気軽《きがる》に挑戦《ちょうせん》してください。
胴体《どうたい》のふくらみにメリハリを付《つ》けるため、ひねる長《なが》さがあちこち違《ちが》う作《つく》り方《かた》になっています。でも、全部《ぜんぶ》同《おな》じ長《なが》さでひねってもだいじょうぶです。ちょっとずん胴《どう》になるだけでそれなりに作《つく》れます。
おおらかな気持《きも》ちでやってみましょう。

クジラ

材料《ざいりょう》・260ツイストバルーン
紺色《こんいろ》　8本《ぼん》　・　白《しろ》　3本《ぼん》
黒《くろ》　1本《ぼん》　・　水色《みずいろ》　1本《ぼん》

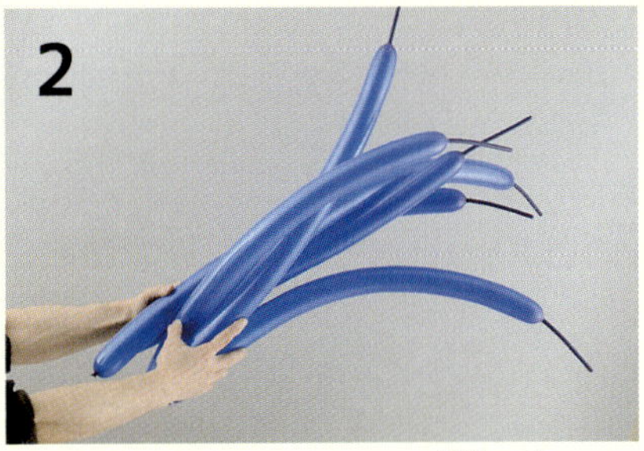

まずクジラ(イルカ)の体《からだ》を作《つく》ります。紺色《こんいろ》を12cm残《のこ》してふくらませ、結《むす》びます。
同《おな》じ物《もの》を6本《ぼん》用意《ようい》します。

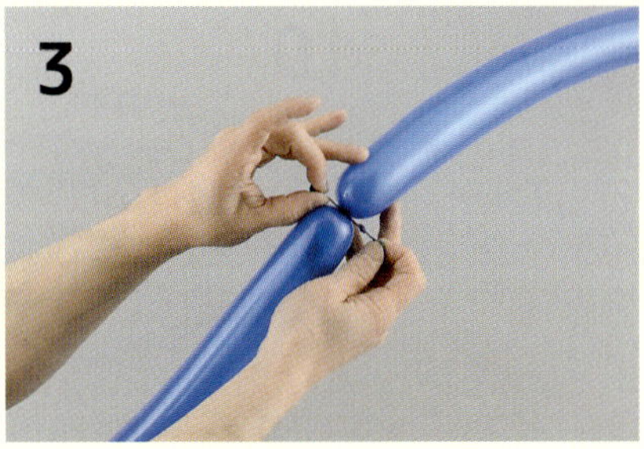

2本《ほん》ずつ結《むす》び合《あ》わせます。残《のこ》りも同《おな》じように結《むす》び合《あ》わせます。

口巻《くちま》きは切《き》り取《と》ってすっきりさせます。残《のこ》りも全部《ぜんぶ》切《き》り取《と》ります。

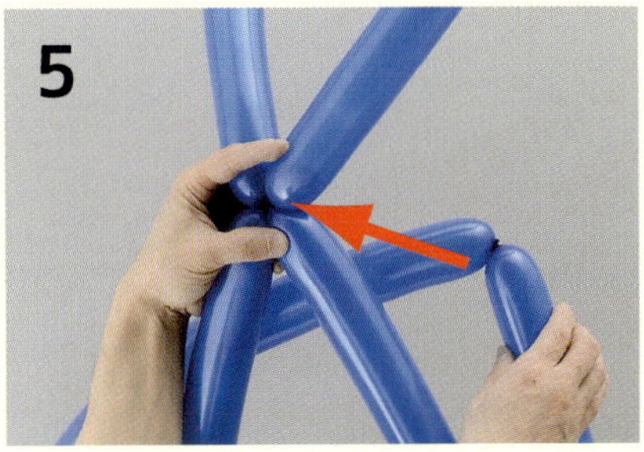

まず2組《くみ》をひねり合《あ》わせます。次《つぎ》に残《のこ》りの1組《くみ》をひねり目《め》にはめ込《こ》んで、

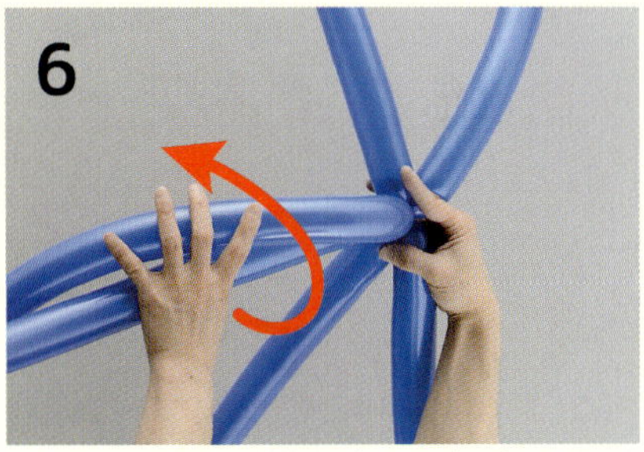

はめ込《こ》んだ2本《ほん》を持《も》って回転《かいてん》させます。これで、ひねり合《あ》わせた所《ところ》がほどけにくくなりました。

1本《ぽん》ずつ軽《かる》く握《にぎ》りつぶし、全部《ぜんぶ》をやわらかい状態《じょうたい》にしておきます。

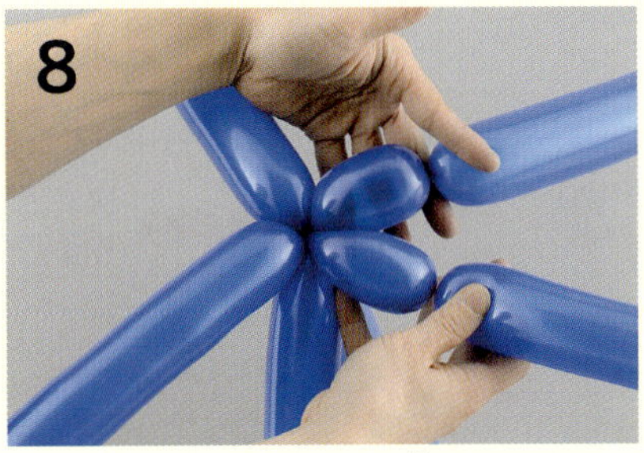

7cmずつひねった2本《ほん》を、ひねり合《あ》わせます。

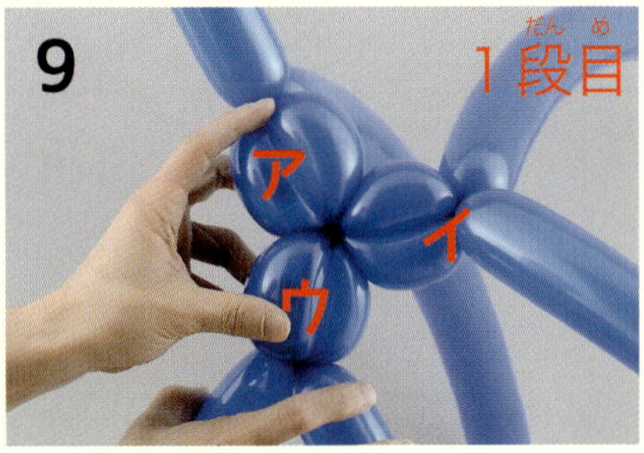

残《のこ》りも同《おな》じ長《なが》さで2本《ほん》ずつひねり合《あ》わせます。ペアが3つ(ア・イ・ウ)できました。ここは1段目《だんめ》、クジラの口側《くちがわ》になります。これから尾《お》の方《ほう》へ向《む》かって編《あ》んでいきます。

クジラ

ここからはエックス編《あ》みです。わかりやすいようにイラストで解説《かいせつ》します。

2段目《だんめ》

10

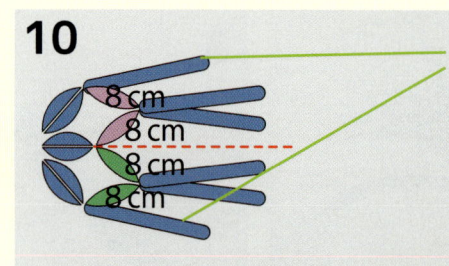

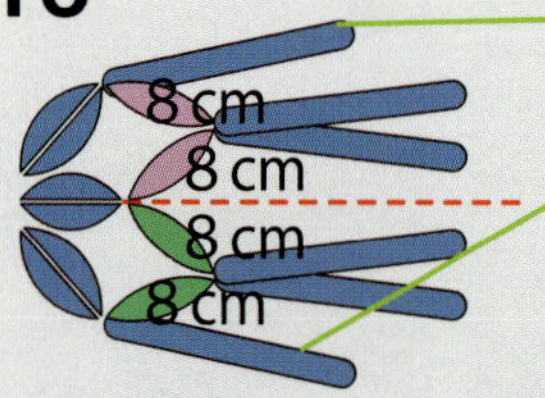

外側《そとがわ》を1本《ぽん》ずつ残《のこ》して、

8cmの長《なが》さでひねり合《あ》わせたものを、2組《くみ》作《つく》ります。

(イラストは、わかりやすいように色《いろ》を変《か》えています)

3段目《だんめ》の真《ま》ん中《なか》

11

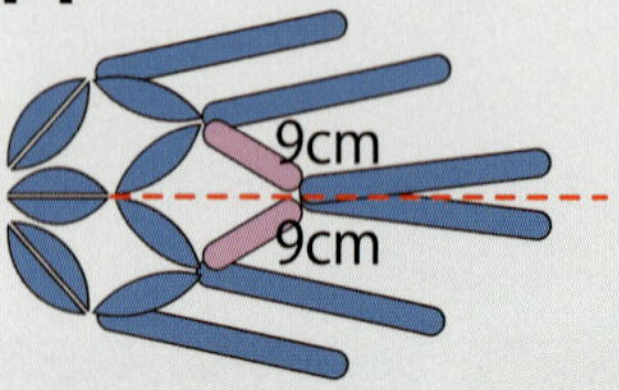

真《ま》ん中《なか》に9cmの長《なが》さでひねり合《あ》わせたものを、1組《くみ》作《つく》ります。

2～3段目《だんめ》

12

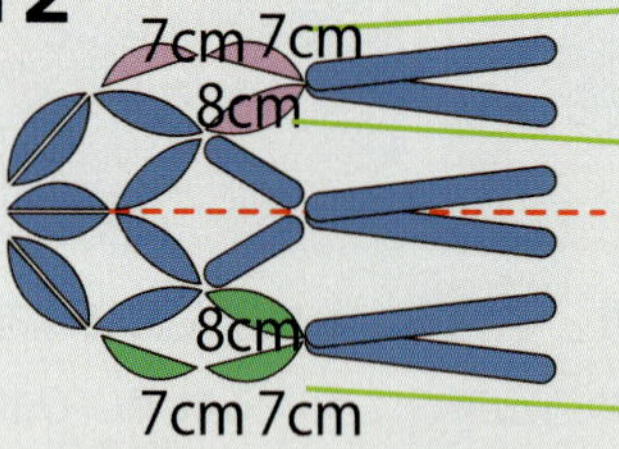

外側《そとがわ》の1本《ぽん》には7cmを2つ、

隣《となり》には8cmを1つひねって、ひねり合《あ》わせます。

反対側《はんたいがわ》も同《おな》じようにひねり合《あ》わせます。

4段目《だんめ》

13

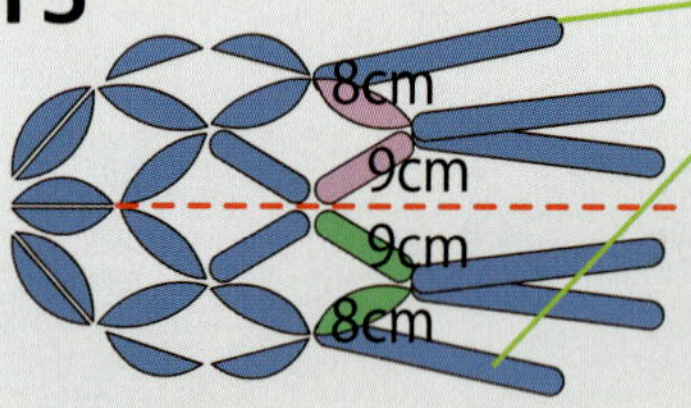

外側《そとがわ》を1本《ぽん》ずつ残《のこ》して、

真《ま》ん中《なか》の1本《ぽん》は9cm、隣《となり》の組《くみ》の1本《ぽん》は8cmでひねり合《あ》わせます。2組《くみ》作《つく》ります。

5段目《だんめ》の真《ま》ん中《なか》

14

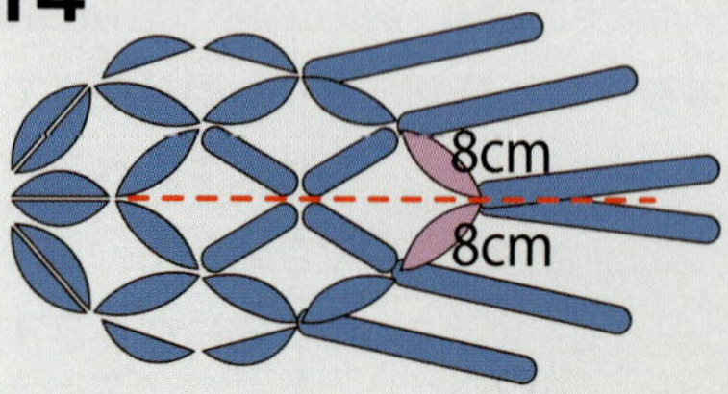

真《ま》ん中《なか》に8cmの長《なが》さでひねり合《あ》わせたものを、1組《くみ》作《つく》ります。

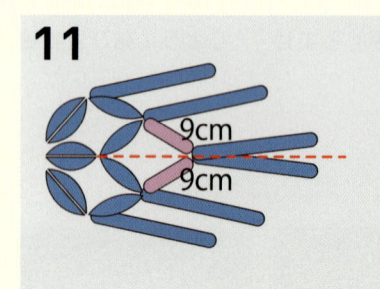

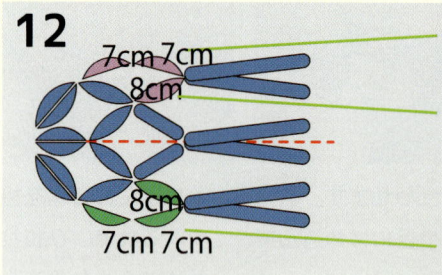

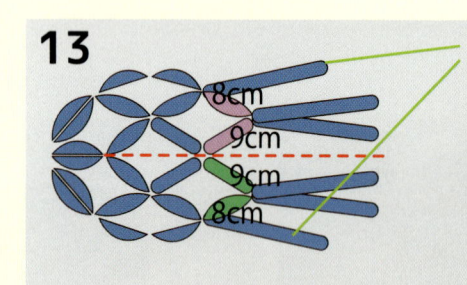

15

4〜5段目《だんめ》

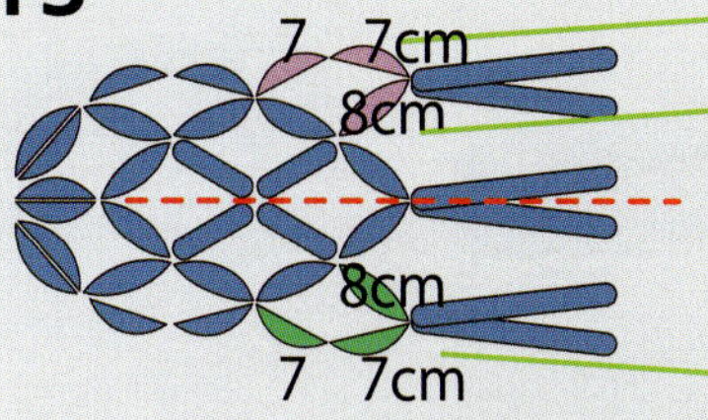

外側《そとがわ》の1本《ぽん》には7cmを2つ、
隣《となり》の1本《ぽん》には8cmを1つひねって、ひねり合《あ》わせます。

反対側《はんたいがわ》も同《おな》じようにひねり合《あ》わせます。

16

6段目《だんめ》

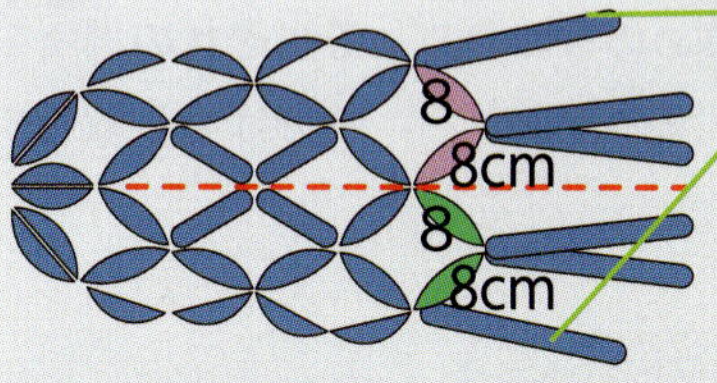

外側《そとがわ》を1本《ぽん》ずつ残《のこ》して、

8cmの長《なが》さでひねり合《あ》わせたものを、2組《くみ》作《つく》ります。

17

7段目《だんめ》の真《ま》ん中《なか》

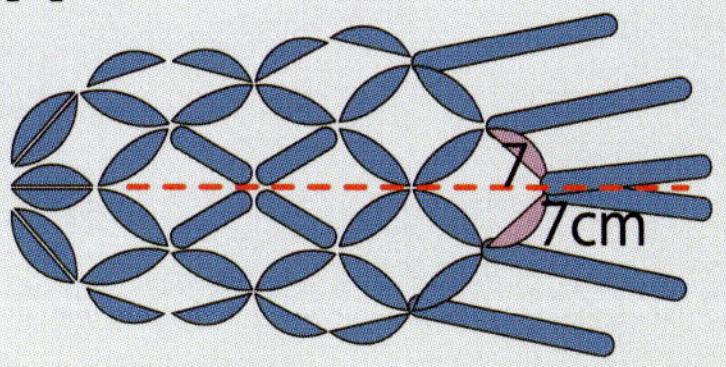

真《ま》ん中《なか》に7cmの長《なが》さでひねり合《あ》わせたものを、1組《くみ》作《つく》ります。

18

6〜7段目《だんめ》

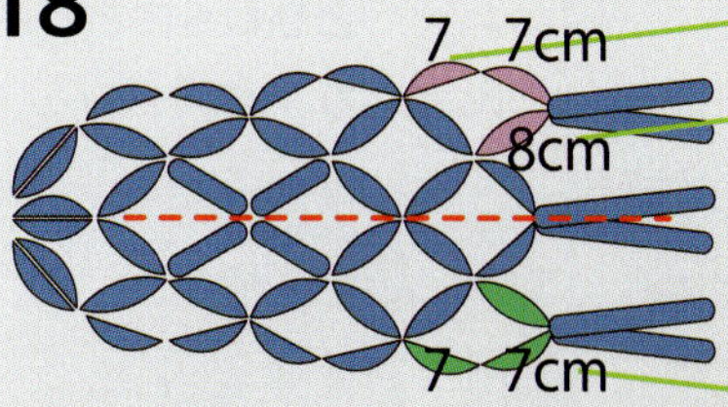

外側《そとがわ》の1本《ぽん》には7cmを2つ、
隣《となり》の1本《ぽん》には8cmを1つひねって、ひねり合《あ》わせます。

反対側《はんたいがわ》も同《おな》じようにひねり合《あ》わせます。

19

隣《となり》へつなげる

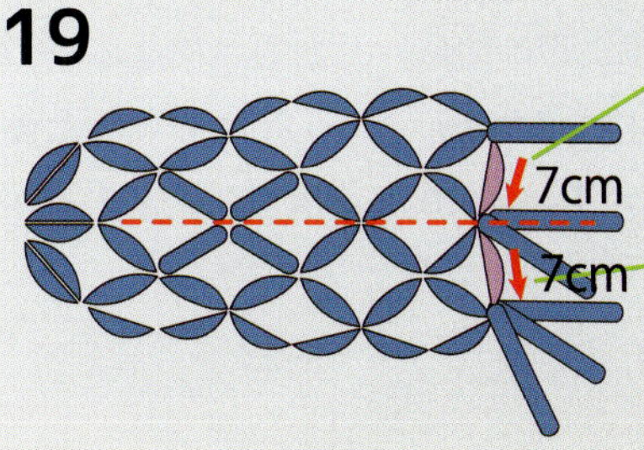

7cmひねった1本《ぽん》を、真《ま》ん中《なか》のひねり目《め》にからめます。からめた時《とき》は真《ま》ん中《なか》が3本《ぼん》になります。

真《ま》ん中《なか》3本《ぼん》のうちの1本《ぽん》を7cmひねって、別《べつ》のひねり目《め》にからめます。
からめた所《ところ》が3本《ぼん》になります。

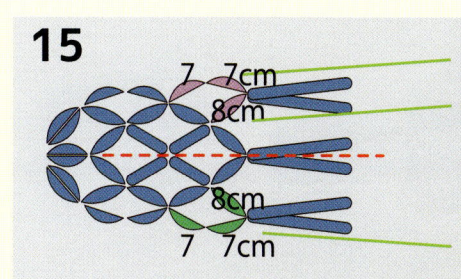

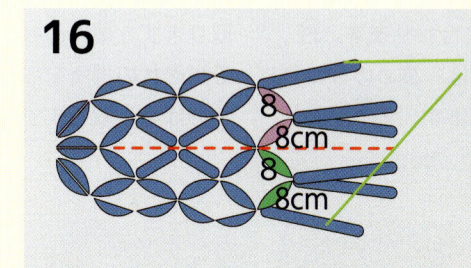

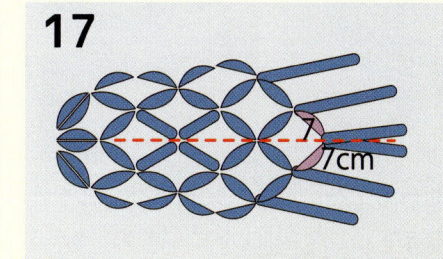

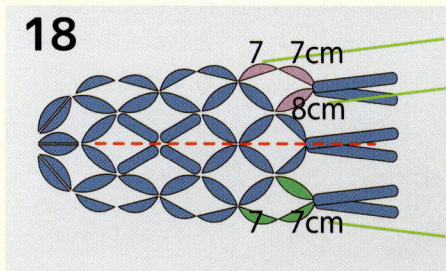

クジラ

前《まえ》のページの解説《かいせつ》19 イラストと同《おな》じ状態《じょうたい》の写真《しゃしん》です。ここから尻尾《しっぽ》を作《つく》っていきます。

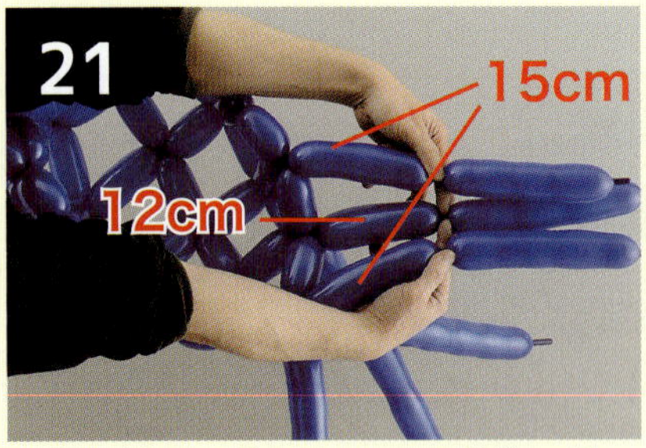

真《ま》ん中《なか》の１本《ぽん》は 12cm、外側《そとがわ》２本《ほん》は 15cm でひねり合《あ》わせます。残《のこ》りが複数《ふくすう》ある場所《ばしょ》は、長《なが》めのひねりやすい１本《ぽん》を選《えら》びます。３本《ぼん》がまとまり、尾《お》ができました。

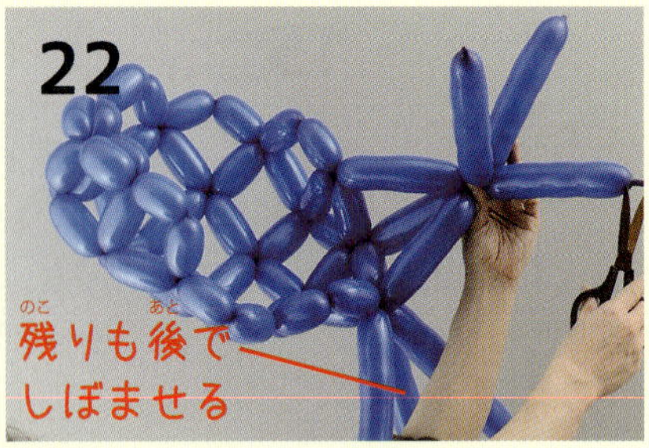

残《のこ》りはしぼませて結《むす》び、余分《よぶん》は切《き》り取《と》ります。尾《お》に使《つか》わなかった残《のこ》りもそれぞれの場所《ばしょ》でしぼませて結《むす》び、余分《よぶん》は切《き》り取《と》ります。

体《からだ》ができました。
ここにいろいろな部品《ぶひん》を付《つ》けていきます。

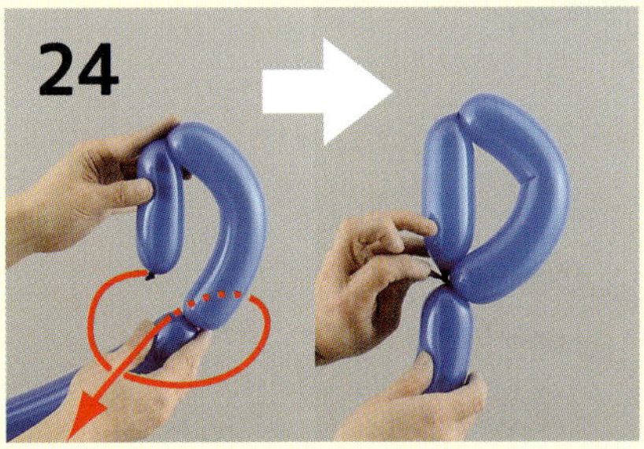

尾《お》ビレを作ります。紺色《こんいろ》を 12cm 残《のこ》してふくらませ結《むす》びます。
10cm・20cm と続《つづ》けてひねって折《お》り曲《ま》げ、結《むす》び目《め》をからめて固定《こてい》します。

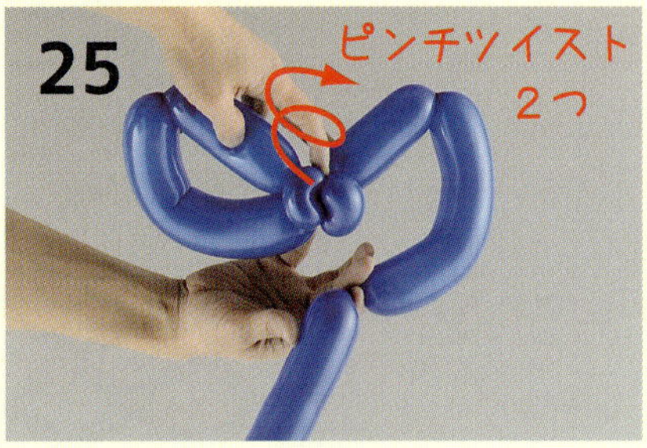

3cm のボールを作《つく》りピンチツイストにします。もう１つピンチツイストを作《つく》り、手前《てまえ》側《がわ》と裏側《うらがわ》になるように位置《いち》を整《ととの》えます。20cm・10cm とひねって折《お》り曲《ま》げ、まとめてひねります。

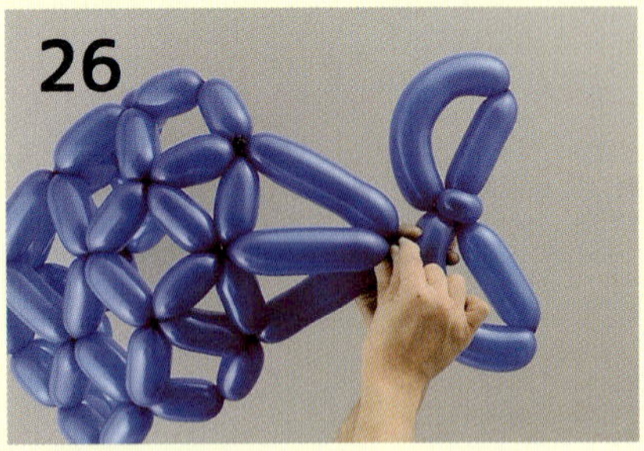

尾《お》ビレの残《のこ》りはしぼませて結《むす》び、余《よ》分《ぶん》は切《き》ります。尾《お》の結《むす》び目《め》を引《ひ》っ張《ぱ》り出《だ》して尾《お》ビレのピンチツイストにからめます。尻尾《しっぽ》ができました。

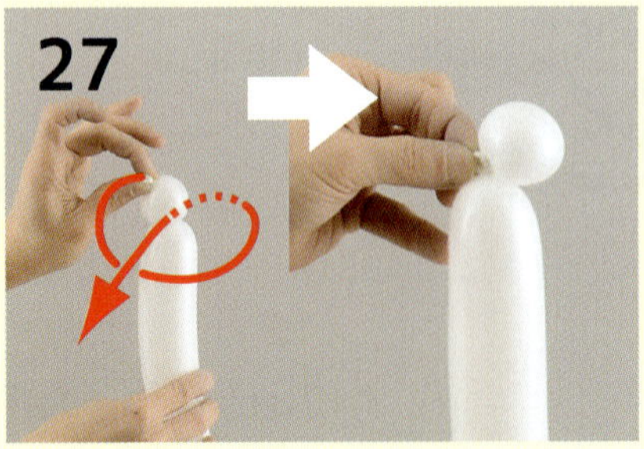

白《しろ》いお腹《なか》を作《つく》ります。白《しろ》を 10cm 残《のこ》してふくらませ結《むす》びます。3cm のボールをひねり、結《むす》び目《め》をからめてとめます。

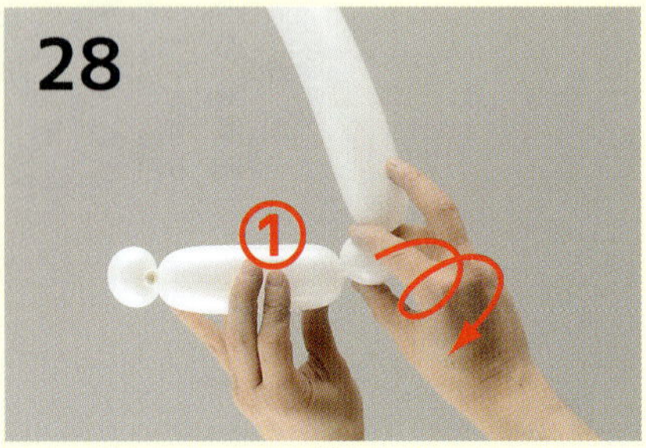

12cm ひねった後《あと》、3cm のボールをピンチツイストにします。

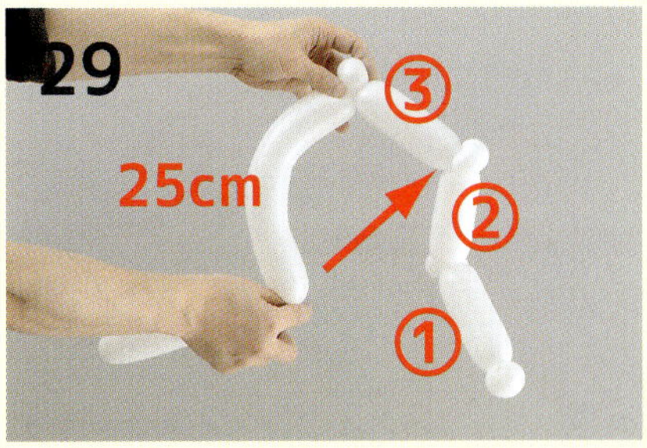

12cm ひねり、3 cm のボールをピンチツイスト。これを繰《く》り返《かえ》して全《ぜん》部《ぶ》で3つの辺《へん》(①～③)を作《つく》ります。その後《ご》25cm の長《なが》さでひねります。残《のこ》りはしぼませて結《むす》び、余分《よぶん》は切《き》ります。

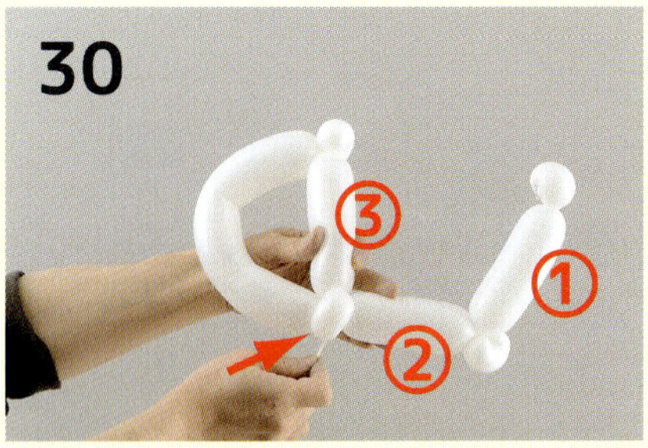

25cm の結《むす》び目《め》を、② と ③ の間《あいだ》のピンチツイストにからめて半円《はんえん》の形《かたち》にします。ここはクジラの口《くち》になります。

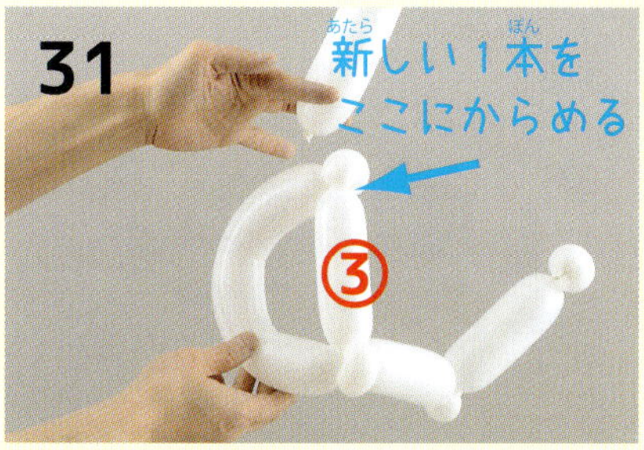

白《しろ》を 10cm 残《のこ》してふくらませ、結《むす》びます。結《むす》び目《め》を矢印《やじるし》のピンチツイストにからめて合体《がったい》します。

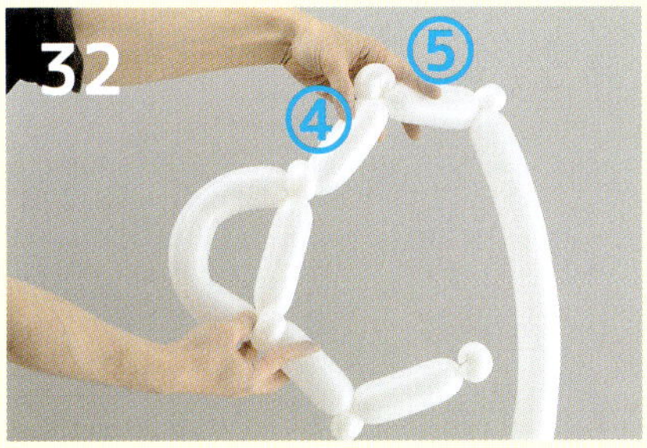

12cm ひねり、3 cm のボールをピンチツイスト。これを繰《く》り返《かえ》してあと2つ、辺《へん》を作《つく》ります(④～⑤)。

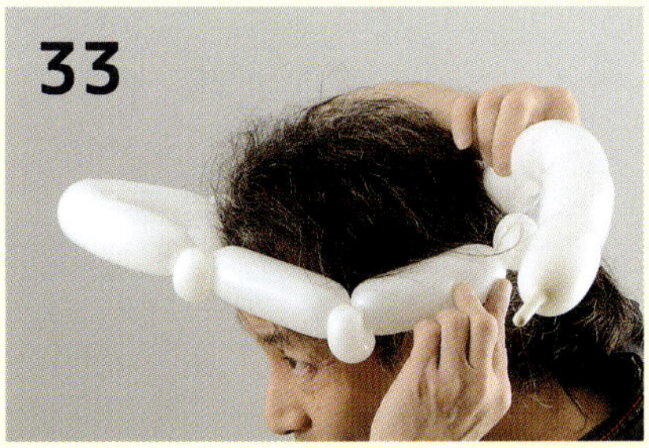

次《つぎ》に、頭《あたま》に巻《ま》き付《つ》けてちょうどいい長《なが》さを決《き》めてひねり、

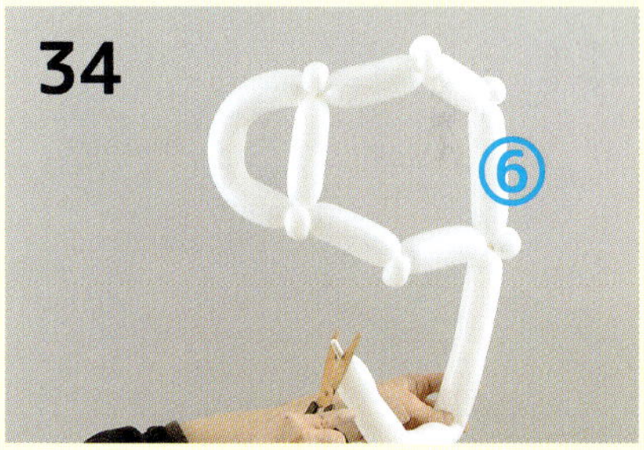

最初《さいしょ》に作《つく》ったボールにからめます。これで頭《あたま》の大《おお》きさに合《あ》わせた六角形《ろっかっけい》ができました。残《のこ》りはしぼませて結《むす》び、余分《よぶん》は切《き》ります。

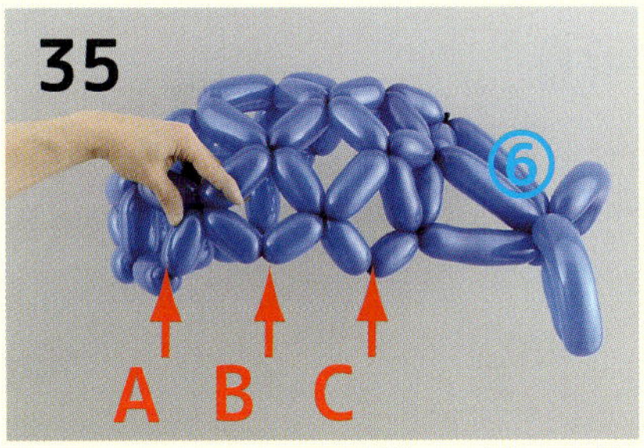

クジラ(イルカ)の体《からだ》と、白《しろ》のお腹《なか》を合体《がったい》させます。矢印《やじるし》のひねり目《め》に、

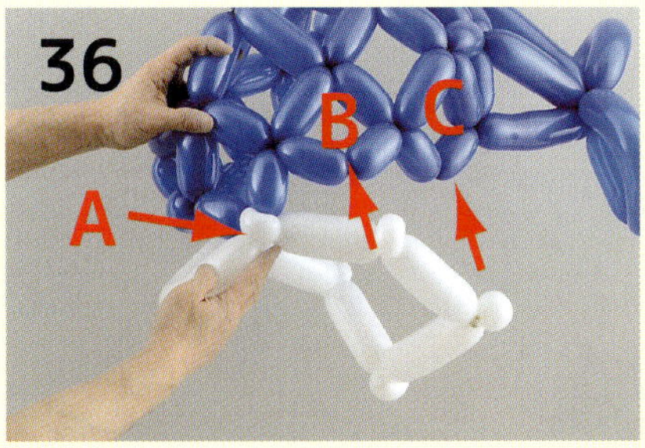

白《しろ》のピンチツイストをカチッとはめ込《こ》みます。A のひねり目《め》には、口《くち》のすぐそばのピンチツイストを合《あ》わせます。

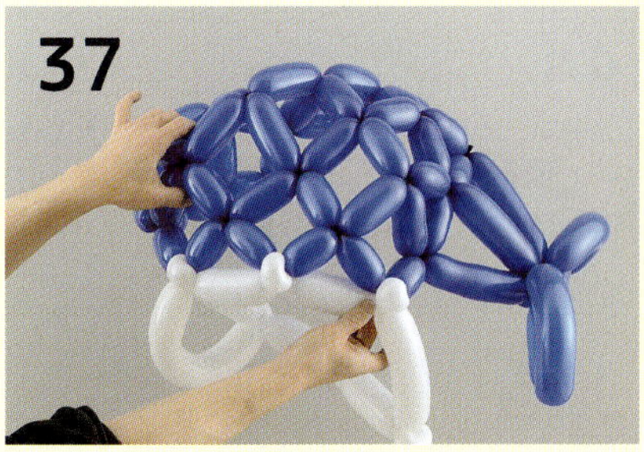

手前側《てまえがわ》と反対側《はんたいがわ》、全部《ぜんぶ》で6カ所《しょ》のひねり目《め》に白《しろ》のピンチツイストをはめ込《こ》みます。

クジラ

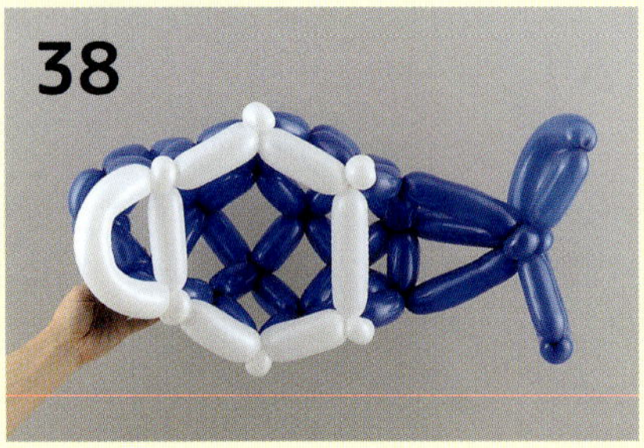

6カ所《しょ》付《つ》け終《お》わった所《ところ》です。お腹側《なかがわ》から見《み》るとこんな形《かたち》になっています。

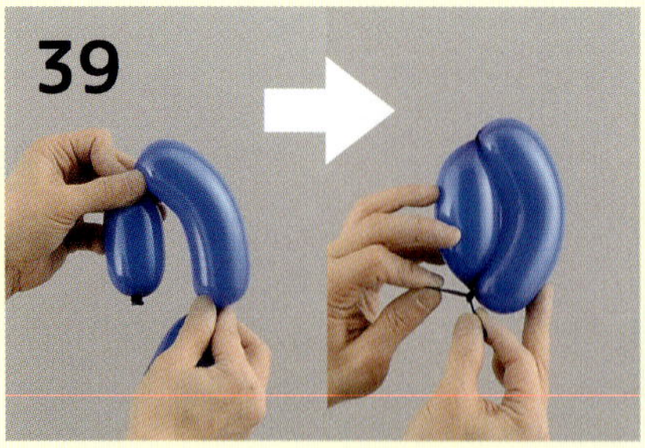

ヒレを作《つく》ります。紺色《こんいろ》(イルカは灰《はい》色《いろ》)を25cmふくらませて結《むす》びます。7cm・13cmとひねって結《むす》び目《め》をからめ、残《のこ》りはしぼませてかた結《むす》びにします。もう1つ同《おな》じ物《もの》を作《つく》ります。

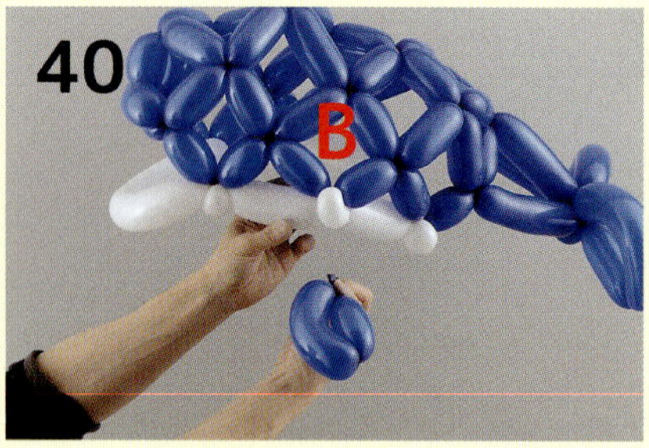

ヒレの結《むす》び目《め》を、Bのピンチツイストに、

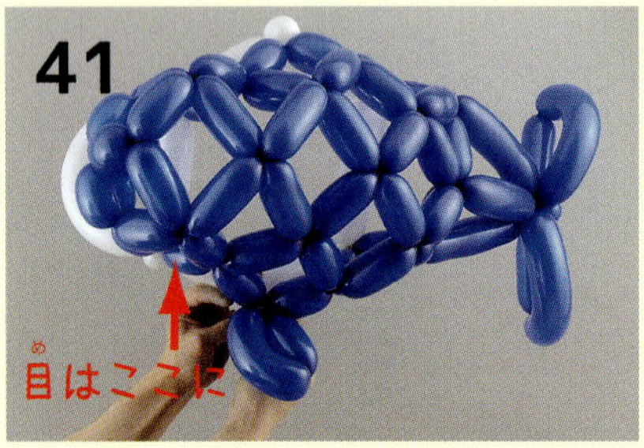

からめて取《と》り付《つ》けます。反対側《はんたいがわ》にも同《おな》じ物《もの》をはめ込《こ》みます。

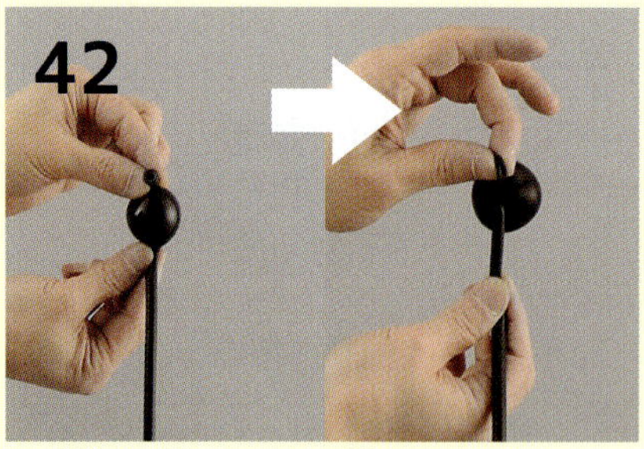

黒目《くろめ》を作《つく》ります。黒《くろ》を3cmふくらませて結《むす》びます。両端《りょうたん》をぐっと引《ひ》き寄《よ》せて結《むす》び合《あ》わせます。5cmほど長《なが》さを残《のこ》して切《き》り取《と》ります。残《のこ》りで同《おな》じ物《もの》をもう1つ作《つく》ります。

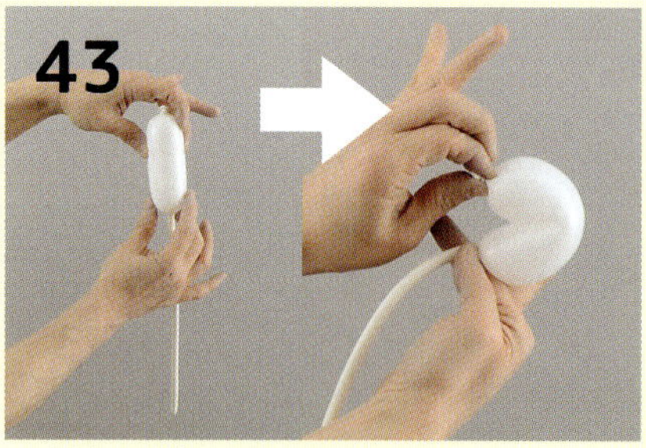

白目《しろめ》を作《つく》ります。白《しろ》を10cmふくらませて結《むす》びます。少《すこ》しつぶしながら折《お》り曲《ま》げ、両端《りょうたん》を結《むす》び合《あ》わせます。余分《よぶん》は切《き》ります。残《のこ》りで同《おな》じ物《もの》をもう1つ作《つく》ります。

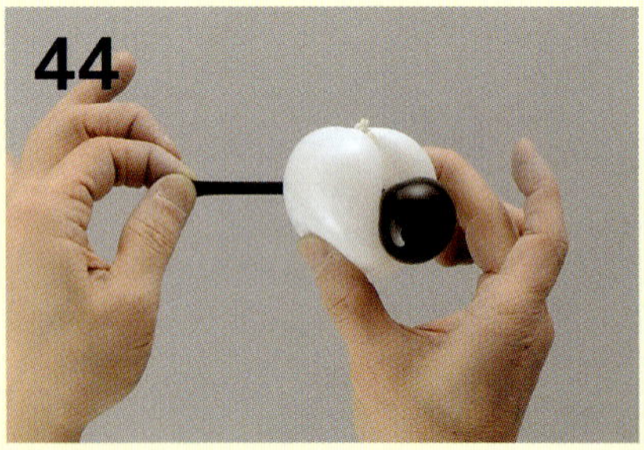

黒目《くろめ》を白目《しろめ》の輪《わ》に通《とお》し、

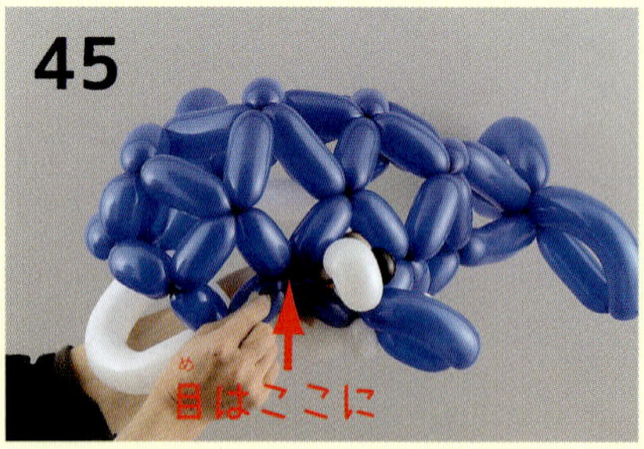

黒《くろ》の結《むす》び目《め》を引《ひ》っ張《ぱ》って、ヒレを付《つ》けた場所《ばしょ》より頭側《あたまがわ》にある交点《こうてん》にからめます。

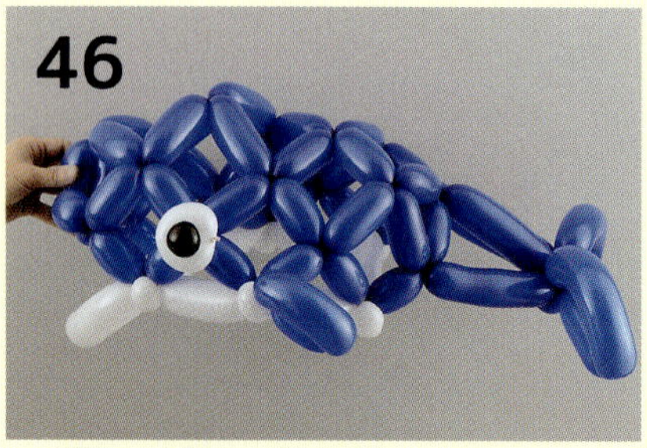

黒目《くろめ》が白目《しろめ》の真《ま》ん中《なか》になるように、位置《いち》を整《ととの》えます。

クジラ

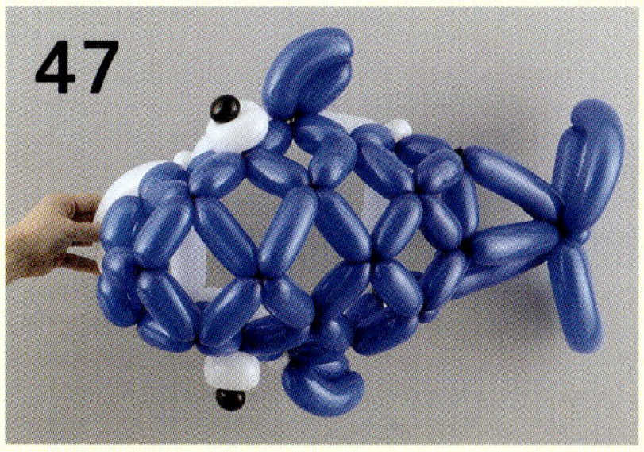

反対側《はんたいがわ》にも同《おな》じように取《と》り付《つ》けます。

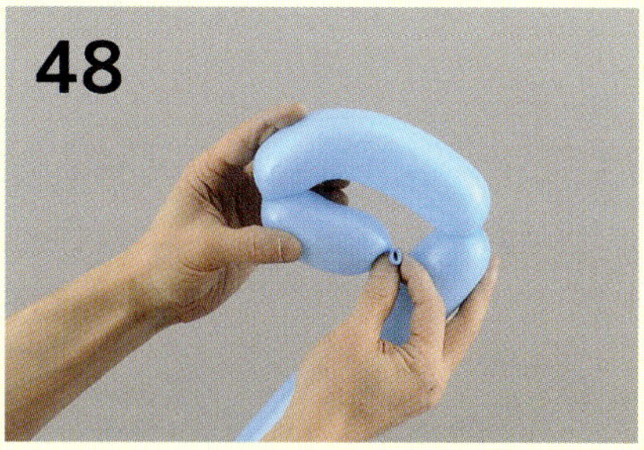

クジラの潮吹《しおふ》きで、吹《ふ》き上《あ》げている潮《しお》を作《つく》ります。大《おお》きさは違《ちが》いますが、先《さき》に作《つく》った尾《お》ビレと同《おな》じ構造《こうぞう》です。水色《みずいろ》を 10cm 残《のこ》してふくらませ結《むす》びます。8cm・16cm とひねり、結《むす》び目《め》をからめて固定《こてい》します。

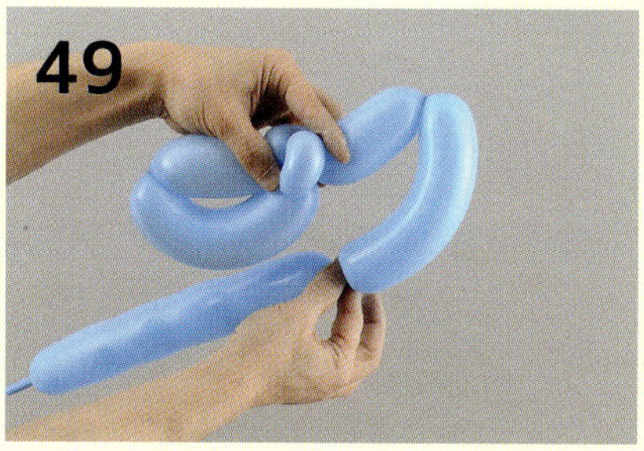

次《つぎ》に、3cm のピンチツイストを2つ作《つく》ります。8cm・16cm とひねって折《お》り曲《ま》げ、まとめてひねります。

ピンチツイストは、表側《おもてがわ》と裏側《うらがわ》それぞれ１つずつになるように位置《いち》を調《ちょう》整《せい》します。20cm の所《ところ》でひねって、ひねり目《め》を押《お》さえます。残《のこ》りはしぼませて結《むす》び、余分《よぶん》は切《き》り取《と》ります。

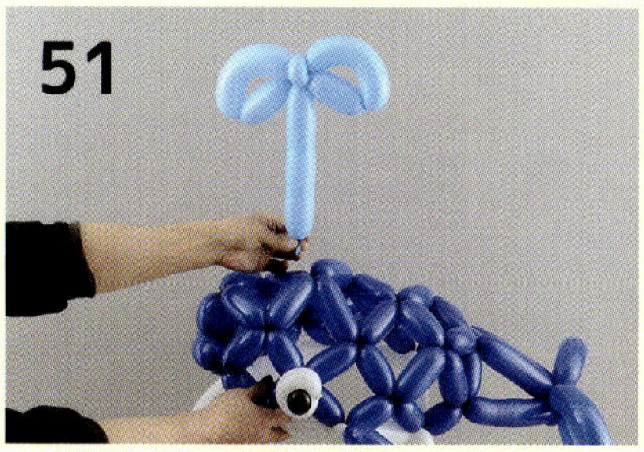

水色《みずいろ》の結《むす》び目《め》を、背中《せなか》の交点《こうてん》にからめて取《と》り付《つ》けます。からめる場所《ばしょ》は目玉《めだま》を取《と》り付《つ》けた上《うえ》になります。

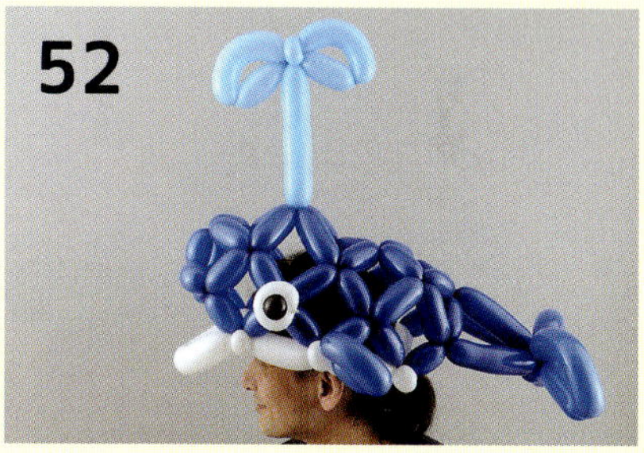

潮《しお》を吹いているクジラ帽子《ぼうし》の完成《かんせい》です。かぶるとこんな感《かん》じです。他《ほか》の色《いろ》(たとえばピンク)で作《つく》っても、かわいいですよ。

クジラぼうし・イルカぼうしの２つはゲスト作品《さくひん》です。

ゲスト作者《さくしゃ》・こたパパの紹介《しょうかい》

わくわくするバルーン作品《さくひん》を次々《つぎつぎ》と生《う》みだす風船仕事人《ふうせんしごとにん》。イベントでのプレゼント（時々販売《ときどきはんばい》）や、初心者《しょしんしゃ》からマニアまでの風船教室《ふうせんきょうしつ》、ショーなど多岐《たき》にわたって活躍中《かつやくちゅう》。「バルーンおやじ＆Rioのツイストバルーン教室《きょうしつ》」には 2010 年《ねん》の初回《しょかい》から参加《さんか》。教室《きょうしつ》の名物助手《めいぶつじょしゅ》としてもおなじみです。

イルカ帽子《ぼうし》

80cm

クジラの応用《おうよう》です。体《からだ》の色《いろ》と、取《と》り付《つ》ける部品《ぶひん》を少《すこ》し変《か》えるだけで作《つく》ることができます。作例《さくれい》は灰色《はいいろ》ですが、ピンクやブルーで作《つく》ってもかわいいですね。クジラ帽子《ぼうし》とペアで作《つく》っても素敵《すてき》です。

イルカ

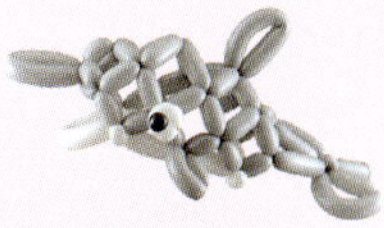

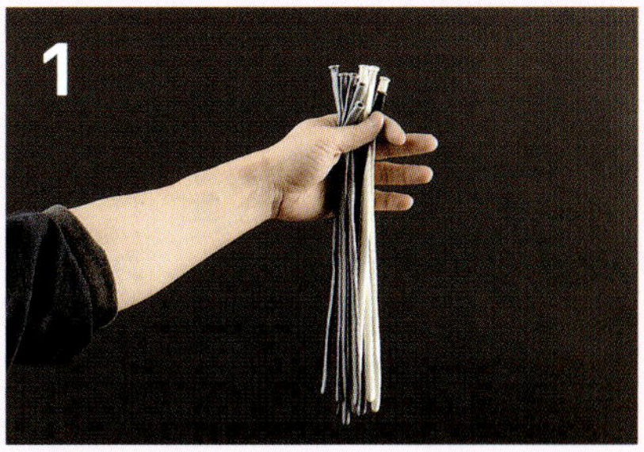

材料《ざいりょう》・260 ツイストバルーン
灰色《はいいろ》　9本《ほん》　・　白《しろ》　　3本《ぼん》
黒《くろ》　　1本《ぽん》

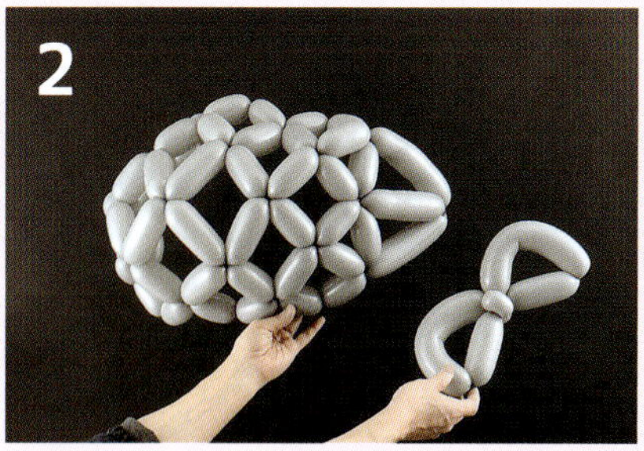

途中《とちゅう》まではクジラの作《つく》り方《かた》と同《おな》じです。クジラの解説番号《かいせつばんごう》2から46までを参考《さんこう》に作《つく》ってください。
まず体《からだ》を作り、尾《お》ビレを付《つ》け、

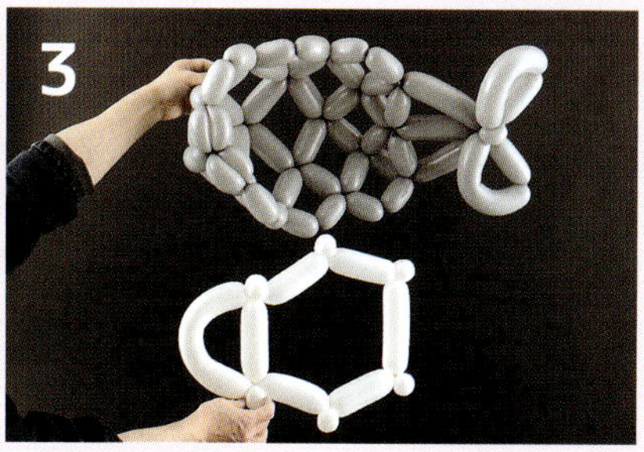

頭《あたま》に合《あ》わせたサイズで作《つく》った、お腹《なか》の白《しろ》を取《と》り付《つ》けて、

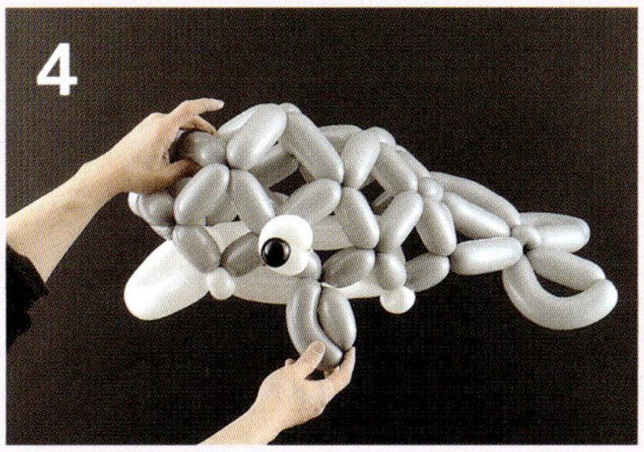

胸《むな》ビレと目《め》を付《つ》けます。
ここまではクジラと変《か》わりません。

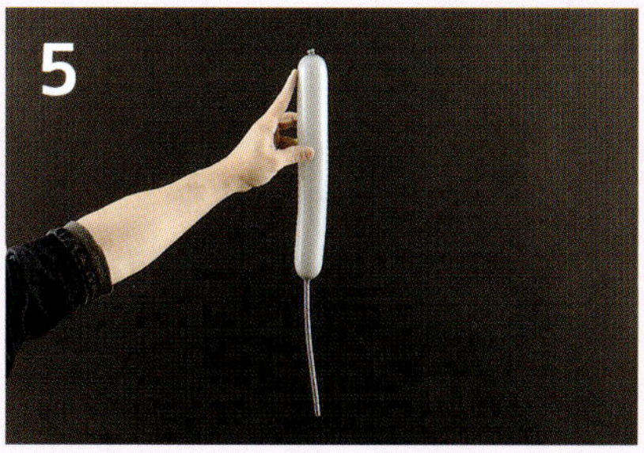

ここからが、クジラと違《ちが》う作《つく》り方《かた》になります。背《せ》ビレと鼻《はな》の先《さき》を作《つく》りましょう。灰色《はいいろ》を30cmの長《なが》さにふくらませて結《むす》びます。

折《お》り曲《ま》げて、両側《りょうがわ》をしっかり引《ひ》っ張《ぱ》りながら結《むす》び合《あ》わせます。余分《よぶん》は2cmほど残《のこ》して切《き》り取《と》ります。
切《き》り取《と》った残《のこ》りで、同《おな》じ物《もの》をもう1つ作《つく》ります。

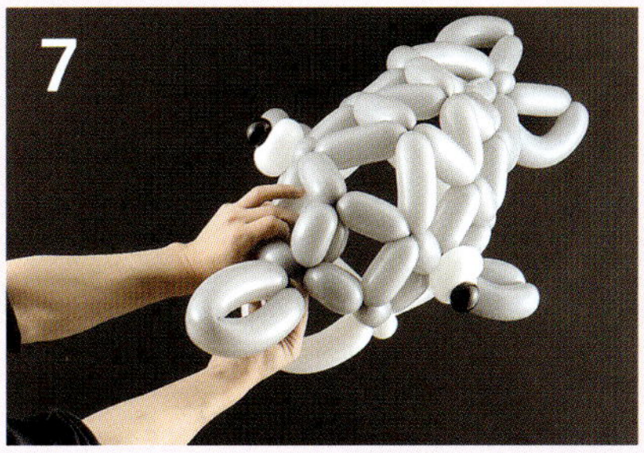

1つは、結《むす》び目《め》を顔《かお》の真《ま》ん中《なか》にからめて取《と》り付《つ》けます。ここは鼻《はな》の先《さき》になります。

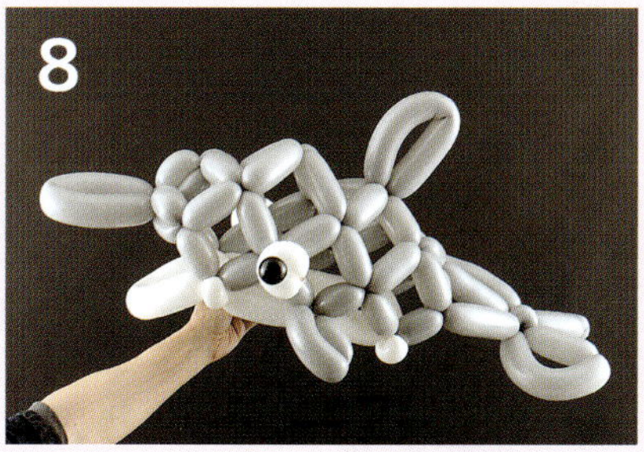

もう1つは背《せ》ビレです。胸《むな》ビレより尻尾側《しっぽがわ》、背中《せなか》の交点《こうてん》に取《と》り付《つ》けます。

完成《かんせい》です。ピンクや水色《みずいろ》など、ポップな色《いろ》で作《つく》ってもかわいいです。

「風船《ふうせん》チャチャチャ」　¥1500　ISBN 978-4-931571-12-9

2005年《ねん》

アンパンマン、しょくぱんまん、カレーパンマン、飛行機《ひこうき》に乗《の》ったスヌーピーとウッドストック、チャーリーブラウン、サンタクロース、トナカイ、そり、クリスマスツリー、おひなさまセット、かぶと、鯉《こい》のぼり、ショートケーキ、お寿司《すし》、ビールと枝豆《えだまめ》、クロワッサン、いか下足《げそ》、茶筅《ちゃせん》、茶碗《ちゃわん》、水道《すいどう》の蛇口《じゃぐち》、スペースシャトル、宇宙飛行士《うちゅうひこうし》、巨大恐竜《きょだいきょうりゅう》、赤《あか》ちゃん恐竜《きょうりゅう》

「風船《ふうせん》チャクチャク」　¥1500　ISBN 978-4-931571-14-3

2006年《ねん》

目玉《めだま》おやじ、王様《おうさま》のかんむり、王女様《おうじょさま》のかんむり、ナイトなりきりセット、天使《てんし》の羽《はね》、悪魔《あくま》の羽《はね》、改造人間《かいぞうにんげん》の手《て》、花《はな》のブレスレット、どうぶついろいろブレスレット、白鳥《はくちょう》と池《いけ》、アンモナイト型帽子《がたぼうし》、アフロヘアのかつら、鬼《おに》のおめん、カブトムシとすいか、ヘラクレスオオカブトとすいか、リアルなカブトムシ、蚊《か》取《と》り線香《せんこう》、月見《つきみ》だんご、御神輿《おみこし》、はちまき、ハロウィンのかぼちゃ、ネズミの結婚式《けっこんしき》、テディベア、ミニくまちゃん、こいぬ、野菜《やさい》いろいろ、きのこいろいろ、フルーツバスケット、お菓子《かし》いろいろ、全身着《ぜんしんき》ぐるみ風船《ふうせん》（巨大《きょだい》、中型《ちゅうがた》）、気球《ききゅう》、花《はな》の壁《かべ》、サイコロ

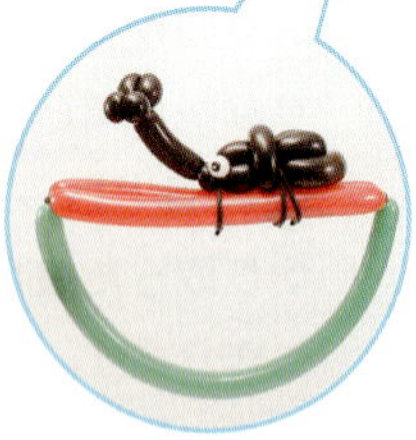

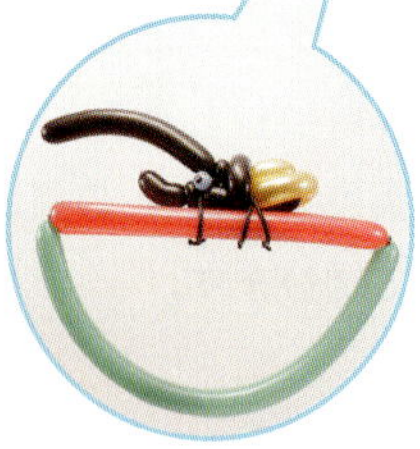

「風船《ふうせん》チャンス」　¥1500　ISBN 978-4-931571-19-8

2008年《ねん》

ジープ、パトカー、救急車《きゅうきゅうしゃ》、消防車《しょうぼうしゃ》、バギー、レーシングカー、トラック、ヘリコプター、梅《うめ》、桜《さくら》、チューリップ、あやめ、カーネーション、アジサイ、朝顔《あさがお》、ヒマワリ、野菊《のぎく》、スマイルフラワー、薔薇《ばら》、てまり、かぶりもの（コアラ、ねこ、うさぎ、パンダ、にわとりの親子《おやこ》、ヒーロー、くま、ハコフグ）、お花《はな》のトンネル、アーチ

「風船《ふうせん》のどうぶつ１」　¥2000　ISBN 978-4-931571-20-4

2010年《ねん》

アルマジロ、イノシシ、イルカ、ウサギ、牛《うし》、馬《うま》、オオカミ、カバ、カモノハシ、カンガルー、狐《きつね》、キリン、クジラ、コアラ、コウモリ、サイ、猿《さる》、シロクマ、象《ぞう》、狸《たぬき》、テディベア、虎《とら》、猫《ねこ》、ハダカデバネズミ、パンダ、羊《ひつじ》、プードル、フェネック、豚《ぶた》、ミーアキャット、モグラ、ライオン、ラクダ、ラッコ、リス

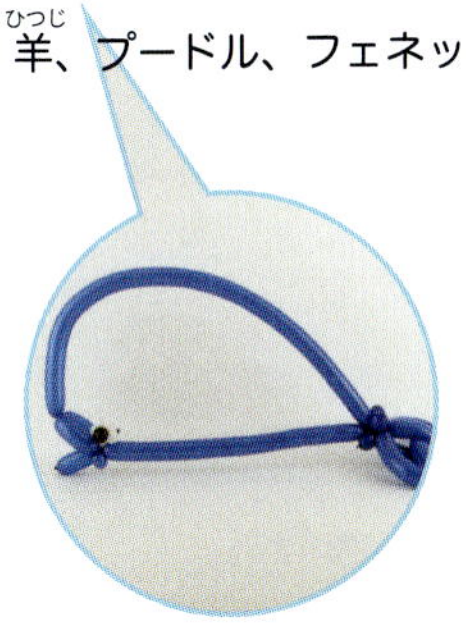

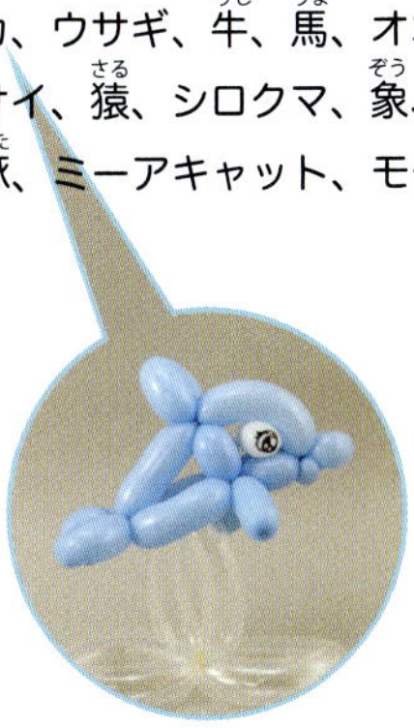

「風船《ふうせん》で遊《あそ》ぼう」　¥1200　ISBN 978-4-931571-21-1

2012年《ねん》

さかなつり、剣《けん》と輪《わ》、インディアカ、弓矢《ゆみや》、ロケット、風船電話《ふうせんでんわ》、UFO《ユーフオー》、風船《ふうせん》リレー、おさんぽワンちゃん、チョウ、花《はな》とハートのかざり、プードル

「風船《ふうせん》いっぱいの夏《なつ》」　¥1800　ISBN 978-4-931571-22-8

2015年《ねん》

カブトムシ、クワガタ、セミ、ヒマワリ、トウモロコシ、パイナップル、パパイヤ、サクランボ、スイカ、アイスクリーム、たなばた、扇風機《せんぷうき》、金魚《きんぎょ》、ウニ、ヒトデ、フナムシ、カニ、ヤドカリ、クラゲ、クマノミ、タコ、クジラ帽子《ぼうし》、イルカ帽子《ぼうし》

「風船《ふうせん》いっぱいのクリスマス」　価格未定　¥2500　ISBN 978-4-931571-23-5

2015年発売予定《ねんはつばいよてい》

クリスマスリース（5種類《しゅるい》）、ツリー（手乗《ての》りサイズから2m大まで6種類《しゅるい》）、サンタクロース、トナカイ、帽子《ぼうし》、お面《めん》（サンタ、トナカイ、ツリー）、お部屋《へや》の飾《かざ》り付《つ》け、着《き》ぐるみ（サンタ、ゆきだるま、ツリー）

なんでもそうだんしつ

※ このおじさんは、おおうそつきです。よいこはマネしちゃだめだよ。

きけんなそうだんしつ

※ あぶないので、よいこはマネしちゃだめだよ。

索引《さくいん》

著者紹介

バルーンおやじホームページ
http://homepage2.nifty.com/balloon-oyaji
バルーンおやじファンサイト
http://balloon-rio.or.tv/baofan
Rioのホームページ
http://balloon-rio.or.tv

バルーンおやじ　(Bao：写真左下)

1980年代の終わりごろに、ひねる風船「ツイストバルーン」と出会う。風船の質も悪く、情報もほとんどない中、風船の可能性と魅力に惹かれ、フィルムメーカーの研究員という職を辞し、「バルーンおやじ」の名でプロのバルーン・パフォーマーとしての活動を開始。バルーン・パフォーマンスの先駆者として活動をする傍ら、風船の技術の開発、改良に取り組む。1996年にはバルーン情報誌「風船芸レターズ」を発刊。2000年前後よりいち早くインターネット上で自らのレシピを公開し、直接、間接に多くのバルーン・アーティストを育てる。その後も、数々の風船関連商品のプロデュース、書籍の執筆、教室の開催等様々なシーンでこの文化の普及と発展に貢献し続けている。風船と出会って30年近く経った今でも、日々新作を考えては自宅のフェンスに貼り付け、世界中のパフォーマーのみならず近所の住民にもファンの多い、バルーン界のカリスマ。先日ついに初孫が誕生し「おやじ」のままで良いのか目下思案中。

Rio　(リオ：写真右上)

1990年代後半に、ツイストバルーンと出会う。子供のために始めたのがきっかけではあるが、何事もトコトンがんばる性格が高じ、ツイストバルーンの研究を深め、いつしかバルーンおやじ氏創刊の「風船芸レターズ」の編集を手伝うように。その後もバルーンおやじ氏のウェブの作成、ファンサイトの設立等、この世界の最先端と関わり続け、その技術と知識を磨く。バルーンの技術のみならず、書籍編集にも勉強と投資を惜しまず、いつしかバルーンおやじ氏の小さなアイデアをたった1人で立派な書籍に変身させる技術を身につける。「変な」仕事の依頼を得意にしており、先日は水族館で微妙な生き物を多数作ったり、町おこしのイベントで風船の着ぐるみを皆に着せたり、自由な発想で楽しく仕事をこなしている。子供の通っていた幼稚園の飾りつけのお仕事、卒園後20年でささやかな値上げを頂いて喜んでいます。

バルーンおやじのあとがき

風船が割れる曇る、いっぱい作ると暑い。
そんな夏なのにひねらずにはいられない
ツイストバルーン中毒の皆様、
熱中症に気をつけて楽しんでください。

Rio《りお》のあとがき

作って楽しい夏作品を厳選した本です。
かわいいもの・かっこいいもの・くすっと笑っちゃうもの・達成感が得られるものなど、バラエティーに富んだ内容になっております。
一冊まるごと作り尽くしていただけると嬉しいです。
DVD の最後にはおまけNG 集もあります。こちらも見てね。

風船《ふうせん》いっぱいの夏《なつ》　風船《ふうせん》の楽《たの》しさいっぱいシリーズ ⑥

2015年7月1日 初版第1刷発行

著者 バルーンおやじ・Rio
発行人 中嶋 潤一郎(Jun)
発行・販売 株式会社 ナランハ(ナランハ バルーン カンパニー)
〒173-0004 東京都板橋区板橋1-53-10-1E

ナランハ バルーン カンパニー
電話: 0120-913-477 / FAX: 03-3962-3404
メール: info@naranja.co.jp
http://www.naranja.co.jp/balloon

内容や商品、その他バルーンに関するお問合せは、
ナランハ・バルーン・カンパニーまでお気軽にどうぞ。

ISBN978-4-931571-22-8